本书受"国家社会科学基金（21BTJ010）、南昌师范
学院博士科研基金（NSBSJJ2021001）"资助

经济管理学术文库·经济类

长江经济带城市
自然资本利用测度研究

Study on the Urban Natural Capital Utilization
Measurement in Yangtze Economic Zone

方晓娟／著

经济管理出版社
ECONOMY & MANAGEMENT PUBLISHING HOUSE

图书在版编目（CIP）数据

长江经济带城市自然资本利用测度研究/方晓娟著.—北京：经济管理出版社，2022.7
ISBN 978-7-5096-8583-9

Ⅰ.①长…　Ⅱ.①方…　Ⅲ.①长江经济带—区域经济发展—研究　Ⅳ.①F127.5

中国版本图书馆 CIP 数据核字（2022）第 121289 号

组稿编辑：张巧梅
责任编辑：张巧梅
责任印制：黄章平
责任校对：蔡晓臻

出版发行：经济管理出版社
　　　　　（北京市海淀区北蜂窝 8 号中雅大厦 A 座 11 层　100038）
网　　　址：www.E-mp.com.cn
电　　　话：（010）51915602
印　　　刷：唐山玺诚印务有限公司
经　　　销：新华书店
开　　　本：720mm×1000mm/16
印　　　张：13.25
字　　　数：255 千字
版　　　次：2022 年 8 月第 1 版　　2022 年 8 月第 1 次印刷
书　　　号：ISBN 978-7-5096-8583-9
定　　　价：88.00 元

前　言

　　长江经济带在 20 世纪 90 年代后纳入国家战略，21 世纪初起，迎来"沿江开发"的高潮，加快了沿江地区的产业布局。在 2014 年提出的"依托黄金水道，建设长江经济带"的口号，作为中国区域发展的重大国家战略之一，以期为中国经济发展提供重要支撑。然而历经多年的开发建设，其传统的经济发展方式仍未根本转变，城市之间的发展水平时空差异较为显著，生态环境状况形势严峻，而目前尚未有针对长江经济带城市自然资本利用问题的系统研究。2016 年 1 月 5 日，习近平总书记在重庆召开推动长江经济带发展座谈会，提出"当前和今后相当长一个时期，要把修复长江生态环境摆在压倒性位置，共抓大保护，不搞大开发"。2018 年 4 月 26 日，习近平总书记在武汉讲话中再次强调要全面做好长江经济带生态环境保护修复工作。所以，本书对长江经济带生态发展持续性、自然资本利用效率和自然资本利用驱动因素时空差异性三个方面进行了系统深入的研究，揭示了长江经济带自然资本利用的基本特征和现状问题，具有重要的理论和现实意义。

　　自然资本核算是可持续发展量化研究的重要课题，为更全面、准确地评估自然资本利用状况提供了可行的途径，并应用三维生态足迹模型来区分流量资本和存量资本。首先，本书基于市公顷的概念，利用长江经济带各地市与省域土地平均生物生产能力的比较，对传统模型中的全球公顷均衡因子与产量因子进行修正和计算，考虑了区域自然资本存量和流量的变化，同时增加污染物消纳账户进行测度和时空特征分析，也绝对量化了长江经济带自然资本的消耗利用情况。其次，利用聚类分析和象限图法以及区域资本流量占用率和存量流量利用比等指标来进行自然资本利用的可持续性评价分析，并通过一系列相关指标指数来进行区域自然资本利用结构合理性分析。最后，通过对长江经济带各地市的面板数据进行灰色关联度分析和 Lasso 回归分析，构建筛选出长江经济带各地市三维生态足迹主要驱动力指标，并对主要驱动因素进行了时空差异分解讨论。研究结果表明：

（1）测算长江经济带市域尺度的均衡因子和产量因子与其他学者和全球尺度的结果差异较大，特别是各地类的均衡因子较大。所以测算出的长江经济带各地市的自然资本利用结果更能真实地反映各地市各地类的土地生态生产能力。因为同时纳入污染物核算的生态足迹模型，实现了对核算项目的进一步完善，所以测算出的数值也更接近于实际值。

（2）长江各区域的人均生态足迹水平高，而且在研究期间呈现递增趋势，对于区域生态系统供给压力来说也是逐渐增加的，其中化石能源用地的消费量是影响长江经济带人均生态足迹及人均生态赤字的最主要的因素。

长江经济带自然资本利用状况在研究期间内，呈现出先上升后下降的趋势，长江经济带各地市人均区域生态足迹经历小幅波动，自然资本需求有所增加，在2008~2014年呈现平稳增长的趋势，而在2015年开始呈现下降态势，这与长江经济带在2015年前实施大开发战略导致了资源受损、环境污染、水体变色等环境问题，以及开始"共抓大保护，不搞大开发"的发展战略正相呼应。

（3）长江经济带各地市自然资本存量的消耗速度过快，其中影响长江经济带资本流量利用的主要结构性因素是耕地。而且，区域自然资本流动性较强的地区，一般对区域存量资本的依赖程度相对较低；反之，区域自然资本流动性较弱的地区，对区域存量资本的依赖程度往往较高。

长江经济带的人均足迹深度即自然资本存量消耗速度是过快的，就存量资本严重消耗的状况而言，其发展模式明显是不可持续的。在长江经济带各市资本流量利用中，耕地占了绝大部分比重，它是影响长江经济带资本流量利用的主要结构性因素。在除了化石能源用地之外的五大地类，耕地比例占据了绝对比重，不过长江下游各区域的耕地占比还是有差异的，上游区域>中游区域>下游区域，下游区域的总体耕地比例要稍微小一些，而中游区域和上游区域的总体耕地比例都基本在80%以上。

（4）自然资本利用的市际格局地域集聚性随着时间变化越发明显，轻度和中度利用型是长江经济带各地市自然资本利用的主要类型，自然资源利用率较低，生态压力指数普遍偏大，长江经济带处于极不可持续发展状态。

四大类自然资本利用的市际格局地域集聚性随着时间变化越来越明显，区域存量资本与流量资本的利用水平大部分是出现互补形式的。长江经济带万元GDP生态足迹和万元GDP生态赤字的城市相对一部分是一致的，而且绝大部分是长江下游区域的城市以及其他区域的省会城市，少部分城市的经济发展相对偏弱，其万元GDP生态足迹较大，相对而言，自然资源利用率较低。各地市的生态压力指数普遍偏大，这些地区的生态安全是没有保障的，区域内人们活动的干扰强度已经超过相应条件下区域生态系统的自反馈阈值，已经影响到区域生态系统的平衡。长江经济带所有地市的生态安全都是无保障的，无论是低等级、中等级压力的城市还是高等级压力的城市，它们都是生态严重超载的，只不过进行生态压力横向比较又有差异而已。不过，部分城市特别明显的是上海和马鞍山生态压力巨大，非线性增长的区域生态环境污染存量"外部性"溢出明显，但是其万元GDP 生态足迹水平是很低的，表明经济贡献水平较高，使二者存在差距稍微缩小。

（5）长江经济带各地市的消费结构普遍是极度不合理的状态，长江中游区域的城市发展能力相对较强。

在本书研究期间，长江经济带各城市群的地市生态足迹和生态承载力都以不同的速度在消耗和更新，且长江经济带各城市群生态可持续指数是负值的，以环鄱阳湖城市群和成渝城市群的城市居多，在这些城市中又分两种不同的原因造成的负值，一类是生态承载力在降低并伴随生态足迹的增长，另一类是生态承载力在稍微增长并伴随着生态足迹的略减；而研究期间生态可持续指数是正值的，主要是以武汉城市群和成渝城市群的城市居多，都呈现下降的趋势，说明地区可持续性在逐渐减弱，相应的生态缺口在逐渐扩大；而其他城市在研究期间有正有负，这说明其生态足迹的消耗速度和生态承载力的更新速度变化波动不完全一致。长江经济带各地市的消费结构普遍是极度不合理的状态，分配的失衡带来结构的不稳定，这使得长江经济带各城市的消费结构也变得不合理。

（6）对自然资本利用的影响因素分析得出，土地的类型、区域 GDP、区域人口数和生态足迹强度是影响长江经济带自然资本利用最重要的因素，城市化率、第二产业比重、社会消费品总额是较为重要的因素。另外，第三产业增加值、绿地面积、污染物处理率与自然资本利用呈正相关，而第一、第二产业增加值、固定资产投资、人口等因素与自然资本利用呈负相关。所以，一方面，自然资本利用与土地结构、产业结构密切相关；另一方面，区域人力资本和环境资本的投入极大地扩充了区域自然资本存量，有利于提高自然资本替代能力以及人力、自然资本密集型转型的发展，从而进一步提高区域可持续发展能力。

目　录

第1章　绪论 …………………………………………………………… 1

　1.1　研究背景和意义 …………………………………………… 1

　1.2　相关概念厘定和研究综述 ………………………………… 5

　1.3　研究内容 ………………………………………………… 13

　1.4　研究思路 ………………………………………………… 16

　1.5　创新之处 ………………………………………………… 17

第2章　理论基础和区域概况 …………………………………… 19

　2.1　理论基础 ………………………………………………… 19

　2.2　研究区域概况 …………………………………………… 27

第3章　研究方法和数据来源 …………………………………… 39

　3.1　研究方法 ………………………………………………… 39

　3.2　数据来源及处理 ………………………………………… 55

第4章　长江经济带自然资本利用的时空演化特征分析 ……… 59

　4.1　生态足迹和生态承载力的结果分析 …………………… 59

　4.2　长江经济带生态足迹时空变化特征分析 ……………… 76

　4.3　长江经济带生态承载力的时空变化特征分析 ………… 84

　4.4　长江经济带人均生态赤字的时空变化特征分析 ……… 88

　4.5　长江经济带自然资本利用结构分析 …………………… 94

　4.6　本章小结 ………………………………………………… 96

第5章　长江经济带自然资本存量和流量时空演化特征分析 … 98

　5.1　区域自然资本存量与流量的表征指标及分析 ………… 98

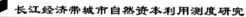
5.2 长江经济带自然资本存量与流量的时空演化特征分析 ············ 108

5.3 长江经济带自然资本存量与流量结构分析 ············· 118

5.4 本章小结 ············· 128

第6章 长江经济带自然资本利用可持续性分析 ············ 129

6.1 自然资本利用生态持续性评价分析 ············· 129

6.2 自然资本利用效率分析 ············· 144

6.3 自然资本利用结构合理性分析 ············· 149

6.4 本章小结 ············· 156

第7章 自然资本可持续利用驱动力分析 ············ 158

7.1 驱动因素影响因子筛选 ············· 158

7.2 长江经济带自然资本利用的社会经济驱动力分析 ········· 165

7.3 本章小结 ············· 185

第8章 结论与建议 ············ 186

8.1 研究结论 ············· 186

8.2 政策建议 ············· 190

8.3 不足与展望 ············· 193

参考文献 ············· 195

第1章　绪论

1.1　研究背景和意义

1.1.1　研究背景

人类的生产生活与所居住的自然环境息息相关，而生态环境与社会经济发展既密切联系又相互影响。生态资源环境为人类活动提供了重要的空间载体和基本保障，自然生态服务系统为人类提供了物质资料、自然景观等非消费性的生态服务，这些产品和服务不仅是能够实现自身价值增值的自然资本，而且生态系统完整稳定、自然资源丰富充盈是人类经济社会发展的必要条件和基础。在社会文明发展的过程中，人类既享受了自身利用自然资源创造的物质与精神财富，又无法回避地面临着生态失衡的困扰。近现代工业革命在创造了无与伦比的物质文明的同时，也对资源环境进行了长期的过度利用与开发，还造成了大量的生态安全隐患，如水土流失、沙漠化扩大、资源枯竭、环境污染、极端天气增加、生物物种减少等。1962年卡尔逊发表的《寂静的春天》，用大量的事实向人们展示了工业生产这把"双刃剑"，即在创造工业文明的同时也对生态环境造成了灾难性的破坏。1972年，罗马俱乐部在发表的《增长的极限》中认为，地球资源是有限的，片面化地追求经济增长，以及人口、工业化、环境污染及资源消耗等不加以控制地发展下去，地球将面临灾难性的资源与环境崩溃，生态供需这一矛盾已贯穿于各国发展中。

改革开放四十多年，中国经济保持了高速发展，综合国力大幅提高，全面启动和推进了城市化与工业化的进程。随着经济规模的迅速扩张，人口规模的急剧膨胀和城市化进程的大幅提速以及强大科技手段的广泛运用，大量的自然资本被消耗，相对缓慢的自然资源更新速度远远无法满足人们膨胀的物质需求，资源枯竭型城市不断涌现，资源短缺已成为阻碍中国城市经济社会可持续发展的现实威胁，城市生态环境压力日益增大。在《地球生命力报告·中国2015》中指出，中国正消耗着自身生态承载力2.2倍的自然资源和服务，且生态超载带来了一系列环境问题，主要表现有：指数增长的生态足迹与相对稳定的生态承载力矛盾日益突出；大规模污染物的排放量超出环境容量；水资源的水量短缺和水质污染；生物多样性受到持久的威胁。中国一直面临着严峻的生态挑战，生态安全面临着巨大的、大范围的压力。而自然资本是经济发展的重要因素，自然资本的多寡给区域发展带来很大的影响。一个区域的社会经济发展很可能将因为资源环境的"短板效应"而陷入停滞。换言之，自然资本会对经济增长产生约束行为。基于对马克思主义理论、人类社会发展规律、人与自然关系认识规律、社会主义建设规律和经济社会新常态的科学把握和深邃洞见，党的十九大报告提出了"要树立绿水青山就是金山银山的理念"，突出强调生态环境是关系党的使命宗旨的重大政治问题，也是关系民生的重大社会问题，将生态环境资源作为必要的自然资本要素，以实现区域可持续发展。2018年5月，在全国生态环境保护大会上，习近平总书记指出，绿色发展是构建高质量现代化经济体系的必然要求，是解决污染问题的根本之策。当前，我国经济已由高速增长阶段转向高质量发展阶段，我们不再只是片面追求发展速度，而是更加兼顾发展的质量、效率和可持续性，生态赤字日益成为制约我国区域经济社会可持续发展的关键因素。

区域发展一直是中国国家建设的重要命题。长江经济带是世界长河中长度第三、流域人口最多、密度最高、经济总量最大、城市发育最快的流域经济带。当前，在中国积极践行人与自然和谐相处的生态文明价值观的背景下，区域生态环境成为实现经济、社会、资源和环境四者之间的区域协同发展亟待解决的重点和热点问题，区域生态环境问题关系关乎全国发展的战略部署，谨慎处理区域生态问题具有必要性与紧迫性。自然资本作为区域协同发展系统中的关键要素，自然环境具有整体性，且内部要素联系密切，明确自然资本的利用情况及合理规划以及管理自然资本对于有效缓解区域生态压力、推动可持续发展有重要作用。因此，对其在生态上的定性和定量分析显得尤为重要，而自然资本相关理论的提出为定量评估自然资本利用程度和可持续性状况提供了简便直观的途径，其中 Rees（1992）和 Wackernagel 等（1996）提出的经典生态足迹模型受到了国内外学者广泛的认可和使用。因此，在该背景下本书基于改进的生态足迹三维模型对长江经济带自然资本利用的生态持续性、效率和空间差异性进行了深入全面的分析。

1.1.2　研究意义

在全球生态危机日益严峻和我国国民经济进入转型升级"新常态",生态文明战略成为我国国家发展战略之一,在中国政府向世界庄严承诺到2030年前后力争使碳排放达到峰值的背景下,区域自然资源利用可持续性研究具有十分重要的理论意义和极为迫切的实践意义。

1.1.2.1　理论意义

第一,对三维生态足迹模型开展优化研究,修正其在生态偏向性、研究项目片面性、研究方法与实证检验结果偏离等方面的问题。选择三维生态足迹模型来研究区域或城市群自然资源利用评价和可持续性问题,有利于丰富自然资源生态评价研究的内容,探索新的研究途径和方法,积累相关研究资料,为自然资源生态安全评价和可持续发展研究的不断深入创造有利条件。同时,本书的研究拓宽了城市区域生态和经济研究的领域,既丰富了生态经济学的研究内容,也提升了区域经济学的研究层次,为自然资本理论和可持续发展理论的发展提供了有利条件。

第二,丰富与发展了中小尺度生态足迹核算理论与方法。Wallace(2007)明确提出,要精准定量生态环境资源核算,即核算生态环境与生态系统提供的产品与服务的消费量,是一个非常巨大的挑战。本书在研究比较各类模型中,选择生态足迹理论和模型来核算2008~2017年长江经济带的各区域与市域尺度生态环境利用程度,并以生态经济学的理论基础以及可持续发展理念,来分析区域自然资本利用的时空差异,同时也重新整合了市域尺度生态足迹核算模型与应用实例。如均衡因子和产量因子精确到市域尺度,为更准确地刻画一个地区的生态环境消费与存量现状提供方法参考,同时也加入区域污染物账户,为进一步丰富与发展以及核算生态环境资源提供理论与方法。

1.1.2.2　实践意义

第一,促进长江经济带在区域生态经济可持续发展定量评价方面发挥更大的作用,为区域资源开发利用、产业结构优化、生态环境保护等的战略调控决策提供更具价值的现实参考。近年来,在长江流域范围内,沿长江两岸的11个省市所组成的长江经济带,发展速度逐渐变快,面积约205万平方千米,占全国的21.4%,人口和经济总量均超过全国的40%,生态地位重要、综合实力较强,逐渐成为我国最重要的经济发展走廊之一。从历史文化来看,长江经济带各区域以水相连,渊源深厚,自古以来在文化、经济、贸易等方面都有着紧密的联系和频繁的交流,彼此之间具有深厚的人文底蕴;从经济发展来看,长江经济带各区域以水为纽带,横贯中国东部、中部、西部,不仅是我国"一带一路"愿景中连接"丝绸之路经济带"和"21世纪海上丝绸之路"的重要纽带，其下游地区加上长江三角洲区域一体化发展战略，作为支撑我国经济持续增长的核心经济地带，担负着承上启下、承东启西的重要作用。开展长江经济带自然资本利用的定量分析和研究，使其区域协调发展在国家和地区发展战略中的地位日益突出，并使其在新形势下能进一步推动我国区域高质量发展的国家战略。

第二，实现对长江经济带城市生态安全状况和可持续性更为客观的描述。作为中国现代工业发展最集中，经济发展潜力最大的区域，长江流域及其腹地伴随中国经济近四十年的高速发展，长江经济带生态地位重要、综合实力较强、发展潜力巨大，但也面临着生态环境形势严峻、区域发展不平衡突出、产业转型升级任务艰巨、区域合作机制不明确等来自经济增长质量、产业结构转型、环境承载能力等方面的挑战和困难。习近平总书记在党的十九大报告中指出："进入中国特色社会主义新时代，我国社会主要矛盾已经转化为人民日益增长的美好生活需要和不平衡不充分的发展之间的矛盾，我国经济已由高速增长阶段转向高质量发展阶段。"20世纪80年代改革开放初期，长江经济带产业还是以重型工业为主，主要产业类型有钢铁产业、石油化工产业、化肥产业、有色冶金产业、电力、机械、轻纺等。重型工业的运输需要丰富的水利资源，由于长江的水利资源丰富，所以当时在长江沿岸经济轴两侧布局大型重工企业。长江沿岸的各大中小城市，无一不是依托长江运输而兴起的，比如依托武汉钢铁集团、武昌造船厂等发展的武汉市；依托重庆钢铁集团、三峡工程建设等发展的重庆市；依托矿产开发而兴起的攀枝花市；依托钢铁产业而发展的马鞍山市等。在工业化、城镇化进程快速推进的过程中，需要依靠强大的自然资源和环境投入，长江经济带各地区受资源禀赋限制，能源对外依存度极高，能源保障问题逐步凸显，经济社会发展所面临的资源约束趋紧。以重化工业为经济发展方式，对矿产资源、能源等自然资源的过度依赖导致其土壤环境质量持续恶化，土壤环境污染问题突出，"三废"污染情况严重，以湖泊、湿地以及森林等为代表的生态环境不断退化，区域城市群对应的生态空间逐步紧缩，区域的环境承载力有了较大幅度的降低。高能耗、高污染以及低效率的经济增长模式使生态环境系统的压力进一步增大，以湖泊干涸、垃圾围城等为代表的生态环境状况严重扰乱了人们正常的生产生活，很多地区的发展前景都受到生态环境资源的严峻挑战。大开发带来了资源受损、环境污染、水体变色、环境保护和经济发展的严重问题。面对社会主要矛盾与经济发展特征的历史性转变，我们急需实现对长江经济带城市生态安全状况和可持续性更为客观的描述，以此实行新时代的区域发展战略。

综上所述，环境、资源问题在经济发展过程中所起的作用日益显著，其重要地位任何人都无法回避。长江经济带目前正处于经济发展的蓬勃期，人民日益增长的物质财富伴随而来的环境恶化、资源有限的问题也日益显现出来。从全球范围看，长江经济带是我国联系东南亚至澳洲、东北亚至日本与北美洲、中亚至中东与非洲的重要通道，是中国经济发展的重要增长极，肩负着发展成为新的经济增长极并引领长江流域地区崛起、促进全国经济发展的重任，在发展的过程中更应该深入贯彻落实国家关于长江经济带在"保护的前提下发展"，遵守"生态优先、绿色发展"的基本原则以及"共抓大保护、不搞大开发"的发展导向。如何在发展经济的同时对现有环境及资源进行保护，从而维持经济、环境、资源的可持续发展利用。所以，开展长江经济带区域生态资源环境保护以及资源的可持续利用具有很强的现实意义。

1.2 相关概念厘定和研究综述

1.2.1 相关概念厘定

1.2.1.1 自然资源

（1）自然资源的界定。本书研究的自然资源指的是在经济活动中所采用的、来自于自然的一切物质与能源，主要是与人类经济活动相关联，主要包括土地资源、水资源（这里主要是指水产资源）、矿产资源、森林资源以及附生于上述资源的生态资源等。

（2）自然资源的基本特征。人类的经济生产及生活时刻都在消耗着自然资源。一般人类经济生产生活中消耗的自然资源，具有如下明显特征：

资产性。根据 SNA2008① 的定义，"资产"是指机构单位对它拥有所有权，所有者通过对它的使用、持有和处置，可以获得经济利益的实体。自然资源属于一种特殊类型的资产，对它的持有人而言，可以在未来获取一定的收益或服务。

---

① SNA2008（System of National Accounts，SNA）。它适用于市场经济条件下的国民经济核算，首创于英国，继而在经济发达国家推行，现已为世界上绝大多数国家和地区所采用。它以全面生产的概念为基础，把国民经济各行各业都纳入核算范围，将社会产品分为货物和服务两种形态，完整地反映全社会生产活动成果及其分配和使用的过程，并注重社会再生产过程中资金流量和资产负债的核算。它运用复式记账法的原理，建立一系列宏观经济循环账户和核算表式，组成结构严谨、逻辑严密的体系。

能量贮存性。在自然资源中，体内贮存了一定的生物能的动植物资源，通过食物链的形式实现能量的逐级传递，来维系着整个生态系统的平衡；而以化石原料、煤炭为代表的资源，主要用途是在于实现热能的转化。人类对自然资源的开采利用也是围绕其本身蕴藏的能量展开的。

不完全可替代性。在进行经济生产过程及生活中，人们利用自然资源的消耗获取一定的能量进行生产及消费。随着诸多关键技术的进步，人们实现对部分不可再生资源的替代，但这样的替代具有非常大的局限性及条件限制性。

由于自然资源的这些特性，所以自然资源具有经济学中的稀缺性，并不是取之不尽用之不竭的。因此对自然资源现有存量、流量进行核算汇总是非常有必要的。

1.2.1.2 自然资本

（1）自然资本的界定。自然资本是可持续发展研究不断深化的产物，20 世纪 90 年代初，Pearce 和 Turner（1990）首次提出了"自然资本"的概念，并将它与可持续发展直接联系起来，即可持续发展可以按照经济变化进行分类，而标准就是自然资本存量的稳定性，及环境资产的存量保持稳定。1996 年 Daly 提出了被后来广泛使用的概念，"能够在现在或未来提供有用的产品流或服务流的自然资源及环境资产的存量"，即自然资本指的是矿产、林木、草地、水域等自然资源和生态系统以及吸纳废弃物的能力、环境资源的美学价值等。在 1997 年，Costanza 等做了一次非常有意义且有深远影响的尝试，对全球自然资本进行了估算，提出全球自然资本的经济价值约为年平均 33.3 万亿元。Guerry 等（2015）认为，自然资本指的是那些对人类有价值的商品和服务有用的生态系统组成成分。

综上所述，自然资本是指能够提供产品流或服务流的自然收益和自然资源贮藏，是自然生态系统中可以为生产和生活方便的自然资源存量和环境服务，既可以是天然的自然资本，也可以是人造的自然资本。自然资本主要包括水资源、草原资源、能源资源（包括所有的能源类别）、土地资源（农业用地和房屋用地）、矿物资源、人造森林、自然保护区等。自然资本主要包含存量资本和流量资本两部分，当流量资本不足时，存量资本将补充而被消耗，所以一般认为维持可持续发展的最低限度是要保持存量资本不减少。

本书在对使用自然资源和自然资本进行表述时主要是这样考虑的，对于所使用的年鉴中的自然资源数据进行描述时没有将其转化为自然资本这一定义，当通过本书的测算方法再对自然资源进行比较时则将其换成自然资本进行比较分析，同样也将不可比的自然资源转化为可以进行相互比较的自然资本，也能使本书的描述更加准确严谨。

（2）自然资本的范畴。如前面 Daly 的概念所描述的，自然资本具有价值，可以为人类提供商品和服务。但在不同的研究中自然资本的范畴不尽相同，有的将其认定为生物多样性，有的认为是自然资源存量，有的将其定位于生态系统存量。欧盟的环保组织认为"自然资本应该包括肥沃的土壤、海洋、淡水和清洁的空气，还应该包括一些重要的服务，像洪水的自然防御、植物的授粉和气候的自然调节功能等"。《自然资本宣言》一书中认为，自然资本是环境资本的子集，属于商品流和服务流的生态系统存量。英国自然资本委员会认为"自然资本给人类提供了食物、水、阳光空气、能源和保护人类免于收到灾害的各种资源等"。经济合作与发展组织把它的范畴归为自然资源存量、土地和生态系统三大类。英国议会科技办公室认为，自然资本就是环境资产，包括土地、空气、水和栖息地四种基本类别"。世界银行认为，自然资本包括有形的资源和无形的生态系统服务，自然资本区别于环境资本和生态资本。环境资本包括自然资本、人工自然资本以及某些人造资本，如历史建筑等，范围更广；而生态资本仅是自然资本中由生物提供的生态服务所形成的价值部分。

（3）自然资本的基本特征。尽管自然资本有一系列由于不同初衷发展起来的不同界定，关于自然资本概念本身还有很多争论，结合生态学家和经济学家各自角度做出的相关定义，自然资本的特征主要有以下三个方面：

第一，环境与自然的资本属性，国外 Daly（1996）以及国内杨充霖（2006）等都进行了论述；第二，自然资本具有资源性；第三，自然资本具有降解功能，该点主要体现了生态学功能，但在经济分析中常被忽略。

虽然自然资本还有很多争议，但早已得到了广泛的应用，世界银行于 1995年发表的报告《扩展衡量财富的手段》中就已经将"自然资本"作为核算国家财富的一部分。2000 年世界银行出版的《增长的质量》中也将自然资本作为衡量经济增长质量的指标。

1.2.1.3 可持续发展

（1）可持续发展定义。20 世纪 80 年代，随着发展与环境之间矛盾日益突出，可持续发展的概念应运而生。1987 年，联合国世界环境与发展委员会发表研究报告《我们共同的未来》，正式提出"可持续发展"一词，认为经济的增长不是无边界的，而是受资源、环境约束的，提出应该将"人与自然"的关系纳入发展范畴。1992 年，在里约热内卢召开的联合国环境大会上，提出可持续发展的概念是指"既能满足当代人的需求，又不会对后代人自身的需求构成危害的发展"。世界资源研究所将可持续发展定义为"不降低环境质量和不破坏世界自然资源基础的经济发展"。1995 年，中国资源环境与经济发展研讨会指出"可持续发展的根本点就是经济社会的发展与资源环境相协调，其核心就是生态与经济相协调"。2001 年，高吉喜提出社会经济的可持续发展要以生态承载力为基础，以牺牲环境为代价的发展不是真正的发展。与此同时，可持续发展的外延也不断扩大，可持续性被认为是经济、资源、环境、人口与社会之间的协调同步。2009 年，李长亮提出可持续发展是包括涉及经济、社会、政治、文化等领域的可持续发展，还包括生态方面的可持续发展。海俊娇（2019）认为，可持续性是指一种可以长久维持的过程或状态，人类社会的持续性是由环境可持续性、经济可持续性和社会可持续性三个互为依存的部分组成的，而实现环境可持续性是区域发展中面临的最大挑战之一。

（2）可持续发展的评判。20 世纪 90 年代，随着可持续发展理论的深入，人们开始着手关于可持续发展状况评价和判断的研究。1990 年，联合国公布人类发展指数，用于度量人类可持续发展的状况，这是一个综合性的可持续发展指标。Maureen Hart（1995）发表了一套城市可持续发展指标指南（Guide to Sustainable Community Indicators），提出 12 类、104 项评价可持续发展的指标。1996 年，联合国可持续发展委员会提出了涉及社会、经济、环境和能力建设四个方面的一共 134 个指标组成的可持续性发展指标体系。英国政府（2009）发布了分属 4 类共 68 个可持续发展指标。英国政府（2010）公布了评价英国主要城市的可持续发展状况的可持续发展指标体系。2010 年，中国城市可持续性发展指数也被制定出来。2018 年，中国科学院可持续发展战略研究组发布了一套可持续发展指标体系，用来反映经济发展质量，衡量社会福利水平，以及资源损耗和环境变化，弥补了传统单个 GDP 指标考核的局限性。可持续发展体系包括经济发展、环境治理、消耗排放、资源环境和社会民生五个方面共 22 个指标。

在实证方面，国内众多学者针对不同范畴、不同领域的可持续性开展评价。2010 年，李倩蓉等通过综合运用 AHP 法和模糊综合评价方法，构建了相关评价指标体系，来评价重庆市的城镇化发展程度的可持续性。楚芳芳针对城市群的生态经济系统特点，建立基于 DPSIR 框架的城市群生态承载力指标体系，来评估城市群可持续发展状态。王云霞（2010）在生态承载理论的基础上，构建了可持续发展的指标体系，进而利用线性回归给出区域可持续发展的评判标准，并对北京市的可持续发展进行评价研究。周景阳（2015）采用 TOPSIS 分析方法对我国 31 个省份从发展的角度对城镇化发展的可持续性进行综合评价和对比分析。

1.2.2　国内外相关研究评述

结合国内外研究现状，本书分别从四个部分展开综述：自然资本相关研究综述、生态足迹相关研究综述、生态效率相关研究综述、可持续发展相关研究综述。

1.2.2.1 自然资本相关研究综述

（1）自然资本的提出。20世纪80年代，随着可持续发展理论的提出，资源、环境和经济发展之间的关系备受关注，"自然资本"的概念随即进入公众视野。1987年，世界环境与发展委员会在《布伦特兰报告》中强调将自然环境视为一种资本，以突出这一要素在经济社会发展中所起的重要作用。1988年，Pearce指出"可持续发展的标准就是自然资本存量的稳定性，即环境资产存量的稳定性"，并首次提出"自然资本"一词。1990年，Pearce和Turner正式提出了自然资本的概念。1996年Daly的定义是目前最为广泛接受的。即基于可持续发展的自然资本，同生产资本、人力资本一样，是支撑全社会发展的稀缺要素和重要部分。

（2）自然资本的测算。无论是作为财富的一部分，还是作为生产投入的重要组成部分，对自然资本进行测算都是十分有必要的，一方面可以修正现有经济核算体系（如GDP核算）；另一方面也是对宏观经济增长理论的发展。由于分类复杂、估价难、数据不易获取等原因，自然资本的测算存在一定的难度。目前对自然资本的测算主要存在以下三类方法：一是基于核算体系的自然资本测算。2008年发布的国民核算体系（SNA）将自然资源纳入非金融非生产性资产。随后，SEEA-2012将环境资产纳入国民经济核算体系，成为第一个国际层面的环境经济核算标准。从实践来看，欧洲环境局（EEA）对自然资本进行过简单核算。2016年，Vicente等开展西班牙某水域的水资源核算，对SEEA体系进行了补充完善。国内也较早开展了自然资本核算问题研究。在《中国国民经济核算体系（2002）》中，国家统计局引入了自然资源卫星账户，分别编制了土地、森林、矿产及水资源等实物量表，并进行了相应的价值核算。二是计算自然资本指数。Ten Brink（2000）定义自然资本指数为生态系统的数量与质量的乘积。其中，生态系统数量为生态系统地区面积占整个国土面积的比重，生态系统质量为生态系统当前状态与基底（Baseline）状态的比率。目前，部分欧洲国家通过自然资本指数法来估算其自然资本。这种方法的难点在于需选择一个生态系统作为参照基底，一般设定为进入工业时代前的状态，数据收集较为困难；优点在于适用性强，适合各种形式的自然资本，且易计算。三是通过生态足迹法测算自然资本。考虑到部分自然资本由于没有市场价格，对其进行货币核算毫无意义，或者即便有市场价格，但其价值的变动反应并不一定是自然资本存量的变化，可能仅仅是价格变动带来的。因此，众多生态经济学家反对使用货币作为自然资本的核算工具，他们认为理想的方法是采用生态足迹核算自然资本实物量。生态足迹（EF）理论最早是由生态经济学家Rees于1992年提出的。1996年，Wackernagel在Rees的基础上进一步优化。生态足迹法使用较为广泛，刘航和宋豫秦

（2008）、方恺和李焕承（2012）、汪凌志（2013）、陈秀芝（2014）均采用生态足迹模型，对区域一段时期内的自然资本消长情况进行量化研究。

（3）生态足迹方法应用于自然资本研究。为克服传统经济学弊端，Rees 于 1992 年首次从生态角度出发，将人类自然资源消耗折算成生态生产性土地面积，提出生态足迹概念，Wackernagel 等（1999）将此概念进一步完善并提出生态足迹模型。Wackernagel 等（1999）最早应用生态足迹模型对全球及国家层面的自然资本利用情况进行了研究，并提出通过控制人口增长及高消费、提高技术水平和效率、促进贸易公平、规范资本流动等措施减少自然资本存量持续消耗；Monfreda 等（2004）综合考虑原材料、生产、制成品等环节，对应用于国家以下层面的自然资本核算方法进行改进；Zhao 等（2005）基于能值分析构建生态足迹模型，在一定程度上弥补传统生态足迹的不足；Hoekstra（2009）认为，生态足迹和水足迹二者相结合可以更全面地评估自然资本占用情况；Burkhard 等（2012）结合生态足迹与生态系统服务，刻画了自然资本的供需状况；Fang 等（2014）将生态、能源、碳和水足迹整合为足迹家族以评估与自然资源利用和废物排放相关的环境影响。Baabou 等（2017）提出了一种自上而下的基于多区域投入产出（MRIO）的城市环境足迹跟踪模型来定量测度城市自然资本占用，并认为城市层面的计算结果有助于设计可持续发展政策。国内生态足迹的研究由程国栋等于 2000 年率先展开，近年来国内学者在生态足迹的研究方法、研究尺度、研究领域等方面不断开拓，取得了丰富且颇具影响力的研究成果，如基于国家公顷、省公顷和市公顷对均衡因子和产量因子进行调整，使在全球以下层面生态足迹的研究结果更加准确可靠；同时将污染物排放账户纳入生态足迹核算模型，更加全面刻画了区域可持续性现状；另外净初级生产力法和投入产出法等均为在研究方法上的改进与创新；生态足迹理论已应用于旅游业、采矿业、城市交通、学校、农业、项目工程等诸多研究领域，可见有关生态足迹的研究内容日渐深入。关于自然资本核算方面，鲁春霞等（2001）以青海省为例，核算了其自然资本利用的生态空间占用情况，并由此结果推知青藏高原的生态盈余状况；张燕等（2017）通过生态足迹模型分析了陕西省自然资本的可持续性。

1.2.2.2　生态足迹相关研究综述

生态足迹模型自 1992 年提出以来，得到了大量的关注、研究与应用。从消费角度看，该模型提供一个集合指标或称综合指标（Aggregate Indicator），既有集合指标应有的优点，同时也克服了单一指标简单性、孤立性等缺点，生态足迹的六类足迹类型为分析生态结构特征提供了可能。生态足迹模型的研究主要有以下几种类型：

（1）基于能值的生态足迹模型。能值理论最早是由 1996 年 Odum 提出的，并发展为人类生态资源利用的核算模型，该模型把所有终端产品及服务的消费转换成统一的太阳能焦耳。能值理论以其统计的单位在研究生态环境核算方面有许多应用，可以应用于土地、能源、森林资源等生态环境方面的利用核算。

（2）结合净初级生产力（NPP）。有学者研究 HANNPP 应用于生态足迹时表示 HANNPP 能够很容易得出特定区域不同类型生态足迹的利用强度在空间的分布状况，通过现代遥感卫星技术可以捕获不同季节不同地区的净初级生产力具体数据。因此利用净初级生产力模型更能反映本地区生态需求与生产供应，进而能动态反映本地区的生态足迹的产量因子，因而目前 NPP 也广泛应用于生态足迹的产量因子的研究中（Siche & Agostinho et al.，2010）；NFA 方法也部分采纳了 NPP 的计算方法来核算处理生态土地的均衡因子（Borucke & Moore et al.，2013）。结合遥感技术的 NPP 模型对于小区域尺度生态足迹计算是目前有效的途径。

（3）结合投入产出法研究。Lenzen 等（2001）最早利用多区域投入产出对生态足迹核算进行研究，并以澳大利亚为例进行了实例研究。Weinzettel 等（2014）利用投入产出表研究各国生态足迹大小，对国际间贸易足迹的核算更全面。基于投入产出法的生态足迹应用主要局限于投入产出表的难获取性、滞后性，并且投入产出表一般只局限于国家级、省级单位，而较小尺度生态足迹的核算难以实现。

（4）多种方法结合的改进。Siche 等（2010）结合能值分析与净初级生产力模型称为 ENPP（Emergy Net Primary Production），该模型修正了生态足迹均衡因子的静态性，该学者认为其计算的均衡因子比原 NFA 方法更加稳健。Moore 等（2013）总结了适应性的复合法和成分分析法对于生态足迹的测算。

（5）其他改进模型。周宾等利用环境熵理论对生态足迹进行改进，计算了嘉峪关生态环境承载力。在单独研究一个地区生态足迹时序特征时，我国学者从"国家公顷""省公顷"出发制定了更适于本地区的生态环境研究，然后这种方法在增加灵活性的同时，损失了全球可比性。Chen 等（2016）基于生态足迹和生物承载，从微观角度提出了一种新的环境平衡测算工具，其用衣食住行来测算居民日常生活的环境压力，弥补了生态足迹法和生物承载法各自的局限性，从而更准确地测算农村地区的可持续发展。

1.2.2.3 自然资本利用效率相关研究综述

首先，本书提到的自然资本利用率是源于生态学中的生态效率。效率本身是经济学里的一个概念，在资源和环境经济学经典著作中解释了资源和环境经济学有着三大主题：效率（Efficiency）、最优（Optimality）以及可持续性（Sustainability），它们之间相互影响、相互制约，共同成为人类从事经济生产活动的最高目标。

各种资源在经济学中具有稀缺性的特点,在经济社会发展的初期和生态平衡状态良好的状况下,经济发展水平较低,所以经济利益几乎是所有的经济活动的目标,效率追求的是资本的生产效率、劳动的生产效率,是成本与收益之间的比较,这种是经济效率;而当经济发展达到一定水平时,在自然资源相对稀缺的状况和不可再生资源的约束下,经济利益不再是唯一目标,人们越来越意识到资源环境与经济增长同样重要,经济发展需要重视资源和环境的生产效率,大家开始重视资源和环境的生产效率。由此可见,自然资本利用是存在效率的,效率中的"投入"指的就是经济活动所需消耗的资源,即"生态足迹"。总的来说,自然资本利用率是中国实现增长方式向可持续的方向转变这一过程的一个非常有意义的指标。

在生态效率的研究中,它的概念最早是在 20 世纪七八十年代由加拿大科学委员会和世界自然资源保护联盟组织分别提出,最开始属于生物学领域中生态系统能流中相邻营养级的能量转化效率。而 Schaltegger 和 Sturm (1990) 首次将生态效率引入经济学领域,随后引起了各界的关注。1992 年,世界可持续发展工商理事会 (WBCSD) 在里约地球峰会上做出报告,对生态效率的概念进行了扩展,认为生态效率是指"通过提供具有价格优势的服务和商品,在满足人类不断增长的物质和文化生活需求的同时,将在商品和服务的整个生命周期内对环境的影响负荷降到在与地球的估计可承载力范围水平内",呼吁企业界改变以往污染制造者的形象,倡导企业以生态效率为导向来应对可持续发展的挑战。随后生态效率作为经济学概念被广泛接受。

1998 年 OECD 对生态效率定义为利用生态资源来满足人类需要的效率。Hertwich (1997) 将生态效率概括为预防污染、清洁技术、设计环境、闭环系统和环境管理系统五个方面。2001 年,Muller 和 Sturm 提出了生态效率的计算公式,分母中的经济绩效是用经济增加值来表示的。在区域范围内,2005 年 Hellweg 等通过分析生态系统中生态资源的投入和生态环境非期望产出的比值来分析生态效率。

我国学者诸大建等用生产总值与污染排放量、能源消耗量以及其他生产要素投入量的比值来计算生态效率,从生态效率的角度去研究城市循环经济。2013 年,张雪梅 (2013) 对这些概念进行梳理总结,表达了一个基本的主要观点,即最大化的减轻环境污染、最小化降低资源的消耗,同时能够最大化增加生产总值,促进经济绿色发展。

通过上述文献的梳理,生态效率体现在使用更少的资源、制造更少的污染的前提下,创造更多的产品和服务。对于一个区域来讲,"产品或服务价值"主要通过地区生产总值或地区总产出等指标，来衡量该区域经济活动的产出和服务的市场价值；"生态环境负荷"主要包括资源消耗与污染排放（Muller & Sturm，2001；UNCTAD，2003），可以用区域各种直接原料投入（DMI）来衡量区域的资源消耗量，污染排放主要包括废气和废水的排放量等。所以，生态效率的核心是少投入、少排放、多产出，符合可持续发展关于经济、资源和环境协调发展的核心理念，也成为测度可持续发展的重要概念和工具。

1.2.2.4　长江经济带相关研究综述

长江经济带是中国经济、科技、文化发达的地区之一，但其面临着一系列可持续发展问题。从可持续发展评价的角度来看，段学军和虞孝感（2002）对长江流域七省一市的可持续发展状况分别进行评价，结果表明长江流域的可持续发展水平呈现持续不断上升的发展趋势；梁伟和朱孔来（2011）从生态环境质量的角度来研究长江流域的可持续发展，结果表明：长江流域整体的生态环境指数略高于全国均值，下游的江苏和上海得分偏低，重庆、湖北、湖南和安徽位于全国中游水平；孙亚南（2016）从经济、生活、资源、科技等全局视角将"可持续"与"发展"相结合，构建长江经济带核心城市可持续发展能力评价体系，从整体发展的可持续性来看，长三角城市群发展可持续力最强，东部城市可持续发展水平高于中西部城市，同一省份内省会城市可持续发展水平要高于非省会城市，中心城市可持续发展水平要高于边缘城市。

在有关长江经济带区域生态环境方面发展的研究中，Li 等（2017）研究了中国长江经济带生态走廊建设问题，认为应加强利益相关者之间的合作，改善和稳定生态走廊的建设机制，增加公众对项目的参与度。Shu 和 Xiong（2019）基于中国长江三角洲城市群，研究了产业结构优化过程中工业碳排放的相关问题，认为减少区域工业碳排放和优化区域工业碳排放的空间格局具有重要作用。Xu等（2019）采用三种生态模型和五个关键指标建立一个连贯的长江经济带生态红线框架和标准，研究结果表明：当区域政府作为独立的第三方评估员并强制执行跨省生态补偿战略时，实施生态红线政策是有效的。

1.3　研究内容

1.3.1　研究内容

在对三维生态足迹模型进行优化的基础上，选取长江流域沿岸长江经济带城市群中的主要城市为研究对象，分析区域内的自然资本利用状况及可持续性发展趋势。根据本书的研究目标和研究逻辑，可将研究内容分为以下部分：

第1章，绪论。该部分是本书研究的背景和意义，介绍了当前背景下长江经济带区域面临的生态环境问题，从长江经济带发展战略和实践情况等方面概括本书的研究背景，通过系统阐述具有理论和实践意义，梳理了国内外研究现状，为研究问题的内容、方法与路线提供思路与框架。

第2章，理论基础和区域概况。梳理了本书相关理论、内涵和区域概况的介绍。在理论分析框架中，就本书涉及的生态经济学理论、环境经济学理论、区域环境压力理论、资源环境承载力理论、区域经济发展与可持续发展理论进行了梳理；对于本书中的自然资源、自然资本、生态足迹和生态效率等相关概念进行厘定，明确本书相关概念的内涵，为后文各部分研究进行理论铺垫，为后续章节的实证分析打下理论基础；并对本书研究区域的自然资源概况和社会经济概况进行描述分析。

第3章，研究方法和数据来源。通过对生态足迹模型的分化及其比较，发现迄今生态足迹模型的发展经历了从一维模型向二维模型，并从二维模型向三维模型的演进。本书从科学问题、模型内涵、解释能力和应用等几个方面对生态足迹模型演进进行梳理和评论，厘清模型间的逻辑关系，发现模型存在的不足与缺陷，以期引起对生态足迹模型的新思考。通过 Niccolucci 三维模型的原理及其应用价值进行详细介绍，发现 Niccolucci 三维模型中存在缺少生态盈余三维表达的不足，通过将模型中的相关指标的含义及其计算方法进行拓展，增加自然资源消费对资源流量占用程度的核算，将生态盈余和生态赤字两种情况统一在同一模型中并进行三维表达，实现资源消费对资源流量和资源存量占用程度在核算上的统一，促进生态足迹模型在自然资源核算理论研究和实际应用中有更进一步的发展。改进后的三维模型通过纳入污染物账户，考虑到不同地区不同地类的均衡因子和产量因子可以进行核算。

第4章，长江经济带自然资本利用的时空演化特征分析。通过第3章改进的三维模型，并通过污染物足迹模型、市域尺度均衡因子和产量因子的核算结果来测度长江经济带地市级尺度的区域人均生态足迹和人均生态承载力，同时对区域各地类的人均生态足迹和人均生态承载力进行测度，并深入观察长江经济带各区域和各城市的人均生态足迹、人均生态承载力以及人均生态赤字的动态演变特征及空间差异特征，同时分析区域各地类的人均生态足迹、人均生态承载力以及人均生态赤字的动态演变特征及空间差异特征。另外，利用灰色关联度分析区域各地类人均生态足迹、生态赤字与总人均生态足迹、生态赤字的关联度排序。

第 5 章，长江经济带自然资本存量和流量时空演化特征分析。在第 4 章的基础上，通过计算区域足迹深度和足迹广度来表征长江经济带各地市自然资本存量和流量，并对长江经济带表征自然资本利用程度的区域足迹深度和区域足迹广度进行了时空特征分析，为了揭示长江经济带影响自然资本利用的构成要素及份额，对长江经济带各区域自然资本利用进行静态和动态的结构分析。

第 6 章，长江经济带自然资本利用可持续性分析。生态持续性是衡量区域可持续发展的重要途径和核心标准，也同时是区域可持续性研究的重点。在上一章的基础上继续深入进行自然资本利用的可持续性分析，以便刻画区域足迹广度和足迹深度的耦合特征以及由此反映的生态持续性情况。同时为定量表征各区域生态持续性，引入存量、流量资本利用率，资本流量占用率和存量流量利用比等相关指标，利用存量资本超前于流量资本的程度来进行刻画，以期深入了解长江经济带自然资本利用的可持续性。通过区域万元 GDP 生态足迹核算模型、万元GDP 生态盈余（赤字）核算模型、生态压力指数（EPI）等来进行区域自然资本利用效率的分析，通过计算区域生态足迹可持续指数（ESI）、生态足迹多样性指数和生态经济发展能力指数以及区域生态足迹经济弹性系数等一系列相关指数来进行区域自然资本利用结构合理性分析。

第 7 章，自然资本可持续利用驱动力分析。通过以长江经济带各地市的面板数据进行灰色关联度分析和 Lasso 回归分析法为手段，构建筛选出长江经济带各地市三维生态足迹主要驱动力指标，并利用 LMDI 和 M-R 模型对主要驱动因素进行了时空差异分解讨论。

第 8 章，结论与建议。通过前述实证研究，得出关于长江经济带自然资本利用的时空特征、自然资本存量和流量的特征分析、可持续性分析、可持续利用驱动力分析等方面的结论，并对长江经济带自然资本利用未来的区域可持续协调发展提供对策建议，同时对本书所存在的不足与未来研究进行展望。

1.3.2 时空范围

1.3.2.1 时间范围

长江经济带 11 个省市研究的时间范围为 2008~2017 年；因跨度较大、时间较长，加上地级市的部分详细数据较难获取，因此进行空间分析时部分分析采用了近 10 年的数据平均值或者特征年份来做空间格局分析。

1.3.2.2 空间范围

本书研究的长江经济带空间范围分为三个尺度。区域尺度是长江经济带的长江下游、中游、上游三个区域，包括 11 个省（直辖市）；城市群尺度为 8 个，具体分别为三角洲城市群、江淮城市群、武汉城市群、环长株潭城市群、环鄱阳湖城市群、成渝城市群、黔中城市群、滇中城市群；地级市尺度为 74 个地市。

1.4 研究思路

1.4.1 研究思路

以"基于三维生态足迹的长江经济带城市自然资本利用测度研究"为题，提出区域（城市）自然资本利用评价方法改进优化的必要性、可行性及具体方案问题，来表征区域（城市）自然资本利用的生态足迹需求测度的理论与应用研究。

首先，以环境经济学、生态经济学和资源环境承载力理论为基础；其次，构建和优化三维生态足迹模型来核算长江经济带城市在 2008～2017 年研究期间自然资本利用及可持续性现状，深入分析其时序演化和空间差异，并通过计算区域足迹深度和区域足迹广度来表征长江经济带各地市自然资本存量和流量，对长江经济带表征自然资本利用程度的区域足迹深度和区域足迹广度进行了时空特征分析，为了揭示长江经济带影响自然资本利用的构成要素及份额，对长江经济带各区域自然资本利用进行静态和动态的结构分析；再次，为定量表征各区域生态持续性，引入存量、流量资本利用率，资本流量占用率和存量流量利用比等相关指标，利用存量资本超前于流量资本的程度来进行刻画，以期深入了解长江经济带自然资本利用的可持续性，为该区域社会经济和可持续发展建设提供科学决策需要的基础信息；最后，通过以长江经济带各地市的面板数据进行灰色关联度分析和 Lasso 回归分析法为手段，筛选出长江经济带各地市三维生态足迹主要驱动力指标，并利用 LMDI 模型和 M-R 模型对主要驱动因素进行了时空差异分解讨论，探讨区域（城市）自然资本利用可持续发展的内在机理和科学可行的管理模式，并且展望今后研究的方向和趋势。

1.4.2 技术路线

根据上述思路，可以画出具体详细的技术路线，如图 1-1 所示。图中包括三个依次相连的层次或者主体部分：一是规范研究（理论基础研究）层次；二是模型构建层次，本书实证的模型发展和改进；三是实证研究（实际问题研究）层次；四是第二次规范研究层次，总结全文，对拟解决的社会经济和环境问题给出研究结果和建议，提出今后进一步研究的展望。

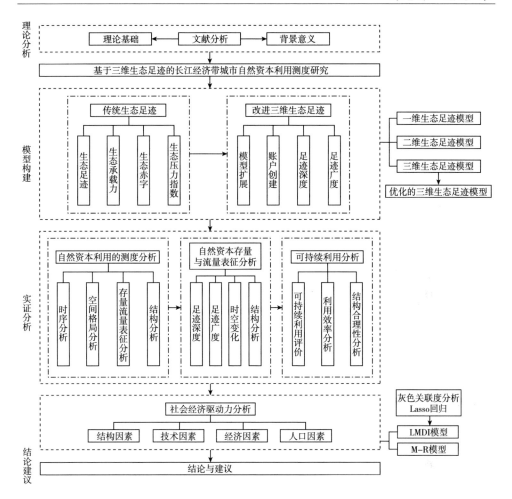

图 1-1　技术路线

1.5　创新之处

（1）从理论与实践中探究了长江经济带市域尺度下自然资本利用核算，为研究各级尺度生态足迹的核算应用提供新的思路与方法。已有研究多采用全球或全国统一的均衡因子和产量因子，在区域尺度的评价中会存在较大误差，所以本书在生态学与热力学原理的基础上，尝试基于热值理论构建省公顷模型和核算产量因子且精确到市域尺度，并通过独立测算研究区域各年份均衡因子和产量因子，对传统评估方法的应用进行了改进，为更准确客观刻画一个地区的生态环境消费与存量现状提供方法参考。另外也增加区域污染物的足迹账户，因为污染物的排放会占用一定的生物生产性土地。这样使研究区域自然资本利用的核算结果更加接近实际，进一步为丰富与发展核算生态环境资源提供理论与方法，更有效地把原全球和国家尺度生态足迹模型改进应用于市域尺度。

（2）本书采用改进的三维生态足迹模型可以有效修正和弥补传统模型天然存在的静态性缺陷，同时应用长时间序列方法进行研究，可以实现评估自然资本利用分析的动态评价。因为传统生态足迹分析方法是一种静态分析方法，存在瞬时性的缺陷。而三维生态足迹发展历史较短，对于三维生态足迹的研究主要集中在生态足迹核算和可持续发展评估上，从自然资本流量、存量角度评估自然资本利用程度的研究较少，而对城市群和市域尺度进行三维生态足迹核算以及区域自然资本利用的时空演化研究更少。

（3）与过去研究可持续性的评价角度较为单一不同，本书通过万元生态足迹模型、万元生态赤字模型、生态足迹多样性及生态经济系统发展能力模型和生态足迹经济弹性等方法，作为区域系统可持续发展评价的参考指标，从社会经济发展的角度阐述了区域社会经济活动对长江经济带生态环境可持续发展的影响。在三维生态足迹分析自然资本的基础上与社会经济综合评价法结合起来，弥补生态足迹生态偏向性的不足，并建立了区域生态经济系统指标体系，对区域社会经济与资源环境协调发展进行综合评价。而评价区域系统的可持续性，综合考虑了区域经济、社会、生态三个方面。

（4）本书对自然资本利用的主要驱动因素从时间分解拓展到空间分解研究，并且是多地区之间进行空间差异分解分析，延展了 LMDI 时间分解模型和 M-R 空间分解模型的应用研究领域。在借鉴生态学、环境学、经济学及其他相关科学理论，从自然资本利用与社会经济之间的内在关系入手，对长江经济带城市自然资本利用的主要社会经济影响因素构建面板数据模型进行定量分析，并对自然资本利用的主要驱动因素利用 LMDI 模型进行了时间分解和 M-R 模型进行空间分解研究，把常用于能源和碳排放的时空分解模型延展应用到区域自然资本利用研究中。

第2章　理论基础和区域概况

2.1　理论基础

2.1.1　环境经济学理论

20世纪五六十年代，西方许多发达国家环境污染极其严重，环境经济学开始兴起。许多经济学家和生态学家把环境因素和生态科学的相关内容与经济学融入在一起，促使环境经济学理论研究得到进一步发展并得到持续关注，我国在20世纪70年代也开始重视并发展环境经济学。其中，与可持续发展有关的理论主要包括以下几个方面：

2.1.1.1　环境库兹涅茨假说

Panayotou（1996）第一次将环境因素引入西蒙·库兹涅茨（Simon Kuznets）的倒"U"形曲线关系中，即在1955年提出的人均GDP与收入分配不公平性之间的关系。由此提出关于人均GDP与环境污染程度之间的倒"U"形关系，即环境库兹涅茨曲线（EKC）。由此揭示了一个国家或地区的环境污染程度在经济增长过程中伴随其产生的规模效应、结构效应和技术效应而变化的趋势。当一个国家或地区的经济发展水平较低时，与之对应的环境污染程度较轻，但随着经济水平的提高，人均收入的增加而带来的规模效益，导致自然资源投入增加和污染排放增加，环境恶化程度也随之而加剧。与此同时，随着国家经济水平的逐步提高，以农业为主的产业结构慢慢转换为以能源密集型重工业为主，这一重大转变使污染排放量大大增加，环境质量随之大幅度降低。但当经济发展达到一定水平后，人类有意识地提高劳动生产率、资源利用率，以及采用更为先进的环保技术来降低单位产出的污染物排放量，使得环境污染状况有所改善。或者当产业结构发展到低污染的服务业和知识密集型产业为主时，由此带来的技术效益和结构效益也使生产活动对自然生态环境的影响大大减小，环境污染速度随之减缓，环境质量不断改善。Kriström 和 Lundgren（2013）认为，提高人均收入水平是改善环境的首要条件，世界各国可以以此提高经济水平来找到自己解决环境问题的办法。根据环境库兹涅兹假说，人均收入水平的不断提升、科技水平的不断进步、产业结构的不断优化，将有利于环境质量的改善和提高。这为当前可持续发展理念的完善提供了重要思路。

2.1.1.2 外部性理论

新古典经济学派的代表人物马歇尔，1890 年在其著作《经济学原理》中首次提出关于外部性（Externality）的理论。他认为，在正常的经济活动中，供求大小的对比决定了各种稀缺资源的消耗，而环境问题正是这种正常经济活动中出现的一种失调现象。1920 年，庇古（A. C. pigon）在著作《福利经济学》中提出了"外部不经济"的概念和内容，运用边际分析方法，建立和完善了外部性理论。至此静态与技术上的外部性理论框架基本形成。1960 年，科斯（Coase）在《社会成本问题》中提出了外部性理论的相互性，试图在庇古的基础上推进市场方式解决外部性问题。在经济学界，马歇尔、庇古和科斯在外部性理论发展中发挥了重大重用。

传统经济学理论认为，经济系统资源与环境系统是互相分离的，将自然环境作为天然的物质仓库和垃圾场，其环境问题的出现是外部性存在的结果。现实生活中的资源环境与经济发展之间的互相影响，其原因是外部性的作用，即任意一项经济活动的代价成本，不仅包含对各类生产要素的消耗，而且包含外部不经济性导致的对资源环境的破坏。经济发展对资源环境产生一定的影响，同时资源环境又反作用于经济活动自身，二者之间的相互作用与反馈机制，即是因为外部性的存在。外部性理论派的认识论认为日益恶化的环境与人类社会出现的不可持续发展现象、趋势的根源，在于人类至今为止一直视自然（资源和环境）为可以免费享用的"公共物品"，不承认自然资源拥有经济学意义上的价值，同时在经济生活中把自然的投入排除在经济核算体系之外。基于这个认识，该流派致力于从经济学的角度探索把自然资源纳入经济核算体系的方法与理论中。针对环境外部性问题，庇古认为环境污染的负外部性不能通过市场来解决，而必须通过政府行政决策、调控来干预，并提出"庇古税"来补足污染者的社会成本和私人成本之间的差距。

外部性理论揭示了市场经济活动中一些低效率资源配置的根源，并为如何解决环境外部不经济性问题提供了可供选择的思路或框架。外部性一般分为正的外部性和负的外部性。其中，生产的外部不经济性主要是指与环境问题有关的外部性。这是导致低效率的社会资源配置状态和生态环境污染、恶化的负面影响的主要因素。在 20 世纪 60 年代以前，人们大多较为关注生产外部性，例如企业对环境的污染问题、垄断企业对消费者剩余的侵蚀等。但因为人们消费水平和经济发展的提高，自 20 世纪 70 年代以后，消费外部性问题日益突出，如汽车消费过程中的空气污染、道路拥挤、交通事故增多等现象，人们关注的焦点也正在从生产外部性向消费外部性不断地转移。

在我们的生活应用中，根据对资源环境配置中的低效和无效率现象进行研究探索，得出资源环境配置会被外部所影响，致使资源环境的使用效率很低，导致资源配置出现扭曲。市场经济活动中经济人追求自身利益的最大化，但经济人在经济活动中考虑的是自己的私人成本和私人收益，未考虑在资源环境的开发利用过程中产生的社会成本和社会收益，也就是说没有思考到外部所造成的影响。由此，当所有的社会成本不用被生产者全部来负担，也就是说当社会的成本超过私人成本的时候，外部成本的出现不考虑时，它就大幅度扩大生产，从而超出了最佳的产量；如果生产没有达到全部的外部收益的时候，它就大幅度减少生产，低于最佳的生产水平。因为外部性的存在，导致市场的运行不符合资源有效运用的原则，会造成资源环境处于一种无效或者是低效运作的状态。当如果存在外部不经济性时，社会成本会超过私人成本，即私人成本不足以抵付社会成本。在这一情形下，市场竞争的模式就不能保证经济有效率。因此，需要政府干预，使当事者至少负担部分的成本。

如图 2-1 所示，在不考虑外部性的情况下，某企业的最优产量为 Q_1，此时企业利润达到最大。如果由企业对污染行为承担责任，外部成本内部化时，生产者将面临一条新的社会净收益曲线。此时该企业的产量降到 Q_2，在这个产量上，净社会收益等于零。

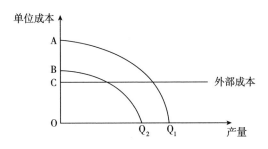

图 2-1　外部不经济性对资源配置的影响

当存在外部经济性，同时忽略外部经济性的情况下，如图 2-2 所示，市场供求双方的相互作用共同决定的均衡价格与均衡数量分别为 P_1 和 Q_1，当需求曲线 D 与供给曲线 S 相交于 A 点时，此时的均衡点并不是社会最优产量。当把外部收益计算在内，就会产生一个较高的边际社会收益曲线。当该曲线与边际成本曲线 S 相交于 B 点，就得到了社会最优产量 Q_2 及价格 P_2。此时，产生的私人成本与私人收益的差额 ΔP 必须由政府给予有效的补偿。如果外部经济性得不到补偿，就会导致资源的配置失误。

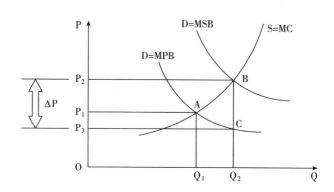

图 2-2　外部经济性对资源配置的影响

　　只有外部经济性以后的需求被考虑了，才是有效需求；同时外部不经济性的供给被考虑了，才是有效供给。有效供给和有效需求共同决定的社会帕累托最优状态的充要条件是边际社会收益等于边际社会成本，即社会净收益等于零。政府可根据以上明确的调控原则，在市场失灵时，对宏观的调控和经济的干预程度增强管理，使产品价格处于最为有效率价格的情况下，产品的产量能够实现最优产量，这样一来资源配置达到了最优的效果，最终也会实现了经济与资源环境的友好协调发展。

2.1.1.3　区域环境压力理论

　　一直以来，"环境问题到底是因何而生"是很多学者的争议，生态学家 Commoner 提出人类生态环境破坏是工业技术进步造成的，而人口学家 Ehrlich 认为，环境变化最主要的原因是人口的增长，也有学者进一步提出和拆分了表征人口增长对环境压力的模型公式，即经典的 TPAT（I=PAT）模型，其中 I 是环境压力，P 是人口规模，A 是富裕程度（一般用人均 GDP 表示），T 是生产技术水平。式中 T 是模型里最复杂的因子，它其实并不仅仅局限于生产技术水平，它还可以是文化、制度或社会结构等（York et al.，2003），学者通过对 T 因子的各种扩展来分析社会背景如生态环境意识、文化意识、政府管理政策等因素对环境压力带来的影响。IPAT 模型的出现得到了广泛的重视和延续，以该模型为基础来进行环境与社会经济协调发展的探索性分析是这几年实证分析的热点。

徐中民等（2005）在 IPAT 基础上进一步延伸了 ImPACTS 模型，Gao 等（2010）提出 IGT 模型来分析经济总量与生态环境压力之间的关系，Dietz 等（1994）提出了可拓展的 IPAT 随机回归模型-STIRPAT 模型，模型通过对数转换变成线性回归的形式并通过假设检验，便于直接分析各因素对环境的影响。众多学者也对基于 IPAT 模型以及拓展变式进行了多方面的实证研究，其中把碳排放和能源消费作为环境因子的研究较多。在碳排放和能源消费方面，黄蕊等（2016）定量分析了江苏省碳排放量与城镇化水平、生产技术进步、富裕程度和区域人口之间的关系。在水资源方面，王康（2011）利用对数分解模型，分析了甘肃省用水总量与区域用水强度、产业结构、富裕程度和人口各因素之间的驱动力。在生态足迹方面，孙克和徐中民（2016）利用地理加权回归的 STIRPAT 模型来测算我国各省市灰水足迹的驱动因素影响。在污染物排放量方面，谢锐等（2018）分析了新型城镇化水平、技术进步、富裕程度对城市的污染物排放量和环境治理能力，即对城市生态环境质量的影响。顾程亮等（2016）在基本模型中加入环境政策和节能环保的财政投入等指标，对区域生态效率的驱动因素进行分析。总之，这些研究对于深刻揭示"环境问题到底因何而生""环境问题该如何解决"具有十分重大的意义。

2.1.2　资源环境承载力理论

2.1.2.1　资源环境承载力概念

承载力从本质上来说是一个关于物理学的概念，是物体在对外界事物不具有任何破坏力时所能够承载的最大的负荷。而最早的关于环境承载力的概念，还包括应用到生态系统方面的，是让资源环境和经济运行系统有机地融合在生态系统中，而且还关注这两方之间的联系。据研究显示，最先开始承载力研究的是法国的经济学家奎士纳（1758），奎士纳在其《经济核算表》著作中对关于土地的生产力和财富等进行了相关讨论。随后，马尔萨斯也在著作《人口原理》中讲述了有关"马尔萨斯陷阱"的内容，即人口具有迅速增长的倾向，在受到资源环境的约束时，该增长趋势会限制经济的增长。20 世纪 20 年代，研究人类生态学的学者帕克（Park）和伯吉斯（Burgess）在一些有关人类生态学的杂志上正式提出了有关生态承载力的概念，是指"在某一特定环境条件下，某种个体存在数量的最高极限状态"。1953 年，Odum 在很有影响力的 *Fundamentals of Ecology* 中，用精确的数学表达式来表述承载力的概念。1972 年，著名的"罗马俱乐部[①]"在关于世界发展趋势的研

---

① 罗马俱乐部（Club of Rome）是关于未来学研究的国际性民间学术团体，也是一个研讨全球问题的全球智囊组织。其主要创始人是意大利的著名实业家、学者 A. 佩切伊和英国科学家 A. 金。

究报告《增长的极限》中提到：人类社会经济的增长发展是由人口剧增、急速发展的工业化、粮食私有制、不可再生资源的枯竭以及生态环境日益恶化这五种因素相互影响、相互制约的，这些因素都不是以线性形式增长，而是以指数形式爆炸式增长，此时在世界上的增长也将会因为粮食的短缺和环境的破坏这两个因素在某个时间段到达顶峰状态。所以，学者们就在倡导大家，在让本国经济发展的时候，也时刻要关注着资源环境承载力方面的问题。19世纪90年代到20世纪上叶，在北美洲、南美洲等草原地带，有的学者为了控制草场的退化，所以在草原管理中融入了环境承载力的概念，发表了一些关于草地的承载力以及最大畜牧承载力等概念。紧接着又因为全世界人数的持续增加，而人们赖以生存的耕地面积又在逐渐减少，在关于人类赖以生存的土地的问题和必不可少的粮食生产问题上，各国政府都非常重视，接着又出现了关于土地资源方面的承载力的问题研究。但是到了1960年以后，世界各国经济的发展都非常迅速，资源的需求量也在不断增加，由此出现了森林资源、水资源、矿产资源等方面的短缺。因此，与此相关的森林资源、水资源以及矿产资源等多种类资源的承载力理论被不断提出。20世纪80年代初期，联合国教科文组织（UNESCO）提出了关于资源环境承载力的概念，即："某个国家或地区的资源承载力是指在一定的时期内，该国家或地区的自然资源、能源及其科技技术等条件，在保证一定的物质生活水平下所能持续供养的人口数量。"20世纪90年代初，联合国环境规划署（UNEP）、世界自然保护同盟（IUCN）以及世界野生生物基金会（WWF）出版了著作《保护地球——可持续生存战略》，著作里说明了"环境承载力概念是在地球上或位于任何某个生态系统中所可以承受的影响的最大限度"。对于增加这种承载力，人类就可以借助这种技术，但是不管在什么条件下，为了将环境承载力往最大化程度增加，却牺牲了生物多样性和生态功能，这显然是不可行、得不偿失的。

随着承载力研究的不断深化，依然有很多的学者有不同的看法，不断地提出了自己的定义，比如，中国科学院牛文元（1994）教授就提出了一个清晰明了又非常具有代表性的资源环境承载力的概念，即"资源环境承载力是指一个国家或一个地区资源的数量和质量，对该空间区域内人口的基本生存和发展的支撑力"。随后，Arrow 等（1995）学者发表了相关的文章引起了人们对承载力研究的热潮。目前，随着承载力概念在自然资源、生态及其环境领域以及在经济、社会各领域的应用和延伸，取得了非常丰硕的成果，在全世界范围内资源环境承载力的思想被广泛地传播。

2.1.2.2 资源环境承载力的内涵

关于资源环境承载力的内涵，主要包括以下几点：①资源环境的承载力是根据其对于人类的作用而提出的，但很多时候，对环境的某些改造活动，一方面提高了承载力，而在另一方面又降低了环境承载力。②承载力的大小是由具体区域的环境状态和条件所决定的，不能够一概而论。同时，人类活动的强度、规模等可以用来衡量资源环境承载力的大小。③资源环境承载力是环境系统结构特性的一种抽象描述，它的有效前提是能维持环境系统的结构与功能。环境是一个在不同时间、不同区域有不同结构的系统，环境系统的任何一种结构在承受一定程度的外部作用下，其本身的结构特征和功能不会发生质的变化。通常资源环境承载力是指环境系统的最大承载力。由于资源的有限性，资源的承载力不可能无限大。在极限值允许的区间范围内，环境系统具有完全的自我调整与恢复能力。但当区域的人口数量超过该区域的最大资源承载力时，就不能实现可持续发展。

2.1.3 生态经济学理论

1966 年，美国经济学家鲍尔丁在他的论文《一门科学——生态经济学》中首次使用了"生态经济学"一词，寻求将生态学和经济学结合起来解决经济发展和生态环境保护的难题，倡导用市场经济体制来控制人口增长与环境污染，强调协调消费品的分配与资源的利用开发。由此引发人们对生态经济学的高度关注。该理论认为，生态经济系统具有生态与经济两个系统的双重性特点，人在生态经济系统中具有双向性作用。换句话说，生态经济系统是一个由经济与生态两个系统相互作用、相互影响、相互融合组成的复合体系。其中，生态系统通过自然资源为经济系统提供物质基础。经济制度为开发利用与保护生态系统和自然资源创造了条件。经济与生态两个系统的结合是发展的，但两者的相互结合不能够自主完善，所以可以通过某些技术中介或者人类劳动过程中所形成的物质之间的循环、能量之间的转化、价值的增值和信息的传递等的结构单位相互整合。人类应该要合理分配生态经济的各大要素，把互惠共生、适度规模、最大功率、同步运行、立体布局五大原则作为自己要遵守的重要内容。只有合理地配置生态经济结构，才能使生态经济区域被全面控制。生态经济体系的主动性和生态经济之间的相互作用的双重可能性，显示生态经济和谐发展的规律具有长期性和滞后性的特点，现代经济社会和谐发展的总体目标必须统一到生产发展、生活改善、生态改善中。

2.1.4 可持续性理论

2.1.4.1 可持续发展理论

可持续发展（Sustainable Development）是人类面对日趋严重的环境污染与生态恶化，总结并反思过去未顾及生态环境的实践和教训，经历了相当长的历史过程而提出的一种崭新的发展观念。

20 世纪中叶前后，在人口数量骤增，资源越来越稀缺，城市化以及经济的飞速增长等形成的压力下，我们开始对增长等于发展的模式产生了怀疑，并对此展开深入研究。著名生物学家 Rachel Carson（1962）发表的著作《寂静的春天》，引起了全世界对于环境和生态保护的极大关注，接着又一名著名英国经济学家 B. 沃德（B. Wward）等在斯德哥尔摩召开的联合国人类环境会议上完成的《只有一个地球》，这本书的副标题为《对一个小小的行星的关怀和维护》，书中从整个地球的发展前景出发，从社会、经济和政治的不同角度，评述了经济发展以及环境破坏对各个国家造成的影响，并呼吁各国人民重视起维护我们赖以生存的地球。与此同时，《增长的极限论》也从生态平衡的角度提出了使经济增长率下降并保持为零的主张。随后，1980 年由世界自然保护联盟（IUCN）等发表的《世界自然保护大纲》也明确地提出可持续发展的概念，1981 年，美国布朗（Lester R. Brow）出版了著作《建设一个可持续发展的社会》，本书认为通过解决人口增长，保护资源基础和开发再生能源来实现可持续发展。到了 1997 年，中共十五大会议也把可持续发展战略确定为我国"现代化建设中必须实施"的策略之一。

从可持续发展的具体内容来看，它不但表示社会、人口、经济、资源和环境的单一要素的状态，而且更代表着各个要素的全面协调发展。如果从时间上来看，可持续发展理论是一个长时期甚至永久的理论；如果从代际关系上来看，可持续发展在满足当代人发展需要的同时，更要满足子孙后代人发展的需要；如果从范围上来看，可持续发展并不是个别部分的问题，而是关系着整个全局的问题；从空间上来看，可持续发展不是单独一个重点地区是否能达到可持续发展的问题，而是各个地域乃至全世界的持续发展的问题，区域可持续发展是一个融入了时间和空间纬度视角的，以人的持续发展为中心的，以自然资源、生态环境的承载和约束为前提，逐步改变了经济发展的增长模式。它要求协调人与自然和谐相处，节约资源和保护环境，并逐步提高我们的生活品质，实现经济系统、社会系统和生态系统三者之间的相互联系、相互协调的效果。

2.1.4.2 可持续发展内涵

可持续发展的内涵是一个动态性的特征，即不同的发展时期，对于自然资源的利用和国家持续性发展理念也在慢慢地发生着改变和增强。从最初的只注重不破坏环境，到可持续发展的深化，再到区域经济、自然与社会的高级协调，涵盖了人与天地的相互关系等和谐理念，最后到现在的考虑区域之间的效率和公平，由此可见，可持续发展的内涵不是墨守成规的，而是紧随时代的变化和世界的进步而缓慢演变的。可持续发展的内涵包括以下几个基本特征：首先，生态可持续发展方面，以生态环境能否持续利用为前提，加快推进绿色发展，坚决抓好污染防治以及加大生态保护力度，走"绿水青山就是金山银山"的绿色生态发展之路；其次，在经济可持续发展下，提倡适度消费生产，建立"低消耗、高收益、低污染、高效益"

的良性循环发展模式；最后，在社会可持续发展下，以人类自身的发展为核心，追求高质量和高品质的社会文明发展。可持续发展并不否认发展，而是侧重于可持续发展，以人为中心，兼顾经济、社会和生态的多元化发展模式。

2.2　研究区域概况

2.2.1　研究尺度

根据研究区域所在的地理空间位置，本书以 2017 年我国行政区划调整为基础，根据《长江经济带发展规划纲要》《长江三角洲城市群发展规划》《长江中游城市群发展规划》《成渝城市群发展规划》等对主要城市群空间范围的界定而确定研究的 74 个地市。研究尺度主要从区域和市域两个层面来研究长江经济带自然资本利用的可持续性研究。其中，区域研究层面为长江经济带 11 个省市的三个区域，具体包括长江下游区域的江苏省、浙江省、安徽省和上海市，长江中游区域的江西省、湖北省和湖南省，长江上游区域的四川省、贵州省与云南省和重庆市；市域层面研究区域为长江经济带的 8 个城市群和 74 个地市（州）。

综合考虑数据获得的科学性、完整性以及可获得性，本书最终所采用的研究数据为 2008~2017 年长江经济带上游、中游、下游三个区域的 11 个省市及 74 个地市（州）在 10 年期间形成的面板数据。其中，长江三角洲（三角洲、江淮）城市群 26 个城市，长江中游（武汉、环长株潭、环鄱阳湖）城市群 26 个城市，成渝、黔中、滇中城市群 22 个城市（见表 2-1）。

表 2-1　研究区市（州）统计清单①

区域	城市个数	城市群	主要城市
长江下游区域	26	三角洲城市群（18）	上海市、杭州市、宁波市、嘉兴市、湖州市、绍兴市、金华市、舟山市、台州市、南京市、无锡市、苏州市、常州市、南通市、扬州市、镇江市、泰州市、盐城市
		江淮城市群（8）	合肥市、滁州市、芜湖市、铜陵市、池州市、马鞍山市、安庆市、宣城市

---

① 本表是笔者根据我国省市行政区域划分整理所得。

区域	城市个数	城市群	主要城市
长江中游区域	26	武汉城市群（8）	武汉市、黄石市、鄂州市、孝感市、咸宁市、襄阳市、荆州市、荆门市
		环长株潭城市群（8）	长沙市、株洲市、湘潭市、岳阳市、益阳市、常德市、衡阳市、娄底市
		环鄱阳湖城市群（10）	南昌市、九江市、景德镇市、鹰潭市、新余市、宜春市、萍乡市、上饶市、抚州市、吉安市
长江上游区域	22	成渝城市群（14）	重庆市、成都市、乐山市、宜宾市、自贡市、内江市、眉山市、泸州市、德阳市、绵阳市、遂宁市、南充市、广安市、资阳市
		黔中城市群（4）	贵阳市、六盘水市、遵义市、安顺市
		滇中城市群（4）	昆明市、曲靖市、玉溪市、昭通市

综合考虑不同省市在经济发展水平和空间分布特征上的相似性，本书借鉴不同学者的划分类型，以我国东部、中部、西部三大地理区域的划分为参考基础，将长江经济带划分为上游、中游和下游三个区域，上游地区：重庆市、四川省、贵州省和云南省；中游地区：安徽省、江西省、湖北省和湖南省；下游地区：上海市、江苏省和浙江省。

2.2.2　研究区域概述

长江是世界长河中长度第三、流域人口最多、密度最高、经济总量最大、城市发育最快的流域经济带。长江经济带的概念源自20世纪80年代的长江产业密集带，发展到20世纪90年代初的产业带，再发展到20世纪90年代的经济带。长江经济带东连21世纪海上丝绸之路，西临丝绸之路经济带，横跨我国东部、中部、西部三大地带，覆盖11个省市，区域面积占全国的21.48%，"长江是货运量位居全球内河第一的黄金水道，长江通道是我国国土空间开发最重要的东西轴线，在区域发展总体格局中具有重要战略地位。"长江经济带是我国自然、经济、社会、文化最具多样性的区域，有着中国最广阔的腹地和发展空间，地理位置十分重要。长江经济带通江达海，交通十分便利、地形多样、自然资源丰富。

2013年7月，习近平总书记在湖北调研时指出，"长江流域要把全流域打造成黄金水道"。2014年9月，《国务院关于依托黄金水道推动长江经济带发展的指导意见》的发布，使长江经济带与"一带一路"共同组成了我国国土空间开发的重要系统——"两带一路"。2016年1月5日，习近平总书记在重庆召开的推动长江经济带发展座谈会上强调，推动长江经济带发展必须"走生态优先、绿色发展之路"，"要把修复长江生态环境摆在压倒性位置，共抓大保护，不搞大开发"。同时，《长江经济带发展规划纲要》（以下简称《纲要》）于 2016 年 3 月 25 日审议通过，本《纲要》从规划背景、总体要求、大力保护长江生态环境、加快构建综合立体交通走廊、创新驱动产业转型升级、创新区域协调发展体制机制等方面描绘了长江经济带发展的宏伟蓝图。中共十九大以来，当中国特色社会主义进入新时代，长江经济带发展战略在中国的发展战略布局中的重要性进一步提升了。2018 年 4 月 26 日，习近平总书记在武汉召开的深入推动长江经济带发展座谈会上指出，"推动长江经济带发展是党中央作出的重大决策，是关系国家发展全局的重大战略"。长江经济带在中国如此受重视的一方面原因是长江丰厚的水利资源以及沿岸诸多经济发达的省（市），同时也离不开 30 余年前的一个伟大的战略构想——"T"型发展战略。但其现状发展还不尽理想，整体经济增长速度不如沿海地区。1978~2013 年，长江经济带 GDP 和人口占全国的比例从 43.5% 和 45.7%，下降为 41.2% 和 42.9%，二产和三产的比重也有所下降。与此同时，沿海地区的 GDP 和人口占全国的比例从 50% 和 37%，增加至超过 55% 和 40%。2017 年长江经济带总人口约为 5.950 亿人，约占全国人口的 42.8%。

从长江经济带发展战略来看，经历了从以开发为重点到以保护为重点的过程。1949 年以来，长江经济带以开发为重点。除了 20 世纪 50 年代末到 20 世纪 60 年代初上游的破坏性开发的特殊情况外，从"一五"开始，长江干流沿岸一直是钢铁、石油、化工、电力、船舶等重工业布局的重点。进入 20 世纪 90 年代，长江经济带纳入国家战略，但重在发挥上海的作用，依托沿岸中心城市建设长江经济带。21 世纪初起，更迎来"沿江开发"的高潮，加快了沿江地区的产业。"十二五"以来，国家不断强调长江经济带的重要地位，2014 年 9 月国务院印发了《关于依托黄金水道推动长江经济带发展的指导意见》，标志着长江经济带的战略位置大幅提升，以期为中国经济发展提供重要支撑。但是，大开发导致的后果是资源受损、环境污染、水体变色，环境保护与经济发展的矛盾变得非常严重。因此，习近平总书记 2016 年 1 月在推动长江经济带发展座谈会上，提出了"涉及长江的一切经济活动都要以不破坏生态环境为前提，公抓大保护，不搞大开发"。至此，长江经济带的发展战略从大开发转向大保护。当然，大保护不是不搞经济建设，而是"不搞大开发""不大干快上"，是在"保护的前提下发展"，是要遵守"生态优先，绿色发展"的基本原则，这也是长江经济带区域战略有别于其他区域的最重要要求。

长江经济带生态地位重要、综合实力较强、发展潜力巨大，但也面临着生态环境形势严峻的情况。长江经济带从东到西跨越我国东部、中部、西部三大自然经济带，由于地域跨度较大，而三大区域内的自然资源禀赋分布不均，资源利用效率差距较大，区域内部差异显著，区域内城市群之间经济发展不平衡、不协调的问题也比较突出。

2.2.3 自然条件概况

自然气候处于亚热带季风性湿润气候的长江经济带，横跨了我国的东部、中部、西部，其流经范围覆盖于东经 90°33′~122°25′，北纬 24°30′~35°45′之间，春、夏、秋、冬四季分明，时节不断更替。夏季日照时间长，气温高且雨水充足，冬季温和湿润，年均降雨量达到 1067 毫米，农作物生长所需的光、热、水和土壤条件非常优越，为农作物提供了良好的生长环境。长江流域生态环境资源蕴藏丰富，为长江经济带的社会生产与经济发展提供了有力的保障。

2.2.3.1 土地资源

长江经济带地形主要以平原和低山丘陵为主。2017 年长江经济带土地面积为 206.244 万平方千米，约占全国土地面积的 21.904%。其中，长江上、中、下游地区土地面积分别为 113.863 万平方千米、70.477 万平方千米和 21.904 万平方千米，分别占长江经济带土地总面积的 55.208%、34.172%和 10.620%。其中，耕地面积为 4513.326 万公顷，园地面积为 459.817 万公顷，林地面积为 9835.523 万公顷，牧草地面积为 1129.435 万公顷，分别占全国相应面积的 33.674%、32.188%、38.696%、5.124%；建设用地面积为 1588.146 万公顷，占全国建设用地面积的 39.931%。随着长江经济带经济社会的快速发展，农村人口不断向城市转移，新型城市化积极推进，建设用地面积不断扩张，而耕地、林地、草地面积被大量的侵占而不断减少，土地资源结构和生态环境被严重破坏。

2009~2017 年，农用地面积呈现不断缩减的态势，如表 2-2 所示。从 2009 年的 17390.755 万公顷缩减至 2017 年的 17037.734 万公顷，合计减少了 353.021 万公顷；其中，耕地面积减少了 30.115 万公顷，园地面积减少了 112.839 万公顷，林地面积减少了 137.871 万公顷，牧草地面积减少了 1.193 万公顷，其他用地减少 71.003 万公顷。相反地，2009~2017 年建设用地面积从 1331.863 万公顷增加至 1588.146 万公顷，合计增加了 256.283 万公顷，相对于 2009 年增长幅度达到 19.242%，其增加幅度较大。

表 2-2 2009~2017 年长江经济带土地资源面积 单位：万公顷

年份	农用地						建设用地
	小计	耕地	园地	林地	牧草地	其他用地	
2009	17390.755	4543.442	572.656	9973.394	1130.628	1170.635	1331.863

续表

年份	农用地						建设用地
	小计	耕地	园地	林地	牧草地	其他用地	
2010	17369.003	4539.215	568.205	9964.549	1130.376	1166.657	1358.442
2011	17349.323	4537.369	565.691	9954.197	1130.240	1161.826	1381.752
2012	17331.290	4533.927	563.946	9945.878	1130.141	1157.399	1403.959
2013	17317.263	4533.393	561.305	9939.736	1130.049	1152.780	1423.292
2014	17292.809	4526.884	557.869	9929.889	1129.840	1148.328	1453.898
2015	17279.917	4523.695	555.618	9927.105	1129.725	1143.776	1471.754
2016	17264.205	4515.834	552.991	9926.553	1129.553	1139.235	1491.996
2017	17037.734	4513.326	459.817	9835.523	1129.435	1099.632	1588.146
增减	−353.021	−30.115	−112.839	−137.871	−1.193	−71.003	256.283

长江经济带横跨东部、中部、西部，区域跨度大，耕地资源禀赋迥异，各省市的人均耕地面积差异较大；其中，云南省和贵州省人均耕地面积拥有量牢牢占据前两名，分别达到1.94亩和1.89亩，呈现出地广人稀的特征。其次，安徽省人均耕地面积为1.41亩，安徽省境内多为平原地区，耕地资源十分丰富。浙江省和上海市人均耕地面积拥有量倒数前两名，分别仅为0.52亩和0.12亩，其原因是浙江省和上海市有用的总耕地面积相对较少，再者浙江省和上海市已是我国相对发达城市区域，城镇化程度较高，人口密度高，使得人均耕地面积相对较低。

从表2-3和图2-3~图2-5中可以看出，在2008~2017年长江经济带各地市中，长江下游区域耕地面积最大的城市是盐城、滁州，较大的城市有南京、南通、扬州、泰州、合肥、芜湖、宣城、安庆，最小的城市是舟山，只有36.0万亩；林地面积大的城市是杭州、金华、台州、宣城、池州、安庆，面积特别小的城市是南通、盐城、扬州、泰州；几乎所有地市的草地面积都较小，建设用地的面积差异不大。而长江中游区域中城市林地比其他地类的面积都大，九江、宜春、上饶、抚州、吉安、黄石、襄阳、长沙、株洲、衡阳、岳阳、益阳、常德的林地面积尤其大，其中吉安市达到2622.7万亩；耕地面积其次，水域和建设用地面积较小，草地面积最小。长江上游区域城市中也是林地比其他地类的面积都大，乐山、绵阳、遵义、昆明、曲靖、玉溪、昭通、重庆等市的林地面积尤其大，其中重庆和遵义分别达到5954.6万亩和2463.0万亩；耕地面积其次，建设用地面积较小，草地和水域面积最小。

表 2-3　2008~2017 年长江经济带各地市各地类年均面积　　单位：万亩

城市	耕地	林地	草地	建设用地	水域	城市	耕地	林地	草地	建设用地	水域
上海	284.7	97.4	2.2	460.0	398.1	黄石	1083.5	1297.1	37.6	249.4	224.9
南京	369.4	114.9	11.9	249.6	210.0	鄂州	86.6	22.7	3.7	39.4	82.1
无锡	198.6	64.0	2.8	225.6	196.2	孝感	671.4	239.6	20.5	165.6	214.2
苏州	296.7	22.1	1.2	377.5	585.6	咸宁	321.4	816.5	49.0	96.2	160.8
常州	264.5	38.8	3.1	172.6	170.7	襄阳	1083.6	1297.1	37.6	249.2	224.8
南通	701.7	3.1	2.8	334.9	518.8	荆州	1032.7	150.8	2.6	255.5	663.3
盐城	1272.3	26.4	10.9	395.1	740.5	荆门	753.6	601.2	40.0	172.9	248.2
扬州	445.2	9.0	1.2	195.1	325.2	长沙	430.5	909.9	9.1	270.0	116.5
镇江	258.9	39.2	1.8	140.4	123.5	株洲	317.9	1039.2	41.6	162.8	89.4
泰州	449.7	7.2	1.1	175.6	220.9	湘潭	233.1	303.6	8.9	115.2	69.6
杭州	415.2	1594.5	25.5	262.3	198.0	衡阳	618.6	1086.1	110.7	233.0	170.0
宁波	356.7	597.8	11.9	260.4	210.8	岳阳	599.6	904.4	15.4	190.3	476.6
嘉兴	344.5	5.8	6.2	179.4	93.9	益阳	479.7	886.5	8.1	131.1	319.7
湖州	293.7	338.8	2.2	136.7	93.2	常德	768.8	1160.4	45.0	257.9	418.1
绍兴	367.4	562.2	9.0	167.7	107.2	娄底	323.4	589.1	47.6	137.0	60.1
金华	375.0	960.0	12.1	183.1	74.2	成都	665.7	579.0	8.4	401.1	88.1
舟山	36.0	79.9	10.3	45.2	35.1	乐山	449.0	1178.5	34.4	108.0	63.8
台州	299.3	837.3	12.0	166.0	159.9	宜宾	770.4	844.1	14.7	144.9	60.5
合肥	422.2	171.5	20.4	161.5	285.6	自贡	336.6	143.5	2.9	86.1	31.5
滁州	1076.9	274.3	28.0	266.7	332.6	内江	414.0	169.9	7.7	105.3	35.6
芜湖	285.7	123.7	6.7	124.4	126.3	眉山	382.3	463.0	4.0	111.8	57.1
宣城	425.7	1100.0	12.1	150.1	138.6	泸州	624.8	832.0	63.5	132.1	56.5
铜陵	61.2	59.2	2.1	43.6	48.3	德阳	379.1	261.7	5.4	137.8	48.7
池州	233.6	808.8	7.1	82.6	110.8	绵阳	698.2	1791.0	50.6	205.4	107.6
安庆	671.7	868.1	13.6	241.8	399.2	遂宁	407.5	183.0	2.0	100.8	38.9
马鞍山	164.4	49.0	2.3	68.1	107.8	南充	853.3	591.5	9.2	181.2	75.6
南昌	672.5	110.3	4.6	244.9	258.4	广安	470.4	217.2	12.9	119.7	42.3
九江	482.5	1649.3	53.4	175.1	463.4	资阳	664.5	212.0	3.4	142.0	52.3
景德镇	183.5	260.3	29.7	83.7	103.5	贵阳	403.6	521.0	85.7	105.9	27.8
鹰潭	138.2	287.2	8.3	49.3	37.0	六盘水	465.2	568.4	161.5	81.5	14.8
新余	126.4	244.8	9.9	51.6	33.6	遵义	1296.6	2463.0	253.0	180.5	52.5

城市	耕地	林地	草地	建设用地	水域	城市	耕地	林地	草地	建设用地	水域
宜春	738.7	1576.8	48.4	219.1	173.1	安顺	449.2	477.1	155.6	54.7	20.7
萍乡	100.1	375.1	10.2	65.5	16.1	昆明	654.5	1603.9	356.6	232.8	100.5
上饶	707.1	1991.7	65.2	235.1	350.8	曲靖	1266.5	2020.4	381.6	203.4	62.1
抚州	525.0	1918.9	56.9	147.0	137.6	玉溪	384.9	1392.7	166.6	89.8	75.7
吉安	680.6	2622.7	64.3	203.7	179.8	昭通	945.6	1580.6	406.6	109.1	39.2
武汉	466.0	153.6	5.4	254.9	375.8	重庆	3807.7	5954.6	493.7	975.4	401.8

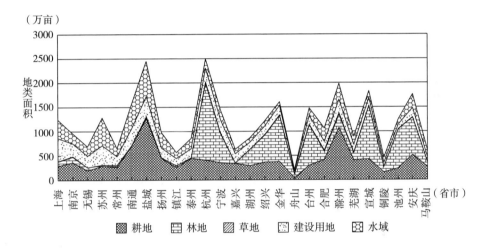

图 2-3　2008~2017 年长江下游区域各地市地类面积年均值

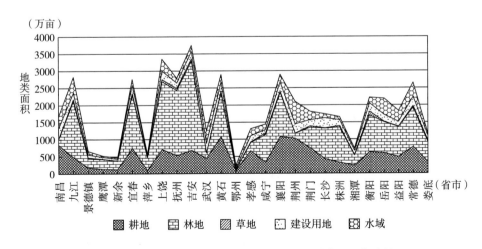

图 2-4　2008~2017 年长江中游区域各地市地类面积年均值

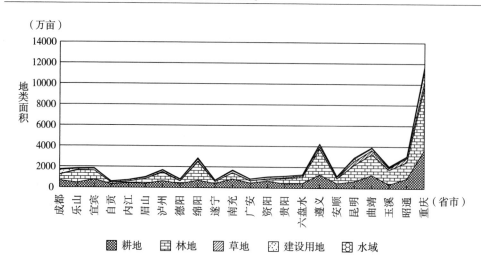

图 2-5 2008~2017 年长江上游区域各地市地类面积年均值

2.2.3.2 耕地利用现状分析

长江经济带在 2013~2017① 年耕地面积年内增减变化较大，耕地数量不断减少，5 年间耕地面积实际减少了 207013 万公顷。从 11 个省市变化来看，2013~2017 年长江经济带各省市耕地资源增减情况差异较大，耕地非农化现象明显。2013~2017 年，重庆市、湖北省、贵州省、安徽省、云南省、江苏省、四川省和浙江省的耕地面积均依次从大到小不同程度地减少；江西省、上海市和湖南省的耕地面积则依次从小到大出现了一定的增加，但增加的面积均不多（见表 2-4）。

表 2-4 2013~2017 年长江经济带 11 个省市耕地资源变化情况 单位：公顷

省（市）	年内增加耕地面积	年内减少耕地面积					耕地实际减少面积	实际减少面积排序
		小计	建设占用	灾毁耕地	生态退耕	农业结构调整		
重庆市	48561	130984	41488	840	80784	7872	82423	1
湖北省	39746	94114	82256	1075	1894	8890	54368	2
贵州省	42525	76573	66086	1294	102	9091	34048	3

---

① a. "-" 表示实际耕地面积是增加的；b. 基于数据的原因，2008~2013 年的数据未做整理，其他数据来源于《中国国土资源统计年鉴》（2014~2018）。

续表

省（市）	年内增加耕地面积	年内减少耕地面积					耕地实际减少面积	实际减少面积排序
		小计	建设占用	灾毁耕地	生态退耕	农业结构调整		
安徽省	72771	87019	80106	622	401	5890	14248	4
云南省	47118	58766	53395	1901	1	3469	11648	5
江苏省	95143	106448	89510	399	94	16446	11305	6
四川省	76924	84413	78209	712	0	5492	7489	7
浙江省	60301	62153	58812	66	41	3233	1852	8
江西省	49836	47449	43315	1996	255	1882	−2387	9
上海市	10720	7297	6904	155	27	211	−3423	10
湖南省	48398	43840	40775	793	268	2004	−4558	11

整体来看，5 年间长江经济带 11 个省市耕地面积减少的最主要原因均是建设占用（除重庆市外），其次为农业结构调整，如图 2-6 所示。分省市来看，重庆市 5 年间耕地实际减少面积最多，排在 11 个省市的首位，共减少了 82423公顷；年内减少耕地面积合计减少了 130984 公顷，其中生态退耕是重庆市耕地面积减少的最重要原因，其次才是建设占用，分别占 61.67% 和 31.67%。湖北省和贵州省 5 年间耕地实际减少面积分别达到 54368 公顷和 34048 公顷，排在长江经济带 11 个省市的第二、第三位；年内减少耕地面积分别合计减少了94114 公顷和 76573 公顷，除了建设占用是首要原因之外，农业结构调整导致的耕地面积减少是湖北省和贵州省共同的第二关键原因，分别占 9.45% 和11.87%。江苏省 5 年间耕地实际减少面积为 11305 公顷，而年内减少耕地面积达到 106448 公顷，是长江经济带 11 省市年内耕地面积减少第二多的省份，仅次于重庆市；其中，农业结构调整减少的耕地面积达到 16446 公顷，为长江经济带 11 省市中最多，占江苏省年内耕地面积减少总量的 15.45%。

此外，江西省、上海市和湖南省 5 年间耕地面积分别增加了 2387 公顷、3423 公顷和 4558 公顷，主要来源是土地整治和土地开发进行的耕地补充，而建设占用依旧均是其耕地减少的最主要原因，分别占 91.29%、94.62% 和 93.01%；其中，江西省 5 年间除耕地建设占用之外，灾毁耕地是其耕地缩减的第二因素，占江西省内年耕地面积减少总量的 4.21%。

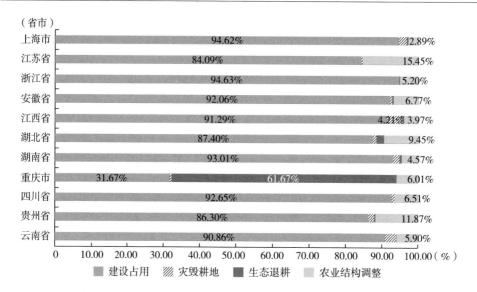

图 2-6 2013~2017 年长江经济带 11 省市耕地面积减少构成情况

除此之外，以 2017 年长江经济带 11 个省市的主要农作物以及占比如表 2-5 所示，长江经济带农作物种类丰富、产量规模大。

表 2-5 2017 年长江经济带 11 个省市生物作物产量及占比

地区	水稻	玉米	小麦	豆类	薯类	蔬菜	油料	棉花	中药材
	万吨	万吨	万吨	万吨	万吨	万吨	万吨	万吨	亿元
上海市	85.6	2.1	10.2	0.3	0.2	310.6	0.8	0.04	1.2
江苏省	1892.6	318.1	1295.5	58.8	15.8	5540.5	126.3	5.1	17.0
浙江省	444.91	23.04	41.92	27.38	39.3	1910.5	26.9	1.4	65.0
安徽省	1470.2	444.65	1393.5	136.42	28.31	2892.1	208.4	14.3	57.1
江西省	2126.2	15.4	3.1	28.3	47.5	1490.1	117.3	7.7	20.5
湖北省	1927.2	356.7	426.9	38.5	91.6	3826.4	307.7	18.2	53.5
湖南省	2740.4	199.17	9.61	31.98	86.5	3671.6	226.1	10.6	129.8
重庆市	487	252.6	9.8	40.2	283.3	1862.6	62.4	0.01	76.7
四川省	1473.7	1068	251.6	119.2	537.9	4252.3	357.9	0.8	73.9
贵州省	448.8	441.2	58.85	25.6	309.76	2272.2	115.5	0.1	186.3
云南省	529.2	912.9	73.7	118.3	157	2077.8	56.3	0.01	222.3
长江经济带	13626	4034	3575	625	1597	30107	1606	58	1126
占全国比例（%）	64.07	15.57	26.61	33.94	57.07	43.51	46.20	10.31	60.63

其中，2017 年长江经济带水稻产量高达 13626 万吨，生产了全国 64.07%的水稻；主要是因为江西省、湖南省、四川省、湖北省、江苏省和安徽省 6 个水稻主产区提供了 11630.3 万吨水稻，约占长江经济带水稻总产量的 85.354%；湖南省和江西省水稻产量分别达到了 2740.4 万吨和 2126.2 万吨，约占长江经济带水稻总产量的 20.112%和 15.604%。2017 年长江经济带玉米、小麦、豆类和薯类产量分别达到 4034 万吨、3575 万吨、625 万吨和 1597 万吨，分别占全国的15.57%、26.61%、33.94%和 57.07%，薯类产量超过了全国产量的一半；安徽省的玉米、小麦和豆类的产量均居首位，分别达到 444.65 万吨、1393.5 万吨和136.42 万吨；薯类产量最高的是四川省，产量达到 537.9 万吨，占长江经济带薯类总产量的 33.682%，超过了长江经济带产量的 1/3。2017 年长江经济带蔬菜、油料和棉花的产量分别达到了 30107 万吨、1606 万吨和 58 万吨，分别占全国的43.51%、46.20%和 10.31%，蔬菜和油料产量接近全国的一半；其中，江苏省的蔬菜产量最高达到了 5540.5 万吨，约占长江经济带蔬菜总产量的 18.403%，可见江苏省是蔬菜生产大省；四川省的油料产量最高为 357.9 万吨，约占长江经济带油料总产量的 22.285%；湖北省的棉花产量最高达到 18.2 万吨，约占长江经济带棉花产量的 31.379%。2017 年长江经济带中药材产值达到 1126 亿元，占全国产值的 60.63%；其中，云南省和贵州省的产量位居前二，产量分别达到222.3 亿元和 186.3 亿元，分别占长江经济带中药材产值的 19.742%和 16.545%。上海市因其土地资源禀赋和城市属性定位，农业经济和农作物生产从来就不是强项，不具优势，因此各类农作物产量基本都是最少的。

2.2.3.3　水资源

长江经济带地区，黄金水道长江川流而过，水资源极其丰富，为农作物的生长提供了重要的水资源。长江是我国也是亚洲的第一大河、世界第三大河，发源于"世界屋脊"——青藏高原的唐古拉山脉各拉丹冬峰西南侧（赵鑫，2017），全长约 6300 多千米，年径流量达到 9857 亿立方米，总面积为 178.27 万平方千米，自西向东贯穿我国东中西部。宜昌以上为上游，长 4504 千米；宜昌至湖口段为中游，长 955 千米；湖口以下为下游，长 938 千米。常年气候温暖湿润，雨量充沛，河网稠密、支流湖泊众多，是我国地表水资源最丰富的地区。长江支流众多，其中，流域面积 1 万平方千米以上的支流有 45 条，8 万平方千米以上的一级支流有雅砻江、岷江、嘉陵江、乌江、湘江、沅江、汉江、赣江 8 条，重要的湖泊包括太湖、巢湖、洞庭湖、鄱阳湖等，河流面积达到 2833.8 千公顷，占全国河流面积的26.855%。长江经济带是依托长江流域黄金水道，以流域开发为纽带，连接沿江发展轴上各大城市所形成的一条巨型流域经济带，水资源是长江经济带农业生产与经济发展的基础，关系着长江经济带现在及未来的发展（邓霞，2018）。

如表 2-6 所示，长江经济带水资源总量在 2003～2017 年的年均水平为 12367 亿立方米，占全国水资源总量的 45.177%；2003～2017 年，水资源总量整体呈现波动上升后下降的趋势，其中 2011 年水资源总量最低仅为 9642 亿立方米；水资源总量占全国比例也是呈现波动变化的趋势，在 2013 年的全国占比最低仅为 39.470%，在 2015 年的全国占比最高达到 48.650%，几乎接近全国一半的水资源都分布在长江经济带地区。

表 2-6　2003～2017 年长江经济带水资源情况

年份	水资源总量	全国占比	农业用水总量	全国占比
	亿立方米	%	亿立方米	%
2003	12483	45.459	1197	34.878
2004	11098	45.993	1302	36.314
2005	12454	44.393	1285	35.906
2006	10729	42.356	1302	35.532
2007	11966	47.379	1278	35.501
2008	12482	45.497	1331	36.335
2009	10775	44.560	1377	36.997
2010	14145	45.768	1351	36.612
2011	9642	41.459	1354	36.171
2012	13563	45.932	1383	35.652
2013	11035	39.470	1421	36.228
2014	12841	47.094	1392	35.976
2015	13604	48.650	1384	35.944
2016	15388	47.396	1354	35.939
2017	13301	46.245	1388	36.847
均值	12367	45.177	1340	36.055

第 3 章　研究方法和数据来源

3.1　研究方法

3.1.1　生态足迹模型

3.1.1.1　生态足迹概念

自 20 世纪 80 年代以来，人类社会的经济快速发展不断地消耗着大量的自然资源，生态资源问题日益突出。其中，从 20 世纪 80 年代的中期开始，许多国际组织及有关经济学家，像美国、加拿大、挪威、法国、荷兰等这些国家的政府或者相关科研机构敏感地意识到，要缓解资源危机需要开始开展关于自然资源的核算，并全面展开对自然资源核算体系的研究。所以，关于自然资源的核算，它的提出和发展主要是为了修正国民经济核算体系（System of National Accounts，SNA）的缺陷。随后，自然资源核算的研究开始层出不穷，其中大部分的研究均是将自然资源的使用纳入国民经济核算体系，用于作为反映可持续发展的关键因素，试图修正国民经济核算体系只重视发展速度而忽视自然资源消耗及生态问题的缺陷。

但是，自然资源其本身并没有凝结人类劳动，它不同于一般商品，所以在传统的自然资源核算中，存在明显的缺陷：①价格并不能反映自然资源的存量情况以及再生恢复情况；②自然资源核算服务于国民经济核算体系，忽略了自然资源的生态价值及其使用对生态环境的影响；③传统经济学框架下的国民经济核算体系假定自然资源是可以被人造资本代替的。主流的自然资源核算，是从经济价值的角度和在合理估价的基础上，对一定时间和空间内的自然资源从实物、价值和质量等方面来统计、核实和测量其自然资源总量和结构变化并反映其平衡状况的工作。其中，实物核算主要是对自然资源的流量、存量及其变化情况进行统计；价值核算以实物核算为基础，将自然资源的实物量直接按照市场价格转化为价值量，对其价值量以货币化的形式进行统计，其价格主要是采用如收益还原法、净价法、影子价格法和边际社会成本法等方法确定的。

20世纪90年代初，从土地作为自然资源的母体最原始的生态系统底色出发，由经济学家 William Rees（1992）另辟蹊径，提出了生态足迹的概念，从生态的角度出发，提出生态足迹概念，对人类自然资源消费活动以生态生产性土地面积的形式进行核算，构建了自然资源核算的生物物理工具。即用生态生产性土地面积进行量化人类的自然资源的消费负担的一维模型。

生态足迹概念自 Rees（1992）提出后在学术界产生巨大反响，其学生 Wackernagel 在此基础上进一步完善，提出任何已知人口（某个个人、一个城市或一个国家）的生态足迹是生产这些人口消费的所有资源和吸纳这些人口产生的所有废弃物所需要的生物生产土地的总面积。

3.1.1.2 生态足迹理论的基本假设

假设1：人类为了维持自身的生存以及活动，消耗着来自自然界提供的各种资源、能源和服务，也产生着各种废弃物，包括固体、气体和液体等。无论是人们消耗的各种资源还是产生的各种废弃物，在一般情况下其数量是基本确定的。而在一定区域内，人们消费的资源或能源数量的多少直接与能够产生这些资源和吸纳人们排放废弃物对应的土地面积有直接关系，人类活动中消耗的绝大多数资源、能源和产生废弃物是可量化的，其数量是明确的。

假设2：各类土地的作用类型是单一的，即各类土地是彼此独立的，处于空间上的互斥，同一地类不能同时发挥多种功能。众所周知，土地是有不同的种类和用途的，比如林地既能够提供木材又同时可以涵养水源等，在核算生态足迹时把木材提供的初级利用第一功能来纳入核算，而把涵养水源视为第二功能。这样，为了避免重复计算，每一类土地面积只加一次，不然会使总的需求增加。

假设3：区域内消耗的资源等量化数据是可通过现有的统计资料来获得的，也就是说，人类消耗的主要资源和排放的废弃物基本都能折算成用于资源生产和吸收废弃物的生态生产性土地，一般通过标准化处理折算为生态生产性土地面积来表示。

假设4：用标准单位"全球公顷（Global Hectare，ghm^2）"来表示各类生态生产性土地按照相应的面积进行生产力的折算，统一单位为标准公顷或英亩（ghm^2），1单位的"全球公顷"相当于1公顷具有全球平均产量的生产力，具有可加性。全球公顷并不是通常意义的土地面积公顷，它是指生产全球当年可用的生物量的平均产量所需要的公顷数。每标准公顷或英亩代表等量的生产力，核算的生态足迹就是全球公顷加和的结果，反映了人类的生态需求。另外，全球公顷同时用于生态承载力的核算上，它反映了供给的生态容量。这样，人类需求的总生态足迹面积与供给的生态承载力可以直接相比较。

3.1.1.3 生态足迹账户

生态足迹表示人类对不同土地类型生产的产品与服务的需求量。根据 WWF 所出的 Guideline for LPR（2010）以及大部分学者的共同认知，生态足迹模型核算账户一般包括六类土地类型：耕地、林地、草地、化石燃料土地、建筑用地和水域。在生态足迹账户核算中，自然资源消费核算主要将生态生产性土地（Ecologically Productive Land）分为生物资源消费和能源消费两类。而生物资源消费主要是日常食品消费，如农产品、动物产品、林产品、水产品等，主要包括四类土地占用：耕地、草地、林地和水域等；能源消费主要包括煤炭、原油、天然气、电力等（见图 3-1）。

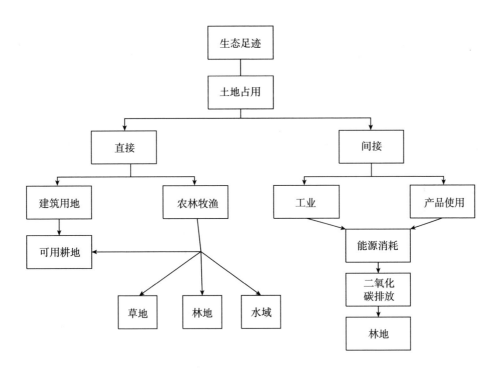

图 3-1 生态足迹账户各地类构成

（1）生物资源账户。

1）耕地。各类土地中生产力最高，人类最主要的赖以生存的食物生产地是耕地，它所集聚的生物量也是最多的，其生态生产力用单位面积产量表示。目前为止，全球以及我国耕地资源状况很不理想，由于人类活动，我国耕地面积从 2009 年的 20.3076 亿亩降低到 2016 年的 20.2381 亿亩，耕地逐年在加剧退化。现实状况表明，不仅全世界还有我国的人均所占的耕地面积早已严重不足。

2）草地。草地对人类的贡献主要是提供放牧，给人类提供肉类、鸡蛋、牛奶等畜牧产品的土地类型。在生态生产力上，草地一般情况下远远不及可耕地，不仅因为草地本身积累的潜力低于耕地，还因为在植物能量转化到动物能量过程中草地的传递效率极低，只有 10%~20% 的效率，这样使实际可为人类所用的生化能的数量就更少了。因此，草地的生态生产力与耕地相比是有很大的差距。而且由于人类之前长期的过度放牧，我国草地面积从 2009 年的 43.097 亿亩降低到 2016 年的 42.9423 亿亩，草地还是出现了非常明显的退化。

3）林地。林地一般包括天然林或人工林，其生态生产力主要是为人类提供木材产品及其相关林副产品，它具有多种功能，可以生产木材、涵养水源，还可以净化空气、改善气候、防风固沙等。由于许多天然林被改造成建设用地，导致林地数量出现明显下降。我国林地面积从 2009 年的 28.1596 亿亩降低到 2016 年的 28.0604 亿亩。人类对肉类、鸡蛋、牛奶等畜牧产品的需求数量庞大，牧草地的扩大占用也成了森林面积减少的主要原因之一。

4）水域。水域包括淡水和非淡水两类，其中淡水主要是淡水河流、淡水湖泊等，给人类提供鱼类等水产品的水体，非淡水主要是非淡水海洋、盐水湖泊等，中国拥有的海洋国土面积是 299.7 万平方千米，而目前人类能够利用的非淡水部分仍非常有限，中国淡水（主要是指淡水河流水域和淡水湖泊水域）水域面积从 2009 年的 2.3513 亿亩降低到 2016 年的 2.3414 亿亩。水域的生态生产力主要包括鱼类等水产品的单位面积产量。

5）建设用地。建设用地是人类进行各种生产建设，包括建造人们的生活设施、道路和建筑物所占用的土地，是人类活动生存的必需场所。在生态足迹模型的账户核算中，大量可用于生产的耕地被侵占改造为建设用地，一般假定这两者的生态生产力相同。由于全球城市化的急速发展，越来越多面积的建筑物都建在了肥沃的土地上，特别是耕地，所以建设用地对耕地的减少有着不可推卸的责任。也就是说，随着建设用地的增加，就意味着生态生产力数量的减少。

6）化石能源用地。目前，大多数学者把化石能源用地定义为碳吸收地，具体是指吸收化石能源燃料燃烧过程中所排放出的二氧化碳所需的林地面积，这里并未包括化石能源及其产品排放的其他有害气体和污染物，也没有计入海洋所吸收的那部分。这里与前面所提到的林地不同，化石能源用地实际是不能产出木材，只用于吸收二氧化碳，被用来衡量化石能源消费量虚拟的生态生产性土地。需要说明的是，与前面的林地分开说明并非意味着重复计算。理论上应预留一定的林地面积来弥补化石能源消耗所损耗的自然资本存量，但是目前并没有哪个国家或区域专门划出一部分土地来用于核算碳吸收面积，所以实际上并不存在该类用地类型。

（2）能源账户。在核算能源生态足迹时，采用世界上单位化石能源土地面积平均发热量为标准，我们在对能源消费足迹的计算过程中需要将区域能源消耗折算为化石能源土地面积，为此在生态足迹的研究中我们引入折算系数，能源生态足迹的计算公式及各符号的含义如下：

$$ef = \sum_{i=1}^{n} (r_j \times A_i) = \sum_{i=1}^{n} [r_j \times (c_i\theta_i/Y_i)] \tag{3-1}$$

式（3-1）中，θ_i 为第 i 类能源消费品的折算系数，其他符号与生物资源生态足迹计算公式中各符号的含义相同。

3.1.1.4　生态足迹基本模型

其生态足迹的计算公式为：

$$EF = N \times ef = N \times \sum_{j=1}^{6} (r_j \times aa_j) = N \times \sum_{j=1}^{6} \left[r_j \times \sum_{i=1}^{n} (a_i) \right]$$

$$= N \times \sum_{j=1}^{6} \left[r_j \times \sum_{i=1}^{n} \left(\frac{c_i}{p_i} \right) \right] \tag{3-2}$$

式（3-2）中，EF 为区域总生态足迹；N 为人口数；ef 为人均生态足迹；j 为生物生产性土地类型；r_j 为均衡因子；aa_j 为各类生物生产性土地面积；a_i 为第 i 种交易商品折算的生态生产性土地面积；i 为消费商品和投入的类型；c_i 为第 i 种商品的人均消费量；p_i 为第 i 种商品的平均生产能力；n 为消费品的数量。

3.1.1.5　二维生态足迹模型

在 Rees 提出一维模型的基础上，由 Rees 的博士生 Mathis Wackernagel（1996）来进一步完善，将生态足迹的概念发展为生态足迹的账户模型，它是生态足迹的二维模型。生态足迹的账户模型框架主要包括以下两点：①生态足迹是一个以生物生产性土地面积（Biologically Productive Area）来度量一个区域内资源消费和废物吸纳水平的账户工具；②生态足迹通过计算一个人、地区、国家所消费的全部资源和消纳其所生产的全部废弃物所需要的具有生物生产能力的土地面积，来评价人类对土地的占用情况。总结国内学者的研究，生态足迹的基本模型主要包括三方面：一是生态足迹（Ecological Footprint）的计算；二是生态承载力（Biological Capacity）的计算；三是生态足迹（EF）与生态承载力（BC）的比较。就全球尺度而言，当 EF>BC 时，意味着人类对自然资源的过度利用，产生了生态透支，即生态赤字，是一种不可持续的资源消费；反之，则表明对自然资源的利用程度没有超出其更新速率，处于生态盈余中。

（1）生态承载力。区域内生态生产性土地人均生态承载力 EC 可以由该区域内某类人均土地供给面积 a_j 与该类生态生产性土地的均衡因子 r_j、产量因子 y_j 相乘后，将不同类型的生态生产性土地的人均生态承载力相加得到，人均生态承载力的计算公式及各符号的含义如下：

$$EC = N \times ec = N \cdot \sum_{j=1}^{6} (a_j \times r_j \times y_j) = N \times \sum_{j=1}^{6} \left(a_j \times r_j \times \frac{y_{li}}{y_{nj}} \right) \qquad (3-3)$$

式（3-3）中，EC 为该区域生态承载力；N 为人口数；ec 为人均生态承载力；a_j 为人均生态生产性土地面积；r_j 为均衡因子；y_j 为产量因子；y_{li} 为区域 j 类土地的平均生产力；y_{nj} 为 j 类土地的世界平均生产力。根据世界环境与发展委员会（WCED）的报告建议，生态供给中扣除12%的生物生产面积来保护生物多样性。

（2）生态盈亏。用区域生态足迹与区域生态承载力的差额来反映一个区域的生态状况。当区域的生态足迹小于生态承载力，该区域处于生态盈余（ER）状态；如果区域的生态足迹大于生态承载力，该区域处于生态赤字（ED）状态。即：

当 $EF<EC$ 时，$ER=EC-EF$

当 $EF \geqslant EC$ 时，$ED=EF-EC$

3.1.2 三维生态足迹模型及其优化

3.1.2.1 三维生态足迹模型

自然资本的核算一般分为货币化核算和非货币化核算。货币化核算通常对自然资本从自然资源的市场价值以及生态环境损失评估价值两个方面进行核算。然而在货币化核算中存在明显的局限性：①并不是所有的自然资本特别是一些关键自然资本是具有市场价值的，比如生态环境系统作为自然资本很重要的组成部分，就不适合利用货币化方法对其价值进行核算，因为难以衡量生态环境的市场价格。大部分的自然资本消耗都是不可逆的，加上自然资本本身的不可替代性和稀缺性，在短期内很难对其价值进行估计；②即便是有的自然资本形成市场价格，但当用货币价格所表示的价值不变时，不能说明自然资本的存量没有发生变化，而是可能自然资本的市场价值提高了，那么自然资本的实际存量却是下降了。由于货币化核算本身的局限性，越来越多的学者开始将目光投向以三维生态足迹法为代表的非货币化核算方法对区域自然资本进行核算研究。

生态足迹三维模型是自然资本核算领域的研究热点，从一维、二维模型演化到三维模型，作为生态足迹传统模型的深化，它不仅继承了一维模型中从消费需求的角度用生态生产性土地面积来量化自然资源消费；同时二维模型中不仅核算自然资源的消费状况，还从供给的角度核算了计算区域能够供给的自然资本量，解释了区域的生态盈余或赤字的状态。而三维模型以及应用也一直坚持着其用于自然资源核算和可持续发展评价的本质，之前的传统模型及其后面的一系列改进模型，都证实了自然资本在可持续发展中的重要性，但与二维模型的差别在于，二维模型中没有关注自然资源流量和存量的占用程度，无法体现自然资本存量恒定对维持生态系统平衡所起的关键性作用。为了明确区分存量资本和流量资本，有学者在原有模型上构建了生态足迹三维模型，从模型维度看，传统的生态足迹模型是二维模型，也是由生物承载力和生态足迹相比较得出区域生态盈余或赤字的程度的平面的圆形；而生态足迹三维模型是一个时空模型，是足迹广度（EF_{size}）乘以足迹深度（EF_{depth}）得到的一个圆柱体，如图 3-2 所示。可以从空间截面和时间序列上对自然资本利用进行分类测度。计算公式为：

$$EF_{3D} = BC + ED = EF_{depth} \times EF_{size} \qquad (3-4)$$

$$EF_{depth} = \frac{EF}{BC} = \frac{BC + ED}{BC} = 1 + \frac{ED}{BC} \qquad (3-5)$$

$$EF_{size} = \frac{EF}{EF_{depth}} \qquad (3-6)$$

在式（3-4）~式（3-6）中，EF_{depth} 表示足迹深度；EF_{size} 表示足迹广度；当区域处于生态盈余状态时，足迹深度为"自然深度"，令其等于 1，即 $EF_{depth} \geq 1$；当 $EF \leq BC$ 时，$EF_{depth} = 1$。那么 EF_{size} 的取值范围就在 $0 < EF_{size} \leq BC$。

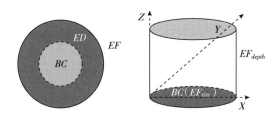

图 3-2　生态足迹二维模型（左边）和三维模型（右边）的演变

3.1.2.2　三维生态足迹模型的优化

在前面生态足迹的三维模型中，虽然考虑到了自然资源流量和存量的占用程度，但还是忽略了生态赤字和生态盈余的自然资本的性质差异，Niccolucci 等（2009）指出，如果在区域层面进行应用时，区域足迹深度的估算往往会被低估，因为区域不同地类在累加的过程中，比如耕地的生态赤字可能被草地生态盈余所弥补。方恺（2015）也提到在区域尺度上，现有的三维模型可能高估了足迹广度而低估了足迹深度。所以，在现有的三维模型中，足迹深度和足迹广度的核算仅适用于单一地类的计算。实际上，生态赤字代表了自然资本的存量资本负债，是无量纲的虚拟属性，而生态盈余代表了自然资本的流量资本收益，是真实的土地面积存在，把这两者来相抵可能会低估区域生态赤字的实际情况。所以，真实而合理核算区域的生态赤字大小是计算足迹深度的关键，而核算时在生态赤字盈余不相抵的前提下，需要各地类生态赤字或盈余的详细数据，并不是仅用最终的区域数据来进行累加。有学者改进了算法，把不同地类水平考虑进去可以算出区域水平的三维生态足迹，区域生态赤字计算公式为：

$$ED_{region} = \sum_i ED_i = \sum_i \max(EF_i - BC_i, 0) \tag{3-7}$$

式（3-7）中，ED_{region} 为区域生态赤字（hm^2）；ED_i 为第 i 地类的生态赤字（hm^2）；i 为生态生产性土地地类；EF_i 为第 i 地类已均衡化的生态足迹（hm^2）；BC_i 为第 i 地类已均衡化的生态承载力（hm^2）[①]（扣除 12% 的生物多样性保护土地面积后该区域的生态承载力）。

这样改进后的三维模型相比之前的三维模型，对资本流量和存量的核算与区分扩展到区域尺度以下的实际生态生产性土地，生态盈余没有办法逐年累加，也没有办法进行不同地类之间的盈余抵消。根据数学法则，方恺等（2012）改进了算法，把不同地类水平考虑进去可以算出区域水平的三维生态足迹：

$$EF_{depth, region} = 1 + \frac{\sum_{i=1}^{n} \max(EF_i - BC_i, 0)}{\sum_{i=1}^{n} BC_i} \geq 1 + \frac{\sum_{i=1}^{n} (EF_i - BC_i)}{\sum_{i=1}^{n} BC_i} \tag{3-8}$$

$$EF_{size, region} = \sum_{i=1}^{n} \min\{EF_i, BC_i\} \leq \sum_{i=1}^{n} BC_i = EF_{size} \tag{3-9}$$

式（3-8）和式（3-9）中，$EF_{depth, region}$ 为区域足迹深度；$EF_{size, region}$ 为区域足迹广度；i 为生态生产性土地地类；ED_{region} 为区域生态赤字；EF_i 为第 i 地类的生态足迹，BC_i 为第 i 地类的生态承载能力，ED_i 为第 i 地类的生态赤字。

靳相木等（2017）对三维生态足迹模型作出扩展，将足迹深度的取值范围从 $EF_{depth} \geq 1$ 扩展到 $EF_{depth} \geq 0$（见图 3-2），扩展后的模型中：

$$EF_{depth} = \frac{EF}{BC} \tag{3-10}$$

式（3-10）中，$EF_{depth} \geq 0$。

当 $0 \leq EF_{depth} < 1$ 时，比如处于 X 水平（见图 3-2），$EF_{depth}^X = \frac{EF^X}{BC}$ \quad (3-11)

$$EF^X = BC \times EF_{depth}^X \tag{3-12}$$

---

① 扣除 12% 的生物多样性保护土地面积后该区域的生态承载力，是根据自然资源生态承载力与社会经济虚拟承载力的计算方法，为扣减了消纳缺失地后第 i 类土地面积，$BC = 0.88 \times BC'$。所以 12% 指的是维护生态多样性的不可供人类使用的土地面积。

$$ER^X = BC \times (1 - EF^X_{depth}) \tag{3-13}$$

在式（3-11）、式（3-12）、式（3-13）中，EF^X 表示在 X 水平时的生态足迹，EF^X_{depth} 表示在 X 水平时的足迹深度，ER^X 表示在 X 水平时的生态盈余。

当 $EF_{depth} = 1$ 时，比如正好处于 P 水平（见图 3-3），$EF^p = BC$ $\tag{3-14}$

式（3-14）中，EF^P 表示处于 P 水平时的生态足迹，此时处于生态盈余和赤字的临界水平。

当 $EF_{depth} > 1$ 时，比如处于 Y 水平（见图 3-3），$EF^Y_{depth} = \dfrac{EF^Y}{BC}$ $\tag{3-15}$

$$EF^Y = BC \times EF^Y_{depth} \tag{3-16}$$

$$ED^Y = BC \times (EF^Y_{depth} - 1) \tag{3-17}$$

式（3-15）、式（3-16）、式（3-17）中，EF^Y 表示在 Y 水平时的生态足迹，EF^Y_{depth} 表示在 Y 水平时的足迹深度，ED^Y 表示在 Y 水平时的生态赤字。

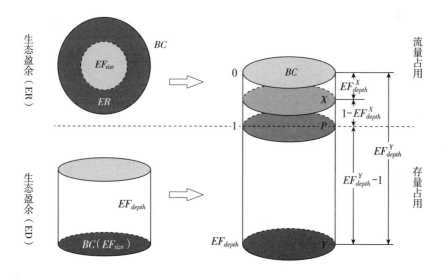

图 3-3　生态足迹三维模型的扩展

扩展后的三维模型仍是一个圆柱体，将足迹深度的核算扩展到生态盈余状态中，这样在这个三维模型框架中，生态盈余和生态赤字可以被同时纳入，实现自然资源消费占用自然资源流量和存量上的统一。其中，足迹深度数值越大，人类对自然资本流量消费或自然资本存量占用程度就越大；当足迹深度水平大于 1 时，即自然资本利用处于过度状态，这样需要消耗自然资本存量来维持发展，则意味着发展模式的不可持续性。这样，足迹越深，对区域生态安全的威胁就越大。

3.1.2.3 三维生态足迹模型相关指数的构建

（1）自然资本流量占用率。当自然资本流量未被完全占用，足迹深度是等于原长的，为表征人类活动对自然资本流量的实际占用程度，引入自然资本流量占用率，计算公式如下：

$$NC_{flow} = \frac{EF_{size}}{BC} \times 100\% \tag{3-18}$$

（2）自然资本存量流量利用比。当自然资本流量完全被占用后，自然资本存量开始被消耗，于是引入存量流量利用比率，来表征实际自然资本中存量和流量占用的动态关系，计算公式如下：

$$NC_{flow}^{stock} = \frac{EF - EF_{size}}{EF_{size}} = \frac{ED}{BC} = EF_{size} - 1 \; (EF_{3D} > BC) \tag{3-19}$$

（3）自然资本变化率。借助多项式回归模型来推导自然资本变化率，可以表征足迹深度和足迹广度的时序变化趋势和速度，计算公式如下：

$$EF_{depth} = EF_{depth}(t) = u_0 + u_1 t + u_2 t^2 + \cdots + u_t t^n \tag{3-20}$$

$$EF_{size} = EF_{size}(t) = v_0 + v_1 t + v_2 t^2 + \cdots + v_t t^n \tag{3-21}$$

式（3-20）和式（3-21）中，自变量为时间 t，在 t 时刻的足迹深度和足迹广度的时序变化率可以对 $EF_{depth}(t)$ 和 $EF_{size}(t)$ 求导得出。

（4）剪刀差。引入剪刀差模型，可以表征某时刻足迹深度和足迹广度时序变化的差异程度，计算公式如下：

$$\alpha = \arccos \frac{1 + EF'_{depth}(t) \times EF'_{size}(t)}{\sqrt{1 + (EF'_{depth}(t))^2} \times \sqrt{1 + (EF'_{size}(t))^2}} \tag{3-22}$$

式（3-22）中，α 为剪刀差，单位为弧（rad），其数值越大，则说明足迹深度和足迹广度的变化差异越大；$EF'_{depth}(t)$ 和 $EF'_{size}(t)$ 分别为足迹深度和足迹广度在 t 时刻的变化差比率；其中，当 $\alpha \leqslant \frac{-\pi}{2}$ 时，足迹深度变化呈逐渐减小的趋势，与足迹广度的变化趋势是反方向的；当 $\frac{-\pi}{2} < \alpha < 0$ 时，足迹深度变化呈逐渐减小的趋势，与足迹广度的变化趋势是同方向的；当 $0 < \alpha < \frac{\pi}{2}$ 时，足迹深度变化呈逐渐增大的趋势，与足迹广度的变化呈同方向趋势；当 $\alpha \geqslant \frac{\pi}{2}$ 时，足迹深度变化呈逐渐增大的趋势，与足迹广度的变化趋势是反方向的。

3.1.3 污染物足迹账户

3.1.3.1 账户的创建和核算对象

生态足迹核算的特别之处是将人类对自然资本的消耗划分为不同的账户，所以生态足迹模型是一个以生态生产性土地面积来度量一个区域内资源消费和废弃物吸纳水平的账户工具，账户的设置是生态足迹核算模型中的主要环节。在 Wackemagel（1994）所创建的生态足迹模型中，关注的主要是不同生态生产性土地的直接生产能力和数量，而关于自然资源对吸纳废弃物的功能并没有描述完整。从废弃物吸纳角度来看，能源账户中也只是纳入林地生态系统对温室气体 CO_2 的区域消纳，并未考虑人类活动产生和排放的其他液体、气体和固体污染物以及对环境污染的影响纳入账户中。而在实际中，人类生产生活中产生的比如硫化物、氮氧化物等有害气体以及工业废水的排放、固体垃圾的堆积对生态环境的危害丝毫不亚于人类对自然资源的过度索取，所以其他种类的污染物对自然生态环境的影响也是不容忽视的，实际上，区域内实际生态足迹应该远比传统模型下的计算结果要大（柳乾坤，2016）。

综观生态足迹模型从提出到改进，再到应用到诸多方面，核算污染物足迹并将污染物足迹纳入生态足迹模型中的研究非常少。当然，一方面，早期对污染物的统计数据不完善，所以模型中并没有纳入除温室气体 CO_2 以外其他各类液体、气体和固体污染物的吸纳核算；另一方面，生态足迹模型的假设是指各地类的空间的互斥性，并将不同类型土地面积根据均衡因子折算后叠加，而在实践中，很多土地在功能上是有兼容性的，比如林地既能提供林产品也能吸纳温室气体 CO_2，在能源足迹中这个假设违背了各地类都参与碳循环的客观状况。所以任何一块生物生产面积可能兼具提供多种生态服务，所以当特定地类能同时吸纳多种气体污染物时，就可能出现重复计算的问题。

污染物一般分为大气、水和固废三大类，所以污染物的生态占用主要包括废气、废水、固废。选取每一类在环境影响上无明显重叠的主要污染物，在传统生态足迹模型的框架下，按其占用方式和土地类型进行折算并加总（方恺等，2010）的研究思路，设置污染物账户（柳乾坤，2016）来构建核算吸纳污染物所需的生态生产性土地，实现对生态足迹模型的进一步完善。根据以上思路，得出的改进生态足迹模型的核算流程图如图 3-4 所示：

基于废弃污染物吸纳的生态足迹核算（Pollution Footprint，PF）指的是区域内吸纳一定人口产生的或一定经济规模所排放的污染物所需要的生态系统土地面积，基于污染物吸纳的生态足迹不是对传统生态足迹中能源足迹的简单置换。

污染物足迹的核算内容并不局限于某一种污染废弃物，优化的生态足迹账户涵盖了资源和污染物所产生的生态足迹，生态承载力的核算也相应地把大气、水体和陆地的环境容量纳入承载力的核算体系。一般来说，基于污染物吸纳的生态承载力（Pollution Absorption Capacity，PAC），是指区域内给人们提供污染废弃

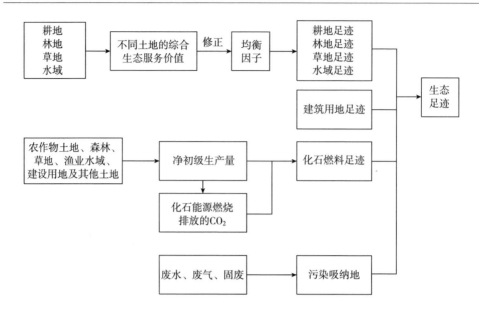

图 3-4 纳入污染物足迹的模型流程

物吸纳服务的生态系统总面积[①]（焦雯珺，2014）。

3.1.3.2 污染物足迹账户核算

综上，对于某生态系统类型或某废弃物吸纳服务而言，区域 PAF 模型（以市公顷为单位）表示为：

$$PAF = \frac{P}{CS_P} \cdot EQF_P \tag{3-23}$$

式（3-23）中，PAF 为某种污染物吸纳服务的生态足迹；P 为废弃物的排放量；CS_P 为该种污染物的区域平均吸纳能力；EQF_P 为该种污染物吸纳服务的均衡因子。

对于某生态系统类型或某废弃物吸纳服务而言，区域 PAC 模型（以市公顷为单位）可以表示为：

$$PAC = A_P \cdot EQF_P \tag{3-24}$$

式（3-24）中，PAC 表示某种污染废弃物吸纳服务的生态承载力；A_P 表示给该种污染废弃物提供吸纳服务的生态系统面积；EQF_P 表示该种污染物吸纳服

---

① PAC 的计算结果均以生态系统面积为单位，并且可以利用废弃物吸纳服务的均衡因子和供给因子转化成全球平均公顷。在这里，供给因子是指给定国家的某一类生态系统对某种废弃物的吸纳能力与该类生态系统的世界平均水平的差异，而均衡因子表征的是某一类生态系统对某种废弃物的世界平均吸纳能力与世界上所有生态系统对该种废弃物的平均吸纳能力的差异。

务的均衡因子。

表 3-1 污染物账户明细

污染物类型	核算项目	占用生态服务方式	土地类型	核算方法	提供生态服务方式	土地类型
		生态足迹			生态承载力	
废气	SO₂ 排放	污染处理	化石燃料用地	排放量÷单位面积林地吸收量	吸纳有毒气体	林地
		污染危害	耕地	耕地数量×浓度过高导致的农产品减产率	生产农产品	耕地
	烟尘排放	污染处理	化石燃料用地	排放量÷单位面积林地吸附烟尘能力	吸纳烟尘	林地
	粉尘排放	污染处理	化石燃料用地	排放量÷单位面积林地吸附粉尘能力	吸附粉尘	林地
废水	工业废水	污染处理	水域	排放量÷单位面积水域溶解能力	溶解废水	水域
		污染危害	水域	水域总面积×（1-地面水质达标率）		
	生活废水	污染处理	水域	排放量÷单位面积水域溶解能力		
		污染危害	水域	水域总面积×（1-地面水质达标率）		
固废	工业固体废物	污染处理	耕地	排放量÷单位面积工业固废可堆积量	污染容纳	耕地
	生活垃圾	污染处理	耕地	排放量÷单位面积生活垃圾可堆积量		

区域污染物的生态占用主要包括废水、废气、固废（见表 3-1）。参照中国环境统计年鉴的数据，废水按照湿地每天 1t/hm² 的废水处理能力计算；废气以为 SO₂ 典型污染物，按照林地每年以 0.72t/hm² 的吸收 SO₂ 能力计算，对于烟尘的滞尘能力，按照 10.11t/hm² 计算；固体废弃物的堆放一般占用建筑用地，按照每年约 $1.2×10^5$t/hm² 计算。而根据实际情况，各地用于污染吸纳的土地一般属于生态生产能力较差的土地，因此其均衡因子均取 1.0（马妍等，2007；张玉

龙等，2009）。以上各土地面积加权即为污染吸纳地，作为衡量环境负荷的指标[①]。

3.1.4 转换因子的核算

生态足迹基本模型是追踪人类对自然资本的需求与供给情况的简单有效工具，而均衡因子和产量因子是运用生态足迹模型来进行相应分析研究的重要基础参数。即人类对各种自然资源的需求量及自然资源的供应能力是通过引入均衡因子和产量因子，统一量化为"全球公顷（Global Hectare，ghm^2）"为单位的"生态生产性土地"。其中，均衡因子指的是不同类型的生态生产性土地转化成可比生产力的转变系数；产量因子指的是不同区域的同类生态生产性面积转化为可同比面积的参数。

在应用过程中，计算不同地域尺度下的生态足迹时，多采用基于全球平均产量计算的均衡因子和产量因子，这样计算的评价结果方便在全球范围内进行比较，但适合于全球及国家层面等大尺度的分析研究。由于不同国家、地区土地生产能力的差异，像中国国土幅员辽阔，各地资源禀赋和生产力水平差异比较大，如果核算模型采用全球平均值，则明显忽略了区域自然环境的时空差异，在一定程度上会影响研究结果的科学性和可比性，而使用不同的土地生产力折算标准来核算生态足迹会带来不同的实际意义。要想更加精确地衡量一个或多个区域的自然资本利用状态，并使其在选定尺度内，特别是中小尺度上生态足迹精确地核算反映出，在全球公顷和国家公顷的基础上，省公顷、市公顷等计量单位陆续被提出。由于本书研究尺度为市域范围，以相应的省公顷和市公顷为单位来核算生态足迹以及均衡因子、产量因子等相关参数，可以更加真实准确地反映区域土地真实的生产能力和实际情况，生态足迹模型的解释力可以得到进一步完善与丰富。

3.1.4.1 省公顷（Provincial Hectare，phm^2）和市公顷（City Hectare，chm^2）

在生态足迹模型应用早期，大多数研究在全球或国家尺度上，核算生态足迹就以全球公顷或国家公顷为单位。全球公顷（Global Hectare，ghm^2）是把各地类生态生产性单位面积的全球平均生产能力作为折算标准，然后将区域内所消耗的自然资源折算为相应的地类面积，这样可以比较不同国家之间的自然资源消费的

---

① 从废水、废气、固体废弃物等排放量计算污染直接或间接占用土地的生态足迹。废水和废气的生态足迹分别指用于处理废水、大气污染物使之达到排放标准所占用的生物生产性土地面积。工业废水比生活污水成分复杂得多，处理难度大，但考虑到计算的可行性，将工业废水视同生活污水处理。固体废弃物的生态足迹包括处理废弃物占用的土地面积和未处理废弃物对生物生产性土地的破坏，处理固体废弃物方法主要是填埋和堆放。

差异。国家公顷（National Hectare，nhm²）是以国家范围内各地类生态生产性土地的平均生产力为折算标准来核算区域内的生态生产性土地面积，弥补了全球公顷在反映区域内真实的生态容量与负荷的缺陷。

与全球、国家等较大尺度的计量单位类似，省公顷（Provincial Hectare，phm²）是以全省范围内各类生态生产性土地的平均生产能力为折算标准，来核算省级或以下的生态足迹。市公顷（City Hectare，chm²）是在更小尺度上，市域范围内各类生态生产性土地的平均生产能力，1 单位的市公顷是指 1 公顷具有全市平均产量的生产力空间。它们是指在全球公顷、国家公顷和省公顷的概念基础上的延伸。省公顷、市公顷尺度更加突出区域特色，可以减少模型系统误差，并使得计算结果更加接近区域实际的生态足迹。

生态足迹基本模型中主要包括两大部分：一是生物资源消费账户；二是能源消费账户。其中生物资源的生产能力以市公顷为单位计量，公式如下：

$$p_i = \frac{P_i}{A_i} \tag{3-25}$$

式（3-25）中，i 表示第 i 种生物资源产品；p_i 表示市域范围内第 i 种产品的生态生产性土地的平均生产能力；P_i 表示市域范围内第 i 种产品的总产量；A_i 表示市域范围内第 i 种产品的生态生产性土地的生产面积。

能源消费账户的产品一般是化石能源以及提炼的其他能源产品，是不可再生的，所以能源产品消耗的折算与生物资源产品不同，其对用地类的生产能力也不同，一般是考虑市域范围内林地中植被覆盖密度和不同植被的光合作用效率。

3.1.4.2　均衡因子

核算生态足迹时，需要在各地类前分别乘上转化因子即均衡因子来统一转化土地面积进行加总。均衡因子是指区域内某类生态生产性土地与该区域所有生产性土地平均生产力的比值。该因子将不同类型土地的单位生产能力转换为统一的、可比的生物生产值。本书中采用的均衡因子基于"区域公顷"模型之上，计算区域各年各地类的动态变化的均衡因子。在以区域公顷为计量单位时，引入热值的概念，这项转换指标克服了不同地类的产品不能直接加总的不足，并且修正了区域均衡因子以减少误差。

各地类的平均生态生产力相差较大，分别乘以各地类的均衡因子就可以转化成直接可比的标准面积。本书的均衡因子（q）不再以全球或国家平均生产力为核算标准，而是以市级的平均生态生产力为标准。市公顷模型中的均衡因子是指市域某类生态生产性土地的平均生态生产力除以全市各类所有生态生产性土地的平均生态生产力。借鉴何爱红的"热值法"，把各地类的平均生态生产力通过各类生物产品产量转化为统一的热值形式进行计算，其计算公式如下：

$$q_i = \frac{\overline{E_i}}{\overline{E}} = \frac{\dfrac{E_i}{A_i}}{\dfrac{\sum_i E_i}{\sum_i A_i}} = \frac{\dfrac{\sum_j P_i^j x_j}{A_i}}{\dfrac{\sum_i \sum_j P_i^j x_j}{\sum_i A_i}} \qquad (3-26)$$

式（3-26）中，i 表示第 i 种土地类型；q_i 表示市域第 i 类土地的均衡因子；$\overline{E_i}$ 表示市域第 i 地类的平均生产力（kJ/hm^2）；$\overline{E}$ 表示市域内全部生态生产性土地的平均生产力（J/hm^2）；E_i 表示市域第 i 地类的产品的能值（J）；A_i 表示市域第 i 地类的生态生产性土地面积（hm^2）；P_i^j 表示市域第 i 地类的第 j 种产品的产量（kg）；x_j 表示第 i 地类的第 j 种产品的单位热值（J/kg）。其中各生物产品的单位热值数据通过查阅《农业技术经济手册（修订版）》得到，若某些生物产品的单位热值在手册中无法查阅到，则以近似产品的热值或多个近似产品的热值平均值来代替或借鉴其他学者的研究成果。由于森林是吸收能源消耗过程中所产生的二氧化碳等主要载体，故能源用地的均衡因子与森林相同；而建设用地大多是占用耕地，所以其均衡因子用耕地的代替。

3.1.4.3 产量因子

产量因子是对各区域相同地类生态生产性土地的不同生产力水平做出解释，即使是同种类型生态生产性土地的生产力，在不同区域之间也是存在差异的，具有地区特征，它可能是降水量或土壤质量等自然因素的差异，也可能是区域资源管理水平的人为差异等。这样，不同区域之间的同类生态生产性土地的实际面积不能直接进行对比，也不能将同地类的不同区域的面积直接相加，所以需要一个转换因子—产量因子（y），该因子是一个转换系数，可以将不同地区的同地类生态生产性土地进行转换来直接进行对比。本书研究尺度为市域范围，采用"热值法"对研究区域的产量因子进行调整，也是将区域各地类的平均生产力用热值的形式来表示，来进行核算各市域的某地类平均生产力与省域同地类的平均生产力水平的差异。其中，各生物产品的单位热值是指每 1kg 产品所包含的热量，通过转化来将各种生物产品的计量单位转换成统一核算单位，在数值上，产量因子是各地市某类土地的平均生产力与全省所有同类土地的平均生产力的比率，计算公式如下：

$$y_i^k = \frac{\overline{E_i^k}}{\overline{E_i}} = \frac{\dfrac{E_i^k}{A_i^k}}{\dfrac{E_i}{A_i}} = \frac{\dfrac{\sum\limits_j (P_i^j)^k x_j}{A_i^k}}{\dfrac{\sum\limits_k \sum\limits_j (P_i^j)^k x_j}{\sum\limits_k A_i^k}} \tag{3-27}$$

式（3-27）中，y_i^k 表示 k 市第 i 地类的产量因子，该因子无量纲；$\overline{E_i^k}$ 表示第 k 市第 i 地类的平均生产力（J/hm^2）；$\overline{E_i}$ 表示全省第 i 地类的平均生产力（J/hm^2）；E_i^k 表示第 k 市 i 地类的总产量（kg）；A_i^k 表示第 k 市 i 地类的生态生产性土地总面积；E_i 表示全省所有第 i 地类的总产量（J）；A_i 表示全省第 i 地类的总面积（hm^2）；y_i^k 表示第 k 市 i 地类的第 j 种产品的年产量（kg）。

3.2　数据来源及处理

3.2.1　数据来源

本书从区域和市域两个层面来研究长江经济带自然资本利用的可持续性研究，研究使用的是面板数据，研究的时间范围为 2008～2017 年，共计 10 年。其中，区域研究层面为长江经济带 11 个省市的三个区域，具体包括长江下游区域的江苏省、浙江省、安徽省和上海市，长江中游区域的江西省、湖北省和湖南省，长江上游区域的四川省、贵州省和云南省和重庆市；市域层面研究区域为长江经济带 8 个城市群的 74 个地市（州）。综合考虑数据获得的科学性、完整性以及可获得性，最终所采用的研究数据为 2008～2017 年长江经济带三区域 11 个省市及 74 个地市（州）在 10 年期间形成的面板数据。

文中所使用的数据包括研究区域概况的相关数据、自然资源核算中的各类生物资源和能源资源数据、各地类面积和污染物账户核算数据、自然资本利用效率测算数据以及自然资本利用影响因素相关数据，通过 EPS 数据、中国经济社会大数据研究平台和纸质统计年鉴等工具进行查找和收集，所使用的数据主要包括以下几个方面：

3.2.1.1　区域概况相关数据

区域概况主要包括长江经济带 11 个省市和 74 个地市的国土面积、土地利用面积、耕地面积、园地面积、林地、牧草地、建设用地面积和其他用地面积数据来源于《中国国土资源统计年鉴》（2010~2018）；土地利用类型面积数据来源于国土资源公报、国土资源和房屋管理公报、国土资源厅、国土资源和房屋管理局；世界农产品平均产量来源于联合国粮农组织统计数据库；产量因子、均衡因子来源于相关计算及前人优秀的研究成果；水资源总量、农业用水量、人均耕地面积和河流面积等数据来源于《中国环境统计年鉴》（2004~2017）；GDP、第一产业增加值、农林牧渔业总产值等数据来源于《中国统计年鉴》、《中国农村统计年鉴》和《中国金融年鉴》（1996~2018）；粮食产量、水稻产量、小麦产量、玉米产量、豆类产量、薯类产量、蔬菜产量、油料产量、棉花产量和中药材产值等数据来源于《中国农村统计年鉴》（1996~2018）；年内增加耕地面积（补充耕地和产业结构调整）和年内减少耕地面积（建设占用、灾毁耕地、生态退耕和产业结构调整）等数据来源于《中国国土资源统计年鉴》（2014~2018）；地理区位图和空间地理数据来源于国家基础地理信息数据中心。

3.2.1.2　自然资源核算相关数据

自然资源核算所需数据种类繁多、数据量比较冗杂，主要包括长江经济带74个地市自然资源核算中的生物资源账户、环境污染账户和能源污染账户以及污染物账户核算数据的70多项指标数据来源于长江经济带11个省市的《统计年鉴》（2008~2017）、《中国环境统计年鉴》、《中国区域经济统计年鉴》（2000~2014）、《中国城市统计年鉴》、《能源统计年鉴》等；中国环境统计公报等各类相关公报；各省市（自治区或直辖市）的统计局、环境资源保护厅等部门的统计数据和统计资料。

3.2.1.3　自然资本利用影响因素相关数据

自然资本利用影响因素中采用长江经济带74个地市（州）的面板数据进行空间计量回归分析，主要从综合选取人口、经济、政策、城市建设和人民生活水平5大方面，选取区域人口状况、城市化率、各产业占比、固定资产投资、社会消费品零售额、绿化面积、城市建成区面积、城镇居民家庭人均可支配收入等指标数据主要来源于历年《中国统计年鉴》、《中国城市统计年鉴》、11个省市统计年鉴、74个地市（州）统计年鉴、国民经济和社会发展统计公报等。

3.2.2　数据处理

秉承数据的连续性、完整性、可获得性和可比性等原则，对数据进行了收集与整理，仍然存在一些关键性的数据问题需要进行处理，包括以下几个方面：

3.2.2.1　行政区划问题

以2008~2017年长江经济带74个地市（州）为对象进行研究，时间和区域跨度较大，需面临一些行政区划调整，即行政区划进行拆分（合并）调整的问题,如 2011 年安徽省三市(合肥市、芜湖市和马鞍山市)行政区划进行了调整和 2015 年安徽省四市(六安市、淮南市、安庆市和铜陵市)之间进行了行政区划调整等,因此本书的处理方式是保持行政区划发生改变前后数据一致。此外,以 2017 年我国行政区划调整为基础,对行政区调整的城市按照行政边界进行拆分处理。在地图数据中,一是将安徽省巢湖市合并到合肥市(将巢湖市历年相应数据也合并到合肥市);二是为保持研究区域地图的连续性和完整性,在地图上将缺少数据的地区合并到邻近地市。

3.2.2.2 部分数据缺失问题

需要收集的数据包含 10 年、74 个地市(州)和 100 多个指标的面板数据,指标数据量极大,总数据量合计接近 10 万个,前后花费近 8 个月的时间进行数据收集和整理;由于时间跨度较大,加之数据统计门类的不全面,难免存在一部分数据缺失的情况。针对数据缺失可以采取相应不同的处理方法①,具体的处理情况如下:因此,主要通过以下几种方法进行处理:一是通过长江经济带 11 个省市政府网站上公开公布的历年国民经济与社会发展统计公报、政府工作报告和政府文件等资料进行数据补充;二是通过 11 个省市的统计局、农村农业厅、农业局、自然资源厅和环保厅(局)等相关政府机构的信息公开申请进行获取缺失数据;三是通过指数平滑法、趋势法和均值法等进行数据补充;四是针对整体数据缺失的个别数据,采用隔壁情况相类似地市的数据进行代替。

3.2.2.3 统计口径不一致问题

首先,在收集数据的过程中,难免会遇到同一指标在不同统计年鉴的数值不同的情况,一般发生在省市统计年鉴和中国相关统计年鉴中,以本省市统计年鉴数据为标准进行选择。其次,同一指标不同省市之间也会存在不同统计口径的问题,体现在统计的内容有差别,或者同一内涵的统计数据存在不同指标名称的问题,如乡村劳动力、农业从业人数、农林牧业从业人数、乡村从业人员、农民纯收入等,本书对该类指标数据进行了多次核对,在最大程度上保证数据统计口径的一致性。同时,针对同一指标单位不同的问题,如耕地面积指标在不同地市(州)会采用公顷或者亩作为统计单位,将统一换算成同一单位或者同一数量级再进行处理。

3.2.2.4 数据可比性问题

涉及 2008~2017 年长江经济带 74 个地市(州)的相关经济数据,以收集当年价格数据为标准。随着改革开放 40 多年来社会经济的快速发展,金融货币存在通货膨胀的经济规律,以当年价格收集的数据则不具可比性。因此,本书为消

---

① 对于缺失的数据,有些年份的缺失数据是用差分法或趋势预测法,有些城市的缺失数据用相近区域的均值替代。

除价格因素带来的影响，对相关经济数据统一换算成以 2008 年为基期的不变价格。其中，GDP、人均 GDP、工业总产值、农林牧渔业总产值、农业产值均采用相对应指标的平减指数进行换算，农村居民家庭人均可支配收入和城镇居民家庭人均可支配收入均采用居民消费价格指数进行换算。

第4章 长江经济带自然资本利用的时空演化特征分析

4.1 生态足迹和生态承载力的结果分析

4.1.1 长江经济带生态足迹账户构成分析

根据计算所需的各地市和各类农林牧渔业生物性产品产量、各种能源消费量、土地利用面积、人口等数据的可获取性，长江经济带生态足迹核算指标如表4-1所示，主要包括六大类型生态足迹和33类生物性资源（农林牧渔业产品消费数量）和十几类各种能源消费量以及各地类的土地利用面积，还有各地市和年份的人口数据等。另外，在区域层次生态足迹的核算上，生态足迹贸易账户部分常被省略去，主要是因为经济单元贸易量相对较小，并且进出口部分在一定程度上可以相互抵消，将贸易对于生态足迹计算的影响降低到最小程度，再加上难以找到官方权威渠道的各个地区之间贸易数据，本书贸易账户的部分被省略掉。

表4-1 区域生态足迹核算账户指标

账户	生态足迹指标	产品类型	纳入账户的生物性资源和能源类型
生物资源账户	耕地	农产品	粮食作物（谷物、豆类、薯类等）、油料（花生、油菜籽、芝麻）、糖类（甘蔗、甜菜）、棉花、麻类、烟草、茶叶、烟叶、桑、禽蛋、猪肉、蔬菜、瓜类等
	林地	林产品	木材、油桐籽、油茶籽、松籽、橡胶、生漆、核桃、板栗、水果（苹果、桃、柑橘、梨、葡萄、香蕉、杏、山楂、柿子、西瓜、草莓等）
	草地	畜产品	牛肉、羊肉、奶类、羊毛类（山羊毛、绵羊毛、羊绒）、蜂蜜
	水域	水产品	海水养殖产品（鱼类、蟹类、贝类等）和淡水养殖产品

续表

账户	生态足迹指标	产品类型	纳入账户的生物性资源和能源类型
化石能源账户	化石燃料用地	吸收 CO_2 等占地	原煤、洗精煤、焦炭、原油、燃料油、汽油、煤油、柴油、燃料油、液化石油气、天然气、电力等
	建设用地	建设活动占地	交通用地、居民点及工矿用地、水利设施用地

4.1.2 长江经济带污染物排放足迹账户

长江经济带区域污染物的生态占用主要包括废水、废气、固废。参照中国环境统计年鉴的数据，废水按照湿地每天 $1t/hm^2$ 的废水处理能力计算；废气以 SO_2 为典型污染物，按照林地每年以 $0.72t/hm^2$ 的吸收 SO_2 能力计算，对于烟尘的滞尘能力，按照 $10.11t/hm^2$ 计算；固体废弃物的堆放一般占用建筑用地，按照每年约 $1.2×10^5t/hm^2$ 计算。而根据实际情况，各地用于污染吸纳的土地一般属于生态生产能力较差的土地，因此其均衡因子均取 1.0（马妍等，2007；张玉龙等，2009）。以上各土地面积加权即为污染吸纳地，作为衡量环境负荷的指标。根据式（3-2）计算长江经济带各地区人均污染物足迹年均值如表4-2所示。

表4-2 长江经济带各地区人均污染物足迹年均值   单位：hm^2／人

地区	废水	废气	固体废物	地区	废水	废气	固体废物	地区	废水	废气	固体废物
上海	0.050393	0.129219	0.000010	南昌	0.058938	0.059337	0.000003	重庆	0.056844	0.234807	0.000009
南京	0.155338	0.231537	0.000023	景德镇	0.082136	0.302522	—	成都	0.046709	0.086750	0.000005
无锡	0.237003	0.234004	0.000020	萍乡	0.022489	0.259344	—	乐山	0.052816	0.251545	—
常州	0.269572	0.184890	0.000008	九江	0.042104	0.175760	0.000013	宜宾	0.058335	0.192762	0.000010
苏州	0.258671	0.485799	0.000030	新余	0.116384	0.492633	—	自贡	0.021327	0.120711	—
南通	0.056748	0.098053	0.000004	鹰潭	0.098932	0.398225	—	泸州	0.038473	0.163716	—
盐城	0.034030	0.041831	—	宜春	0.017611	0.164239	—	德阳	0.036111	0.058761	—
扬州	0.054994	0.189923	0.000007	上饶	0.020117	0.060471	—	绵阳	0.049327	0.092052	—
镇江	0.088863	0.247370	—	吉安	0.066567	0.121185	—	遂宁	0.023028	0.027851	—
泰州	0.086430	0.126558	—	抚州	0.053581	0.058870	—	内江	0.020001	0.146089	—
杭州	0.315357	0.150558	0.000009	武汉	0.073788	0.146577	0.000014	南充	0.005022	0.006557	—
宁波	0.086297	0.245589	0.000018	黄石	0.079988	0.361505	—	广安	0.013554	0.138015	—
嘉兴	0.112099	0.244646	0.000008	荆州	0.023552	0.053641	0.000001	资阳	0.018039	0.047947	—
湖州	0.113132	0.226254	0.000008	襄阳	0.053716	0.118479	—	眉山	0.075492	0.064201	—

续表

地区	废水	废气	固体废物	地区	废水	废气	固体废物	地区	废水	废气	固体废物
舟山	0.051263	0.275270	—	鄂州	0.068781	0.389549	—	贵阳	0.015416	0.226032	0.000023
金华	0.065977	0.076010	—	荆门	0.063135	0.160190	—	安顺	0.007071	0.538351	—
绍兴	0.184669	0.149636	0.000008	孝感	0.032809	0.086858	—	六盘水	0.033045	0.338043	—
台州	0.025302	0.067225	0.000005	咸宁	0.026928	0.066629	—	遵义	0.007749	0.105459	0.000007
合肥	0.011991	0.061657	0.000005	长沙	0.017205	0.096952	0.000002	昆明	0.018745	0.164144	0.000033
滁州	0.042052	0.038641	—	株洲	0.056477	0.187385	0.000007	昭通	0.002246	0.019880	—
芜湖	0.067824	0.039637	—	湘潭	0.089850	0.253162	0.000021	曲靖	0.015060	0.227541	—
宣城	0.059471	0.040900	—	衡阳	0.026334	0.087721	—	玉溪	0.020537	0.065552	—
池州	0.022414	0.168252	—	岳阳	0.057288	0.127081	0.000005				
铜陵	0.159952	0.617102	—	常德	0.052862	0.102248	0.000004				
安庆	0.023413	0.040329	—	益阳	0.041659	0.153567	—				
马鞍山	0.163980	0.472660	0.000141	娄底	0.073696	0.210744	—				

根据表 4-2 的结果，总体从污染排放账户生态足迹的区域差异看，长江下游区域的废水排放比其他区域稍微大一些，最低的是池州的 0.022hm²/人和最高的是杭州的 0.315hm²/人，而长江上游区域的人均废水排放最少，最低的是昭通的 0.002hm²/人和最高的是眉山的 0.075hm²/人，长江中游区域人均废水排放中，最低的是长沙的 0.017hm²/人和最高的是新余 0.116hm²/人；而长江下游区域的废气排放比其他区域也多一些，特别是铜陵、苏州和马鞍山，达到了 0.617hm²/人、0.486hm²/人和 0.473hm²/人，最低的是滁州的 0.038hm²/人；长江中游区域人均废水排放中，最低的是荆州的 0.053hm²/人和最高的是新余 0.493hm²/人，而长江上游区域的人均废水排放最少，最低的是南充的 0.006hm²/人和最高的是安顺的 0.538hm²/人。

从长江下游区域污染物足迹中的废水来看，无锡、常州、苏州和常州的废水足迹都比较大，南京、嘉兴、湖州、绍兴、铜陵和马鞍山的废水足迹次之，盐城、台州、合肥、池州和安庆的废水足迹都比较低。从污染物足迹中的废气来看，铜陵、马鞍山和苏州这三个城市的废气足迹较高，南京、无锡、镇江、宁波、嘉兴、湖州和舟山的废气足迹也都分布在 0.2～0.3 区间，盐城、台州、合肥、宣城、滁州和安庆的废气足迹比较低。从污染物足迹中的固体废物来看，除了马鞍山的固体废物足迹值较高之外，其余城市的都比较低。出现这些差异的原因主要有，一是各城市不同种类污染物排放量存在显著差异，二是人均指标，各城市的常住人口也存在一定差异。

从长江中游区域的污染物足迹的种类来看，废水排放足迹方面：新余、鹰潭、景德镇、湘潭、武汉、黄石、娄底等地的较高，吉安、鄂州、荆门、岳阳、常德、株洲、襄阳、抚州、南昌和益阳的次之，萍乡、宜春、荆州、咸宁、长沙和衡阳的废水足迹较低，最低的长沙与最高的新余相差近 11 倍；废气排放足迹方面：江西省的第二产业比重>湖北省>湖南省，因此江西各市的废气足迹较湖南和湖北而言略高，除南昌、上饶和抚州之外，其他市的废气足迹皆大于 0.1hm²/人，最高的为新余的 0.49hm²/人，湖北省的除荆州、孝感和咸宁外，也都大于 0.1hm²/人，最高的为鄂州的 0.38hm²/人，而湖南省的都在 0.1hm²/人和 0.2hm²/人左右徘徊，最高的也就是湘潭的 0.25hm²/人。在固体废物足迹方面普遍较低，只有少数地区较大，如九江和湘潭。

从长江上游区域的污染物足迹各种类来看，相较于下游和中游有所降低，但是也有"异常值"的存在。废水排放足迹方面：数值较大的有重庆、成都、乐山、宜宾、绵阳和眉山，较小的有南充、安顺、遵义和昭通；废气排放足迹方面：相较于废水普遍较高，如安顺、六盘水、乐山、重庆、贵阳和曲靖的数值较高；固体废物足迹方面：昆明和贵阳较高，其他较低。

4.1.3 长江经济带区域均衡因子

根据区域公顷参数的式（3-25）计算得到 2008～2017 年长江经济带各个地市的各地类的均衡因子（见表 4-3），其中，建筑用地的均衡因子同耕地，化石能源用地的均衡因子同林地，未利用地的均衡因子仅用于生态承载力的计算。所以，在计算区域人均生态足迹时主要考虑耕地、草地、林地和水域这 4 种土地利用类型。具体而言，耕地利用是包括水田、水浇地和旱地，根据本书的生物资源账户分类，把园地中的果园和茶园也放到耕地利用中；林地利用包括林地、灌木林地、其他林地和其他园地；草地利用包括天然牧草地、人工牧草地和其他草地；水域利用包括河流水面、湖泊水面、水库水面、坑塘水面、滩涂和沟渠面积等。

表 4-3　2008～2017 年长江经济带不同区域各年均衡因子均值　单位：ghm²

| 区域 | 地类 | 年份 | | | | | | | | | | 刘某承 | GFN |
		2008	2009	2010	2011	2012	2013	2014	2015	2016	2017	2009	2017
长江下游	耕地	2.76	2.79	2.77	2.79	2.78	2.79	2.70	2.72	2.66	2.66	1.74	2.52
	草地	3.92	4.07	4.46	4.48	4.39	4.36	4.24	4.47	4.74	4.44	0.44	0.43
	水域	0.22	0.22	0.23	0.23	0.24	0.24	0.26	0.28	0.29	0.30	0.35	0.35
	林地	0.65	0.61	0.65	0.63	0.63	0.62	0.66	0.65	0.65	0.67	1.41	1.28

续表

| 区域 | 地类 | 年份 | | | | | | | | | | 刘某承 | GFN |
		2008	2009	2010	2011	2012	2013	2014	2015	2016	2017	2009	2017
长江中游	耕地	3.16	3.26	3.29	3.26	3.26	3.21	3.20	3.19	3.22	3.20	1.74	2.52
	草地	0.94	0.98	1.07	1.13	1.20	1.23	1.26	1.28	1.17	1.14	0.44	0.43
	水域	0.18	0.19	0.19	0.21	0.21	0.21	0.22	0.23	0.24	0.22	0.35	0.35
	林地	0.22	0.19	0.19	0.20	0.21	0.23	0.22	0.22	0.23	0.24	1.41	1.28
长江上游	耕地	2.83	2.88	2.86	2.82	2.84	2.79	2.84	2.83	2.82	2.82	1.74	2.52
	草地	1.06	1.13	1.20	1.22	1.31	1.26	1.27	1.28	1.23	1.25	0.44	0.43
	水域	0.14	0.15	0.16	0.16	0.17	0.19	0.21	0.22	0.25	0.25	0.35	0.35
	林地	0.14	0.12	0.14	0.16	0.14	0.17	0.15	0.16	0.17	0.19	1.41	1.28

　　利用式（3-25），以"区域公顷"计算得到 2008~2017 年长江经济带各区域的各类土地利用类型的均衡因子均值与国内学者刘某承（2009）以"国家公顷"计算的中国均衡因子，以及 2017 年全球生态足迹网（GFN）发布的均衡因子进行对比。由表 4-3 中数据可以看出，各类土地利用类型中，长江下游区域草地的均衡因子偏高很多，林地的均衡因子偏低，耕地和水域水平相近；长江中游区域耕地和草地的均衡因子偏高，林地和水域的均衡因子偏低；长江上游区域耕地和草地的均衡因子偏高，林地和水域的均衡因子偏低不少；长江中游和上游区域各地类的均衡因子很接近，其中林地和水域都是较小的。另外，在不同年份中，各区域的各地类的均衡因子相差很小，其中耕地、林地和草地基本稳定，水域存在小幅度变化波动，并呈现缓慢递增的趋势。

　　根据表 4-4 中不同土地类型均衡因子的比较可知，耕地是相对各地类中最具生物生产能力的土地类型，长江下游区域平均每公顷耕地生产能力相当于 2.66~2.79phm^2 土地的生产能力，上海、无锡、苏州、杭州、金华、舟山、台州、铜陵、池州等地市的耕地均衡因子比较高；草地尤其突出，其生产能力达到了 3.92~4.74phm^2 土地的生产能力，长江下游区域的草地是生物生产力很高的土地类型，这与该区域的实际情况有关，该区域中江苏省、浙江省是我国重要的畜牧生产基地，畜牧业以猪、禽为主，上海、无锡、苏州、常州、盐城、扬州、泰州、湖州、金华等草地面积很小，但是禽肉和奶类的消耗量大，特别是上海市消耗特别大，所以这些市的均衡因子偏高很多。根据 2018 年中国林业网数据库第八次全国森林资源连续清查统计数据（2009~2013 年）内的数据进行排名，在长江下游区域中，浙江省的森林覆盖率达到了高水平的 61.2%，安徽省和江苏省的丘陵山地较少，森林资源以人工林居多，他们的森林覆盖率分别达到了 28.65%

和 23.2%，其中南通市和嘉兴市的林地面积小，相比之下均衡因子大。另外下游区域内河湖众多，水域所占比例高，水产资源相对丰富，另外区域湿地生态系统植被类型比较丰富，植被净初级生产力也比较高，使下游区域各市水域的均衡因子相对全国和全球公顷水平很接近。

表 4-4　长江经济带各地市各地类年均均衡因子　　　　单位：phm²

城市	地类													
	耕地	草地	水域	林地	区域	耕地	草地	水域	林地	区域	耕地	草地	水域	林地
上海	3.87	3.29	0.12	0.66	南昌	2.36	0.66	0.11	0.09	重庆	2.84	0.45	0.18	0.09
南京	2.40	1.95	0.17	0.10	九江	3.92	0.50	0.29	0.17	成都	2.44	4.97	0.12	0.12
无锡	3.18	4.98	0.13	0.27	景德镇	3.18	0.16	0.06	0.26	乐山	3.97	0.72	0.40	—
苏州	3.93	3.96	0.11	0.65	鹰潭	3.27	0.68	0.21	0.19	宜宾	2.15	2.44	0.22	0.15
常州	2.18	5.02	0.12	0.97	新余	3.23	0.49	0.20	0.19	自贡	2.90	0.89	0.22	0.12
南通	2.07	2.26	0.13	1.76	宜春	3.23	0.57	0.26	0.19	内江	2.81	1.15	0.22	0.15
盐城	1.81	3.79	0.10	0.87	萍乡	4.90	0.74	0.36	0.17	眉山	2.66	1.02	0.19	0.16
扬州	2.10	4.98	0.09	0.26	上饶	4.21	0.44	0.25	0.13	泸州	3.00	0.13	0.21	0.17
镇江	2.08	0.84	0.08	0.35	抚州	4.43	0.61	0.21	0.20	德阳	2.74	1.31	0.20	0.10
泰州	1.79	4.99	0.16	0.30	吉安	4.33	0.94	0.21	0.27	绵阳	2.91	1.41	0.31	0.24
杭州	4.01	2.71	0.26	0.45	武汉	2.46	3.26	0.16	0.18	遂宁	2.54	1.24	0.30	0.14
宁波	2.97	1.82	0.96	0.26	黄石	2.13	1.42	0.60	0.30	南充	2.99	1.48	0.31	0.20
嘉兴	1.72	1.93	0.14	2.15	鄂州	2.26	2.80	0.15	0.09	广安	2.80	1.31	0.22	0.20
湖州	1.78	3.90	0.42	0.85	孝感	1.73	1.64	0.18	0.32	资阳	3.00	1.45	0.32	0.20
绍兴	2.58	1.46	0.15	0.42	咸宁	3.87	0.05	0.28	0.19	昆明	2.84	0.50	0.17	0.56
金华	3.81	3.47	0.30	0.11	襄阳	2.42	3.78	0.18	0.07	曲靖	2.66	1.20	0.27	0.15
舟山	4.88	0.25	0.03	0.34	荆州	1.78	3.93	0.16	0.95	玉溪	3.02	1.42	0.20	0.16
台州	3.23	0.23	2.14	0.20	荆门	2.14	0.72	0.24	0.19	昭通	2.76	1.25	0.24	0.17
合肥	2.40	0.32	0.05	0.16	长沙	3.64	1.12	0.12	0.16	贵阳	2.69	0.38	0.11	0.05
滁州	1.73	0.30	0.09	0.28	株洲	4.28	0.18	0.14	0.26	六盘水	2.71	0.12	0.05	0.01
芜湖	2.11	0.23	0.11	0.49	湘潭	3.03	0.11	0.10	0.05	遵义	3.01	0.19	0.23	0.11
宣城	2.82	0.29	0.14	0.55	衡阳	3.16	0.08	0.17	0.21	安顺	2.80	1.24	0.21	0.20
铜陵	3.34	0.10	0.12	0.28	岳阳	3.25	0.63	0.11	0.19					

城市	地类													
	耕地	草地	水域	林地	区域	耕地	草地	水域	林地	区域	耕地	草地	水域	林地
池州	3.28	0.25	0.23	0.56	益阳	3.22	1.29	0.13	0.26					
安庆	2.86	0.47	0.12	0.25	常德	3.09	0.39	0.11	0.18					
马鞍山	2.32	2.47	0.08	0.18	娄底	3.30	0.22	0.19	0.11					

长江中游区域平均每公顷耕地生产能力达到 $3.16\sim3.29phm^2$ 土地的最高生产能力，九江、景德镇、鹰潭、新余、宜春、咸宁、长沙、湘潭、衡阳、岳阳、益阳、常德、娄底、萍乡、上饶、抚州、吉安、株洲等地市的耕地均衡因子都偏高；草地达到了 $0.94\sim1.28phm^2$ 土地的生产能力，其中武汉、襄阳、荆州市的草地面积很小，相对均衡因子大，林地和水域较低；中游区域的江西省、湖北省和湖南省的地类结构是以耕地占绝对优势，农业发展条件相对优越，总体耕地生产力水平高，绝对面积较大，所以耕地的平均生产力比其他区域大。另外，依据第八次全国森林资源统计数据，区域中江西省的森林覆盖率达到了 63.1%，湖南省和湖北省分别达到 59.82% 和 41.56%，林地面积大，各地市林地的均衡因子不高。

长江上游区域每公顷平均耕地生产能力相当于 $2.79\sim2.88phm^2$ 土地的生产能力，草地达到了 $1.06\sim1.31phm^2$ 土地的生产能力，都比全球或国家公顷水平高，相比之下，林地和水域的很低；上游区域的贵州省、四川省、云南省耕地面积比例高，牧场草地面积大，草地资源提供的畜牧产品丰富，但河流湖泊相对面积偏低，水域资源生产能力很一般，与全球或国家公顷水平相比，明显偏低。

另外，区域水域均衡因子计算是以水域植被净初级生产力代表整个区域渔业水域的生物性生产力，没有包括区域海洋渔业，低估了各区域渔业水域的生产力，因此区域均衡因子计算结果偏保守。化石能源用地的均衡因子近似接近 1，这是由于城镇绿化用地具有一定的植被净初级生产力。

4.1.4　长江经济带区域产量因子

根据区域公顷和热值法式（3-6）得到结果如表 4-5 所示。从表中数据可以看出，2008~2017 年长江经济带区域各类土地产出水平年际变化不大。为反映区域各地市各类土地产量因子的相对波动程度，计算各地类产量因子的变异系数（见表 4-5）。从变异系数的大小可知，长江经济带下游区域林地产量因子的相对差异最小，其次是耕地、草地，水域则差异较大；长江经济带中游区域林地产量因子的相对差异也是最小，其次是草地、水域，耕地则差异较大；而长江经济带上游区域水域产量因子的相对差异最小，草地、林地和耕地差异不大。

表4-5 长江经济带不同区域各年产量因子均值

区域	地类	年份										GFN	变异系数（%）
		2008	2009	2010	2011	2012	2013	2014	2015	2016	2017	2017	
长江下游	耕地	1.07	1.09	1.09	1.21	1.20	1.22	1.06	1.04	1.03	0.99	1.32	14.59
	草地	1.13	1.20	1.23	1.24	1.25	1.35	1.27	1.26	1.26	1.19	1.93	22.44
	水域	0.99	0.95	0.94	0.99	0.99	0.97	0.91	0.89	0.92	0.94	1.00	28.48
	林地	1.89	2.10	2.17	2.34	2.46	2.42	2.44	2.48	2.91	2.90	2.55	7.73
长江中游	耕地	1.06	1.06	1.08	1.04	1.04	1.04	1.02	1.01	1.01	0.99	1.32	38.90
	草地	2.00	2.01	2.11	2.16	2.32	2.30	2.27	2.23	1.94	2.12	1.93	17.14
	水域	1.23	1.20	1.17	1.27	1.19	1.19	1.19	1.19	1.14	1.13	1.00	32.57
	林地	1.51	1.65	1.67	1.62	1.98	1.93	1.89	2.06	2.18	2.20	2.55	7.96
长江上游	耕地	1.10	1.11	1.09	1.03	0.99	0.97	0.96	0.95	0.93	0.92	1.32	14.87
	草地	1.58	1.86	1.40	1.56	1.51	1.45	1.43	1.39	1.39	1.41	1.93	11.03
	水域	1.51	1.60	1.59	1.34	1.27	1.21	1.18	1.13	1.17	1.30	1.00	7.99
	林地	2.13	1.99	2.05	1.98	1.75	2.28	1.96	2.12	2.14	1.98	2.55	14.96

同样采用式（3-7）来计算2008~2017年研究区域74个地市的产量因子，来反映各地市不同土地类型的相对生产力水平。长江经济带具体74个地市各地类的产量因子如表4-6所示。

表4-6 长江经济带各地市各地类年均产量因子

城市	地类				区域	耕地	草地	水域	林地	区域	耕地	草地	水域	林地
	耕地	草地	水域	林地										
上海	0.74	2.69	0.82	0.25	南昌	1.28	2.28	1.05	1.51	成都	1.50	3.16	1.56	3.64
南京	0.63	0.26	0.95	0.04	九江	0.70	0.43	0.70	0.75	乐山	0.82	2.46	1.74	2.11
无锡	0.73	0.58	0.60	0.09	景德镇	0.75	0.24	0.24	1.86	宜宾	0.88	2.21	1.76	3.02
苏州	0.70	2.64	0.43	0.17	鹰潭	1.09	1.39	1.03	2.05	自贡	1.32	1.39	1.10	2.26
常州	0.77	0.87	0.90	0.52	新余	1.04	1.01	1.14	1.73	内江	1.21	1.41	1.04	2.21
南通	1.14	2.86	1.51	3.95	宜春	1.20	1.35	1.63	1.92	眉山	0.86	1.25	1.09	2.11
盐城	1.12	1.16	1.36	0.79	萍乡	1.40	1.34	1.84	1.42	泸州	0.97	1.35	1.07	2.12
扬州	1.27	2.69	1.12	0.24	上饶	0.95	0.65	1.09	0.83	德阳	1.09	1.35	1.20	2.33
镇江	0.84	0.17	0.69	0.20	抚州	1.11	0.97	1.00	1.49	绵阳	0.97	1.29	1.13	2.67
泰州	1.03	2.33	1.51	0.21	吉安	1.20	1.68	0.98	2.20	遂宁	1.17	1.35	1.03	2.22

续表

城市	地类													
	耕地	草地	水域	林地	区域	耕地	草地	水域	林地	区域	耕地	草地	水域	林地
杭州	1.30	1.32	0.23	1.88	武汉	1.07	1.66	0.94	1.77	南充	0.95	1.27	1.07	2.02
宁波	1.25	1.17	1.13	1.41	黄石	0.17	0.42	0.67	0.47	广安	0.96	1.35	1.16	2.15
嘉兴	1.84	3.12	0.44	3.39	鄂州	1.29	0.05	3.66	1.09	资阳	0.96	1.28	1.17	2.33
湖州	1.21	2.15	0.77	2.53	孝感	0.98	3.52	1.43	1.66	昆明	0.73	2.09	0.89	4.22
绍兴	1.37	1.19	0.22	2.94	咸宁	1.04	0.05	1.06	1.09	曲靖	1.05	1.60	1.17	2.32
金华	1.05	1.46	0.22	0.41	襄阳	0.63	3.68	0.64	0.39	玉溪	0.95	1.33	1.07	2.09
舟山	0.69	0.05	0.01	0.62	荆州	1.04	3.44	1.35	2.53	昭通	0.86	1.16	1.07	2.02
台州	1.18	0.13	2.20	0.95	荆门	0.90	1.16	1.43	1.61	贵阳	0.97	3.09	0.91	0.31
合肥	1.79	0.17	0.88	0.86	长沙	1.19	3.40	0.97	1.29	六盘水	0.85	0.88	0.29	0.08
滁州	0.96	0.12	1.22	1.18	株洲	1.11	0.43	0.93	1.47	遵义	1.29	1.80	1.96	0.91
芜湖	1.25	0.10	1.56	2.08	湘潭	1.36	0.47	1.16	0.57	安顺	1.00	1.24	1.05	2.57
宣城	0.83	0.06	1.01	1.21	衡阳	1.18	0.27	1.56	2.07					
铜陵	1.12	0.03	0.95	0.76	岳阳	1.04	1.92	0.92	1.56					
池州	0.84	0.05	1.46	1.09	益阳	1.05	3.98	1.04	2.15					
安庆	1.04	0.12	1.11	0.68	常德	1.06	1.24	0.99	1.62					
马鞍山	1.59	1.24	1.26	0.92	娄底	1.06	2.08	1.11	1.51					

　　长江经济带各地市总体耕地的产量因子差别并不是太大，基本都是在 1 左右，说明各地市的耕地生产地差异较小，其中扬州、杭州、嘉兴、湖州、绍兴、南昌、萍乡、鄂州、成都、自贡、内江等市的产量因子较高，这与各地市的地理条件的优越有必然联系。而上海、南京、无锡、苏州、常州、舟山、九江、景德镇、黄石、襄阳等市因为相对于其他地市产量因子较低，这和这些大部分地市的纬度较高，其水热条件不具备优势有直接关系；这些市大部分人口密度较大，耕地的后备资源较为缺乏，且耕地流失也较严重。

　　长江经济带各地市草地的产量因子差异较大，长江下游和中游区域总体牧草地在区域大部分地市零星分布的多，大面积的牧场草地比较难得，但由于自然条件、技术因素和产业升级，综合生产能力很高，所能提供的畜牧产品也极大地丰富了区域居民动物类食品的来源。其中，襄阳、荆州、长沙、益阳、成都、贵阳的草地产量因子很大，都在 3 以上，上海、苏州、南通、扬州、泰州、嘉兴、湖州、南昌、孝感、乐山、宜宾等市的草地产量因子也比较大。以上这些地区的很多城市草地面积相对较小，而消费量需要极大，相当城市的畜牧业规划较好，现代畜牧业生产方式的小区和养殖场逐渐增多，猪、牛、羊肉等禽肉的产量也较高；所以草地的生产力相对较高。

长江经济带各地市林地的产量因子相差较大，南通、嘉兴、湖州、绍兴、成都、宜宾、昆明、曲靖、安顺等市的林地产量因子高，主要是因为这些地市大部分处于亚热带季风气候区域，光照充足、雨热同期，相对森林覆盖率也较高，林业产品产出高；而上海、南京、无锡、苏州、扬州、镇江、泰州、金华、黄石、襄阳、贵阳的林地产量因子很小，相对这些地市的森林覆盖率较低，带来的产出也较少。

南通、泰州、台州、宜春、萍乡、鄂州、成都、乐山、宜宾、芜湖等市的水域产量因子很高，都在 1.5 以上，这些地区大多有发达的淡水和海水养殖产业。而苏州、杭州、嘉兴、绍兴、舟山、六盘水等市的水域产量因子较低，渔业相对不发达。

4.1.5 长江经济带人均生态足迹的计算

2008~2017 年长江经济带城市群各地市以及更大尺度人均生态足迹均通过三维生态足迹核算模型来进行核算，根据式（3-5）分别计算长江经济带各地市的各类账户的人均生态足迹，结果如表 4-7～表 4-9 所示，受本书篇幅所致，分别从长江经济带下游三角洲城市群区域、长江经济带中游城市群区域与长江经济带上游城市群区域中选择上海市、武汉市、重庆市三城市的人均生态足迹账户分析放到本节中，其他城市的人均生态足迹各账户核算分析放在本书后文中。

表 4-7　2008~2017 年上海市人均生态足迹　　　　单位：hm²/人

账户	科目	年份				
		2008	2009	2010	2011	2012
生物资源账户	耕地	0.1429966	0.1417640	0.1367493	0.1421854	0.1377876
	草地	0.0303290	0.0279252	0.0296409	0.0332473	0.0339824
	林地	0.0028380	0.0025669	0.0023785	0.0019933	0.0019108
	水域	0.0102407	0.0094793	0.0085283	0.0082991	0.0084632
能源消费账户	化石能源用地	2.0921096	2.0063963	2.1008106	2.1144131	2.0373500
	建设用地	0.0191387	0.0187881	0.0202568	0.0205481	0.0204716
污染物账户	大气污染	0.2355125	0.1938954	0.1758812	0.1157778	0.1085292
	水污染	0.2863225	0.2857714	0.2953265	0.2499899	0.2523818
	固体废物	0.0000139	0.0000132	0.0000136	0.0000132	0.0000120

续表

账户	科目	年份				
		2013	2014	2015	2016	2017
生物资源账户	耕地	0.1320067	0.1335425	0.1179313	0.1005999	0.0710927
	草地	0.0306063	0.0308323	0.0316637	0.0295165	0.0248300
	林地	0.0016098	0.0018240	0.0012938	0.0010484	0.0010658
	水域	0.0081075	0.0092361	0.0091069	0.0073344	0.0064825
能源消费账户	化石能源用地	2.0790070	1.8762149	1.9277860	1.9249672	1.9685796
	建设用地	0.0210276	0.0203154	0.0209523	0.0221061	0.0227311
污染物账户	大气污染	0.1011528	0.0880624	0.0802942	0.0349328	0.0088239
	水污染	0.2529430	0.2497597	0.2542865	0.2499250	0.2401519
	固体废物	0.0000113	0.0000102	0.0000101	0.0000094	0.0000096

表4-8　2008~2017年武汉市人均生态足迹　　　　单位：hm²/人

账户	科目	年份				
		2008	2009	2010	2011	2012
生物资源账户	耕地	0.397124118	0.40240931	0.38726806	0.396061871	0.401854956
	草地	0.03206885	0.018699099	0.01675222	0.01761533	0.018925295
	林地	0.002506867	0.00192196	0.00212448	0.002902383	0.004560594
	水域	0.030827202	0.031458223	0.030075384	0.03113353	0.031393113
能源消费账户	化石能源用地	1.295627537	1.241212826	1.283432424	1.341008209	1.207396981
	建设用地	0.008882408	0.009085846	0.009564535	0.010653413	0.013365178
污染物账户	大气污染	0.1674096	0.1546870	0.1176336	—	—
	水污染	0.0739250	0.0738813	0.0735577	—	—
	固体废物	0.0000129	0.0000143	0.0000155	—	—
账户	科目	年份				
		2013	2014	2015	2016	2017
生物资源账户	耕地	0.406594316	0.404104417	0.382033916	0.370963728	0.32037976
	草地	0.010460821	0.009905937	0.009801224	0.008635212	0.008245605
	林地	0.004673738	0.005766157	0.004983002	0.004130233	0.00797393
	水域	0.032515904	0.033152595	0.03352774	0.027795779	0.027170303
能源消费账户	化石能源用地	1.374975421	1.415619717	1.346597117	1.22953592	1.290953909
	建设用地	0.013794481	0.014228323	0.014093611	0.014537163	0.015013853

账户	科目	年份				
		2013	2014	2015	2016	2017
污染物账户	大气污染	—	—	—	—	—
	水污染	—	—	—	—	—
	固体废物	—	—	—	—	—

表4-9　2008~2017年重庆市人均生态足迹　　　单位：hm²/人

账户	科目	年份				
		2008	2009	2010	2011	2012
生物资源账户	耕地	0.8243619	0.8435936	0.8436947	0.8410253	0.8468159
	草地	0.1100974	0.1232019	0.1328097	0.1389340	0.1460559
	林地	0.0077605	0.0085390	0.0092384	0.0100928	0.0108911
	水域	0.0045516	0.0048352	0.0052710	0.0064011	0.0076130
能源消费账户	化石能源用地	0.8855490	0.9483886	1.0358238	1.1644564	1.1311893
	建设用地	0.0061426	0.0067215	0.0078169	0.0088431	0.0088441
污染物账户	大气污染	0.3118916	0.2954060	0.2822848	0.2274288	0.2169401
	水污染	0.1400387	0.1409332	0.1216619	0.1233767	0.1231995
	固体废物	0.0000088	0.0000095	0.0000105	0.0000120	0.0000115

账户	科目	年份				
		2013	2014	2015	2016	2017
生物资源账户	耕地	0.8599982	0.8711253	0.8555413	0.8295837	0.7289214
	草地	0.1545542	0.1667529	0.1759105	0.1820912	0.1830715
	林地	0.0113923	0.0125887	0.0153814	0.0160392	0.0160231
	水域	0.0087884	0.0100505	0.0108066	0.0113083	0.0113568
能源消费账户	化石能源用地	0.9600502	1.0205470	1.0164980	0.9885232	0.9852070
	建设用地	0.0098582	0.0104382	0.0104453	0.0109239	0.0116669
污染物账户	大气污染	0.2086527	0.1994806	0.1860618	0.1070215	0.0932183
	水污染	0.1314842	0.1335716	0.1360315	0.1816248	0.1787966
	固体废物	0.0000116	0.0000114	0.0000106	0.0000091	0.0000079

　　根据改进的三维生态足迹模型和区域各地市各年份的均衡因子，以及加上各地市各年份的污染账户计算得到的区域生态足迹，如表4-10所示。

表 4-10 2008~2017 年长江经济带各地市各年份的人均生态足迹

单位：hm²/人

区域	城市	年份									
		2008	2009	2010	2011	2012	2013	2014	2015	2016	2017
长江下游区域	上海	3.107	2.991	3.103	3.136	3.027	3.065	2.808	2.836	2.790	2.771
	南京	3.462	3.565	3.970	4.382	4.423	4.580	4.610	4.766	4.848	4.643
	无锡	3.083	3.106	3.196	3.355	3.325	3.497	3.253	2.979	3.289	3.215
	苏州	4.109	4.021	3.874	4.111	4.161	4.283	4.236	4.083	4.173	3.987
	常州	2.731	2.736	2.679	2.806	2.881	3.073	3.070	3.038	3.037	3.042
	南通	2.905	2.905	3.330	3.481	3.373	3.511	3.759	3.660	3.610	3.433
	盐城	3.339	3.774	4.218	4.174	4.527	4.921	5.136	5.092	4.800	4.687
	扬州	3.154	3.317	3.336	3.345	3.268	3.338	3.259	3.129	3.166	3.135
	镇江	2.825	2.910	3.004	3.454	3.371	3.823	4.275	3.911	4.177	3.967
	泰州	2.177	2.356	2.501	2.757	3.538	3.658	3.666	3.922	4.315	4.148
	杭州	2.954	2.950	2.983	2.988	2.958	3.005	2.799	2.583	2.242	2.017
	宁波	4.506	4.641	5.063	5.632	5.373	5.487	5.072	4.657	4.392	4.649
	嘉兴	4.705	4.674	4.533	4.738	4.924	4.674	4.207	2.753	2.601	2.670
	湖州	3.652	3.831	3.662	3.693	3.563	3.629	3.315	3.084	3.095	2.806
	绍兴	2.674	2.827	2.889	2.942	1.832	2.919	2.760	2.642	2.569	2.476
	金华	2.653	2.517	2.632	2.741	1.413	2.926	2.624	2.287	2.142	2.025
	舟山	2.458	2.808	3.293	3.778	3.407	3.291	4.546	5.157	5.316	5.494
	台州	2.122	2.036	2.091	2.187	2.014	2.039	1.854	1.786	2.085	2.200
	合肥	2.286	2.674	2.773	2.393	2.388	2.471	2.487	2.417	2.275	2.194
	滁州	3.024	3.480	3.729	3.802	3.910	3.993	4.094	4.113	4.131	4.142
	芜湖	2.561	2.993	3.283	2.726	2.879	3.013	3.177	3.069	3.017	2.974
	宣城	1.799	2.423	2.722	2.745	2.769	2.771	2.755	2.814	2.831	2.863
	铜陵	2.885	3.015	4.222	4.977	4.999	5.061	5.074	5.388	5.337	5.668
	池州	2.848	3.170	3.340	3.483	3.605	3.929	4.057	3.937	3.962	3.983
	安庆	2.292	2.698	2.895	2.953	2.896	3.440	4.209	4.546	4.336	4.765
	马鞍山	5.441	6.132	6.600	5.293	5.986	6.259	5.984	5.709	5.504	5.530
长江中游区域	南昌	2.941	3.044	2.665	3.104	3.193	3.226	3.225	3.129	3.077	2.973
	九江	2.571	2.922	3.074	3.109	3.194	3.444	3.223	3.323	3.744	3.748
	景德镇	2.755	2.796	2.453	3.596	3.932	4.088	3.985	3.966	3.862	3.512
	鹰潭	4.315	4.607	4.623	4.633	5.108	5.702	5.742	5.548	5.264	5.631
	新余	4.967	5.900	5.579	6.642	6.632	6.744	6.834	6.863	6.368	6.227
	宜春	4.360	4.729	3.790	5.089	5.302	5.543	5.728	5.561	5.171	5.512

区域	城市	年份									
		2008	2009	2010	2011	2012	2013	2014	2015	2016	2017
长江中游区域	萍乡	5.806	5.617	4.727	5.943	5.671	5.843	5.979	5.657	5.226	4.629
	上饶	1.925	2.104	1.750	2.190	2.209	2.255	2.294	2.291	2.200	2.190
	抚州	2.541	2.646	2.714	2.780	2.858	2.914	3.006	3.006	3.310	3.381
	吉安	3.159	3.299	3.493	3.721	3.755	3.890	3.960	3.972	3.847	3.797
	武汉	2.709	2.647	2.663	2.764	2.617	2.841	2.889	2.744	2.564	2.521
	黄石	3.089	3.121	3.285	3.699	3.706	3.896	3.973	3.691	3.500	3.507
	鄂州	5.394	5.819	7.499	6.933	7.717	7.800	7.690	7.780	7.590	6.675
	孝感	2.771	3.137	3.174	3.279	3.537	3.641	3.806	3.770	3.553	3.800
	咸宁	3.136	3.222	3.341	3.406	3.750	4.577	4.859	4.689	4.504	4.898
	襄阳	3.781	4.264	4.270	4.348	4.482	4.547	4.752	4.538	4.378	3.880
	荆州	2.662	2.938	3.232	3.285	3.452	3.593	3.641	3.575	3.359	3.582
	荆门	6.268	6.677	6.744	6.866	6.958	7.045	7.132	6.957	6.785	6.855
	长沙	4.006	3.999	3.650	3.589	3.700	3.671	3.590	3.389	3.118	2.397
	株洲	3.873	3.927	4.076	4.092	4.045	3.993	4.017	3.756	3.704	3.347
	湘潭	6.789	7.127	8.026	8.280	8.025	7.944	7.977	7.498	7.304	5.838
	衡阳	4.276	4.493	4.907	4.927	4.740	4.645	4.472	4.333	4.293	3.257
	岳阳	5.160	5.068	5.137	5.456	5.593	5.583	5.397	5.505	5.329	4.642
	益阳	3.286	3.556	4.055	4.170	4.139	4.145	4.240	4.133	4.028	3.591
	常德	3.454	3.625	4.095	4.065	4.005	4.151	4.212	4.149	4.032	3.428
	娄底	5.046	5.520	6.568	7.093	7.098	7.560	7.757	7.578	7.345	6.255
长江上游区域	成都	2.866	2.944	3.026	3.020	2.982	2.169	2.132	2.083	1.907	1.866
	乐山	6.299	5.976	5.637	5.416	5.159	4.456	4.370	4.321	3.969	3.726
	宜宾	3.973	4.134	4.315	4.473	4.673	3.752	3.669	3.468	3.403	3.179
	自贡	2.812	2.882	2.954	3.028	3.104	3.182	3.261	3.343	3.426	3.512
	内江	3.853	3.784	3.716	3.649	3.583	3.518	3.455	3.393	3.332	3.272
	眉山	2.662	2.729	2.797	2.867	2.938	3.012	3.087	3.164	3.243	3.324
	泸州	3.892	3.915	3.939	3.962	3.986	4.010	4.034	4.058	4.083	4.107
	德阳	2.110	2.163	2.217	2.272	2.329	2.387	2.447	2.508	2.571	2.635
	绵阳	4.396	4.317	4.239	4.163	4.088	4.014	3.942	3.871	3.801	3.733
	遂宁	3.723	3.816	3.911	4.009	4.109	4.212	4.318	4.425	4.536	4.650
	南充	3.006	3.024	3.042	3.060	3.079	3.097	3.116	3.135	3.153	3.172

续表

区域	城市	年份									
		2008	2009	2010	2011	2012	2013	2014	2015	2016	2017
长江上游区域	广安	3.235	3.316	3.399	3.484	3.571	3.660	3.752	3.845	3.942	4.040
	资阳	3.567	3.656	3.748	3.841	3.937	4.036	4.137	4.240	4.346	4.455
	贵阳	2.113	2.096	2.152	2.050	1.964	3.020	1.972	1.896	1.746	1.727
	六盘水	2.510	2.619	2.676	2.770	2.932	3.153	3.195	3.118	3.032	2.789
	遵义	3.198	3.522	3.617	3.769	4.025	4.322	4.626	4.692	4.723	4.794
	安顺	3.426	3.447	3.467	3.488	3.509	3.530	3.551	3.573	3.594	3.616
	昆明	3.270	3.481	3.606	3.751	3.845	4.013	2.925	3.516	3.340	3.177
	曲靖	4.523	4.442	4.362	4.283	4.206	4.130	4.056	3.983	3.911	3.841
	玉溪	2.956	3.030	3.106	3.183	3.263	3.344	3.428	3.514	3.602	3.692
	昭通	3.198	3.217	3.236	3.256	3.275	3.295	3.315	3.335	3.355	3.375
	重庆	3.285	3.422	3.542	3.707	3.684	3.505	3.619	3.583	3.486	3.231

4.1.6 长江经济带人均生态承载力的计算

由于区域生态承载力的变化主要和地区各地类的土地面积、均衡因子、产量因子以及人口数量变化相关，所以本节根据区域生态承载力模型和区域各地市各年份具体的均衡因子、产量因子以及各地市各年份的人口数量，计算得到的区域人均生态承载力，同时出于谨慎性[①]考虑，是在扣除12%的用于保护生物的多样性的生态承载力面积后，最终得到的人均可以用生态承载力衡量，如表4-11所示。

表4-11 2008-2017年长江经济带各地市各年份的人均生态承载力

单位：hm²/人

区域	城市	年份									
		2008	2009	2010	2011	2012	2013	2014	2015	2016	2017
长江下游区域	上海	0.105	0.105	0.102	0.102	0.101	0.101	0.100	0.101	0.101	0.101
	南京	0.177	0.173	0.170	0.169	0.172	0.170	0.170	0.170	0.171	0.170
	无锡	0.207	0.205	0.204	0.204	0.204	0.205	0.206	0.206	0.205	0.205
	苏州	0.289	0.261	0.240	0.244	0.244	0.244	0.246	0.247	0.247	0.248
	常州	0.232	0.226	0.221	0.220	0.220	0.221	0.221	0.220	0.218	0.217
	南通	0.353	0.344	0.338	0.339	0.339	0.338	0.340	0.341	0.340	0.340

① 参考众多学者和依据本书前面生态承载力概念的谨慎考虑。

区域	城市	年份									
		2008	2009	2010	2011	2012	2013	2014	2015	2016	2017
长江下游区域	盐城	0.357	0.370	0.384	0.387	0.389	0.390	0.390	0.391	0.391	0.391
	扬州	0.320	0.322	0.324	0.324	0.323	0.322	0.321	0.321	0.321	0.322
	镇江	0.245	0.243	0.242	0.241	0.221	0.241	0.243	0.243	0.245	0.247
	泰州	0.305	0.308	0.312	0.311	0.313	0.314	0.315	0.317	0.318	0.317
	杭州	0.527	0.527	0.528	0.527	0.526	0.530	0.533	0.525	0.520	0.511
	宁波	0.348	0.349	0.350	0.353	0.354	0.355	0.353	0.353	0.351	0.347
	嘉兴	0.215	0.212	0.212	0.219	0.221	0.225	0.213	0.232	0.243	0.235
	湖州	0.454	0.454	0.459	0.461	0.461	0.462	0.464	0.465	0.464	0.463
	绍兴	0.363	0.363	0.365	0.369	0.374	0.374	0.378	0.380	0.379	0.380
	金华	0.448	0.448	0.448	0.449	0.452	0.450	0.454	0.455	0.453	0.450
	舟山	0.390	0.394	0.395	0.401	0.407	0.412	0.420	0.425	0.431	0.438
	台州	0.330	0.324	0.312	0.308	0.307	0.305	0.299	0.296	0.297	0.299
	合肥	0.258	0.249	0.225	0.171	0.171	0.171	0.171	0.170	0.168	0.168
	滁州	0.487	0.530	0.557	0.559	0.559	0.556	0.558	0.554	0.551	0.553
	芜湖	0.284	0.285	0.295	0.197	0.198	0.210	0.309	0.307	0.307	0.304
	宣城	0.865	0.938	0.958	0.949	0.961	0.973	0.979	0.967	0.975	0.974
	铜陵	0.333	0.336	0.347	0.348	0.353	0.353	0.355	0.215	0.369	0.381
	池州	1.035	1.156	1.189	1.194	1.189	1.166	1.217	1.209	1.217	1.211
	安庆	0.449	0.495	0.523	0.525	0.528	0.528	0.529	0.618	0.543	0.477
	马鞍山	0.304	0.301	0.285	0.195	0.195	0.193	0.359	0.354	0.352	0.351
长江中游区域	南昌	0.253	0.268	0.248	0.250	0.251	0.249	0.248	0.246	0.244	0.243
	九江	0.702	0.696	0.712	0.715	0.717	0.733	0.744	0.735	0.729	0.733
	景德镇	0.539	0.537	0.537	0.541	0.547	0.546	0.539	0.539	0.536	0.538
	鹰潭	0.575	0.560	0.557	0.555	0.558	0.568	0.568	0.569	0.578	0.585
	新余	0.524	0.514	0.518	0.521	0.521	0.519	0.514	0.512	0.511	0.511
	宜春	0.605	0.598	0.603	0.602	0.602	0.596	0.601	0.601	0.601	0.600
	萍乡	0.441	0.436	0.438	0.440	0.442	0.446	0.447	0.448	0.448	0.448
	上饶	0.625	0.608	0.602	0.599	0.601	0.606	0.599	0.607	0.603	0.604
	抚州	0.871	0.847	0.836	0.838	0.832	0.848	0.853	0.864	0.851	0.843
	吉安	0.988	0.950	0.957	0.951	0.955	0.971	0.965	0.961	0.959	0.956
	武汉	0.176	0.175	0.165	0.164	0.166	0.166	0.167	0.164	0.163	0.162

续表

区域	城市	年份									
		2008	2009	2010	2011	2012	2013	2014	2015	2016	2017
长江中游区域	黄石	1.421	1.357	1.391	1.360	1.344	1.381	1.383	1.356	1.342	1.298
	鄂州	0.254	0.261	0.262	0.262	0.263	0.264	0.268	0.270	0.270	0.269
	孝感	0.312	0.311	0.303	0.304	0.305	0.304	0.305	0.304	0.304	0.306
	咸宁	0.668	0.666	0.678	0.688	0.685	0.696	0.705	0.700	0.691	0.690
	襄阳	0.564	0.566	0.563	0.562	0.560	0.560	0.561	0.558	0.555	0.561
	荆州	0.394	0.396	0.410	0.411	0.416	0.411	0.412	0.417	0.419	0.423
	荆门	0.707	0.716	0.703	0.692	0.698	0.700	0.699	0.693	0.694	0.703
	长沙	0.384	0.384	0.360	0.361	0.361	0.359	0.358	0.354	0.347	0.337
	株洲	0.601	0.600	0.580	0.583	0.582	0.579	0.581	0.576	0.576	0.582
	湘潭	0.320	0.320	0.345	0.345	0.346	0.345	0.346	0.345	0.344	0.344
	衡阳	0.372	0.369	0.383	0.388	0.390	0.388	0.383	0.381	0.388	0.394
	岳阳	0.473	0.468	0.473	0.475	0.474	0.469	0.468	0.462	0.461	0.462
	益阳	0.458	0.450	0.500	0.500	0.497	0.497	0.495	0.491	0.491	0.499
	常德	0.520	0.514	0.555	0.556	0.556	0.553	0.551	0.550	0.554	0.557
	娄底	0.350	0.348	0.387	0.387	0.384	0.387	0.384	0.383	0.381	0.381
长江上游区域	成都	0.209	0.210	0.212	0.211	0.210	0.209	0.207	0.205	0.181	0.177
	乐山	0.556	0.560	0.563	0.561	0.562	0.561	0.564	0.568	0.568	0.575
	宜宾	0.377	0.372	0.368	0.368	0.365	0.365	0.363	0.365	0.364	0.366
	自贡	0.619	0.601	0.585	0.569	0.555	0.541	0.528	0.517	0.506	0.496
	内江	0.528	0.518	0.509	0.501	0.494	0.488	0.482	0.477	0.473	0.469
	眉山	0.499	0.490	0.482	0.474	0.467	0.461	0.455	0.450	0.446	0.442
	泸州	0.472	0.463	0.454	0.446	0.439	0.432	0.426	0.421	0.416	0.412
	德阳	0.442	0.435	0.428	0.421	0.416	0.410	0.406	0.402	0.398	0.395
	绵阳	0.463	0.454	0.446	0.439	0.432	0.425	0.419	0.414	0.410	0.406
	遂宁	0.478	0.468	0.458	0.450	0.442	0.435	0.429	0.423	0.418	0.413
	南充	0.476	0.465	0.454	0.444	0.435	0.427	0.420	0.413	0.406	0.401
	广安	0.479	0.468	0.459	0.450	0.442	0.435	0.428	0.422	0.416	0.411
	资阳	0.580	0.568	0.557	0.547	0.537	0.528	0.520	0.512	0.505	0.499
	贵阳	0.300	0.298	0.296	0.293	0.292	0.291	0.289	0.288	0.287	0.284
	六盘水	0.455	0.456	0.461	0.468	0.470	0.471	0.470	0.470	0.472	0.473
	遵义	0.676	0.689	0.734	0.732	0.726	0.730	0.725	0.723	0.729	0.733

续表

区域	城市	年份									
		2008	2009	2010	2011	2012	2013	2014	2015	2016	2017
长江上游区域	安顺	0.873	0.853	0.834	0.817	0.800	0.785	0.771	0.758	0.746	0.735
	昆明	0.624	0.604	0.595	0.612	0.602	0.621	0.604	0.607	0.607	0.607
	曲靖	0.488	0.478	0.470	0.462	0.455	0.448	0.442	0.437	0.432	0.428
	玉溪	0.606	0.596	0.587	0.578	0.570	0.564	0.557	0.552	0.547	0.543
	昭通	0.703	0.688	0.675	0.662	0.651	0.640	0.630	0.622	0.613	0.606
	重庆	0.351	0.350	0.350	0.347	0.345	0.343	0.342	0.341	0.342	0.343

4.2 长江经济带生态足迹时空变化特征分析

4.2.1 长江经济带生态足迹的动态变化特征分析

基于式（2-1）~式（2-11）及有关数据计算长江经济带2008~2017年的人均生态足迹，总体结果时间序列动态变化如图4-1所示。2008~2017年，长江经济带主要城市群人均区域生态足迹经历小幅波动，总体由2008年的3.47公顷上升至2017年的3.80公顷，呈现出先上升后下降的趋势，在2008~2014年呈现平稳增长的趋势，而在2015年开始呈现下降态势，这和长江经济带在2015年前实施大开发战略导致了资源受损、环境污染、水体变色等环境问题，而在2015年开始"共抓大保护，不搞大开发"的发展战略正相呼应。

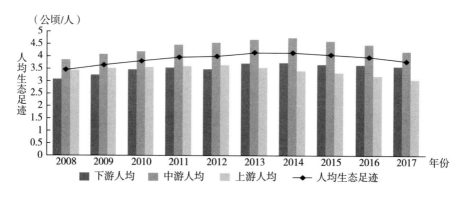

图4-1 2008~2017年长江经济带人均生态足迹的动态变化

2008~2017 年长江经济带下游主要城市群人均生态足迹总体上呈现上升趋势，具体变化是先上升后稍微下降的趋势，动态变化过程大体可以分为以下三个阶段：第一阶段为 2008~2011 年，此阶段长江经济带人均生态足迹增长较快，年均增长率为 4.7%；第二阶段为 2011~2014 年，长江经济带人均生态足迹增长缓慢，年均增长率仅为 1.5%；第三阶段为 2014~2017 年，此阶段长江经济带人均生态足迹总体是下降的，年均增长率为-2.8%。其中，2008~2017 年长江经济带下游区域各地市人均生态足迹呈现先上升后下降的趋势，从 2008 年的 3.07 公顷增加到 2017 年的 3.6 公顷，年均增长率达到 1.92%；长江经济带中游区域人均生态足迹是先上升后下降的趋势，从 2008 年的 3.86 公顷增加到 2017 年的 4.19 公顷；长江经济带上游区域人均生态足迹是呈下降趋势，从 2008 年的 3.44 公顷下降到 2017 年的 3.06 公顷，年均递减速度为 1.23%。

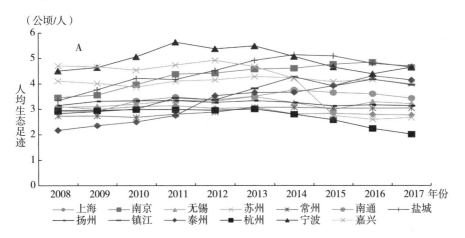

图 4-2（A）　2008~2017 年长江经济带下游区域各市人均生态足迹的时间序列

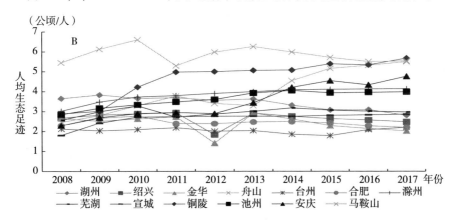

图 4-2（B）　2008~2017 年长江经济带下游区域各市人均生态足迹的时间序列

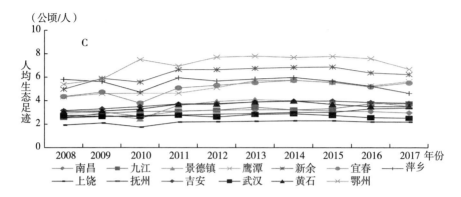

图 4-2（C） 2008~2017 年长江经济带中游区域各市人均生态足迹的时间序列

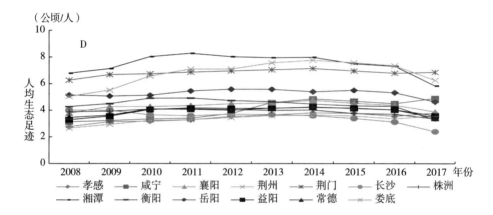

图 4-2（D） 2008~2017 年长江经济带中游区域各市人均生态足迹的时间序列

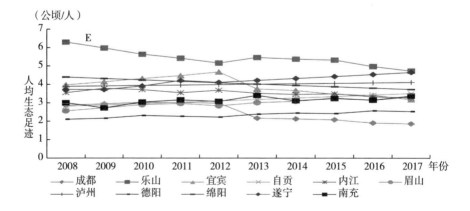

图 4-2（E） 2008~2017 年长江经济带上游区域各市人均生态足迹的时间序列

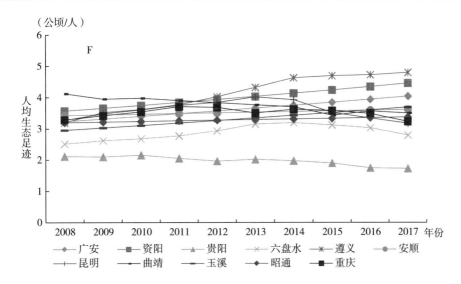

图 4-2（F）　2008～2017 年长江经济带上游区域各市人均生态足迹的时间序列

如图 4-2（A）~图 4-2（F）所示，在长江经济带各地市的人均生态足迹的时间序列动态变化中，部分城市是有明显差异的。各市的人均生态足迹的动态变化趋势和方向在 2008～2017 年里有升有降，其变化方向不完全一致。其中，上升速度较快的有舟山市、铜陵市和安庆市；南京市、常州市、泰州市、滁州市、荆门市、鄂州市的人均生态足迹是平稳缓慢上升的；先升后降的有镇江市、盐城市、宁波市、金华市、宜宾市、娄底市和湘潭市；而先降后升的有宜春市、萍乡市、新余市；持续下降的有上海市、杭州市、嘉兴市、湖州市、乐山市、成都市、贵阳市、衡阳市和鹰潭市；基本处于比较平稳变化趋势的有无锡市、扬州市、绍兴市、重庆市、昆明市等。

结合表 4-6~表 4-8 中三个城市的人均生态足迹，可以看出随着时间的推进，2008～2011 年上海市的人均生态足迹有轻微上涨趋势，但从 2012 年开始人均生态足迹有缓慢下降的趋势。其中能源消费账户在 2011 年达到最大值，之后也是呈缓慢下降趋势；污染物账户从 2008 年的 0.5218 下降到 2017 年的 0.2489，下降速度明显；生物资源账户基本保持不变。南京市的人均生态足迹呈上升趋势，但增长率在逐年递减。其中生物资源账户在呈直线缓慢下降趋势，能源消费账户在逐年递增，从 2008 年的 2.5166 增加到 2016 年的 3.7088。无锡市的人均生态足迹在 2011 年之前是增加趋势，从 2012 年开始呈波浪下降趋势。其中生物资源账户在不断下降，而能源消费账户在直线增加到 2013 年后呈波浪式下降趋势。苏州市的人均生态足迹基本保持不变，其中生物资源账户呈缓慢下降趋势，能源消费账户呈缓慢增加趋势。常州市的人均生态足迹在波动中有所增加，其中能源消费账户在不断增加，从 2008 年的 1.4652 缓慢上升到 2017 年的 1.8371；生物资源账户基本保持不变。南通市的人均生态足迹也是在波动中缓慢增加，其中生物资源账户基本保持不变，能源消费账户在缓慢增加，由 2008 年的 0.7481 上升到 2017 年的 1.1604。盐城市的人均生态足迹呈倒"U"形，由 2008 年的 3.339 增加到 2014 年的 5.136，随后逐年下降。其中生物资源账户和能源消费账户的变动趋势类似，都是在 2014 年达到峰值，随后下降。扬州市的人均生态足迹基本保持不变，其中能源消费账户呈波浪式增加，生物资源账户基本保持不变。镇江市的人均生态足迹呈波动上升趋势，且变动趋势较为明显，其中能源消费账户增长的较为明显，由 2008 年的 1.8106 上升到 2017 年的 2.7487；生物资源账户基本保持不变。泰州市的人均生态足迹也是呈缓慢增长趋势，且变动趋势明显。其中能源消费账户增长了近 3 倍，由 2008 年的 0.6185 增长到 2017 年的 1.8297；生物资源账户也有所增长，但范围较小。杭州市的人均生态足迹在 2013 年之前基本保持不变，自 2014 年开始缓慢下降。其中生物资源账户呈倒"U"形，在 2013 年达到峰值；能源消费账户呈缓慢下降趋势，由 2008 年的 1.0856 下降到 2017 年的 0.6699。宁波市的人均生态足迹先增加后减少，2011 年达到峰值。其中生物资源账户呈缓慢下降趋势；能源消费账户呈缓慢增长趋势，且增长趋势较生物资源账户更为明显。嘉兴市的人均生态足迹呈波动式下降。其中生物资源账户缓慢下降，能源消费账户基本保持不变。湖州市的人均生态足迹缓慢下降，其中生物资源账户和能源消费账户都呈下降趋势。绍兴市的人均生态足迹基本保持不变，其中生物资源账户有些许增加；能源消费账户呈缓慢下降趋势。金华市的人均生态足迹在 2013 年达到峰值 2.926，之后逐年递减。其中生物资源账户也是在 2013 年达到峰值之后缓慢减少；能源消费账户则是呈缓慢下降趋势。舟山市的人均生态足迹呈直线上升趋势，且变动趋势明显。其中生物资源账户呈波动下降，能源消费账户的增长幅度较为明显，由 2008 年的 1.3998 逐年递增到 2017 年的 4.0834。台州市的人均生态足迹在 1.7～2.2 上下浮动，基本保持不变。合肥市的人均生态足迹呈波动下降趋势，其中生物资源账户缓慢下降，能源消费账户呈波动上升趋势。滁州市的人均生态足迹呈直线缓慢上升趋势，其中生物资源账户和能源消费账户都在不断增长。芜湖市的人均生态足迹从 2008 年的 2.561 增长到 2009 年的 2.993 后基本就保持在 3 左右波动，其中生物资源账户和能源消费账户都在缓慢增长，但增长幅度都较小。宣城市的人均生态足迹呈直线缓慢增长趋势，由 2008 年的 1.799 增长到 2017 年的 2.863，其中生物资源账户在缓慢增长，而能源消费账户增长迅速，由 2008 年的 0.42 上升到 2017 年的 0.72。铜陵市的人均生态足迹呈直线式增长趋势，且增长显著。其中能源消费账户增长显著；生物资源账户基本不变。池州市的人均生态足迹先增长到 2013 年的 3.929 后在 4.0 左右波动。其中生物资源账户在缓慢增长；能源消费账户在增长到 2013 年的 1.3077 后也是保持平稳，基本不变。安庆市的人均生态足迹呈直线式逐年递增趋势，且增长趋势较为明显，由 2008 年的 2.292 增长到 2017 年的 4.765。其中生物资源账户和能源消费账户皆呈直线式递增趋势，能源消费账户更是增长了接近 4 倍。马鞍山市的人均生态足迹呈倒"U"形，在 2013 年达到峰值后逐年递减，其中生物资源账户基本保持不变，能源消费账户呈缓慢下降趋势。

长江中游区域中，南昌、九江、景德镇、黄石、鄂州、株洲的人均生态足迹呈倒"U"形，在 2013 年达到峰值后逐年递减。襄阳、萍乡、上饶、武汉、荆门、益阳、常德、娄底的人均生态足迹也是呈倒"U"形，但其峰值在 2014 年到达。鹰潭、新余、宜春、孝感、咸宁、荆州的人均生态足迹呈波浪式增长。抚州、吉安的人均生态足迹呈直线式缓慢增长趋势。长沙市的人均生态足迹呈逐年递减趋势，其变动趋势较为明显。湘潭、衡阳的人均生态足迹在 2011 年达到峰值后出现逐年递减的趋势。岳阳市的人均生态足迹基本保持不变。

长江上游区域中，重庆、昆明市的人均生态足迹在 2013 年后呈现逐年递减的趋势，成都的人均生态足迹总体呈缓慢下降的趋势。乐山、内江、绵阳、曲靖市的人均生态足迹呈直线式下降趋势。宜宾市的人均生态足迹在 2011 年达到峰值后逐年递减。六盘水的人均生态足迹在 2014 年达到峰值后逐年递减。自贡、泸州、德阳、遂宁、南充、广安、资阳、遵义、安顺、玉溪、昭通市的人均生态足迹呈直线式逐年递增趋势。贵阳市的人均生态足迹呈波浪式降低趋势。

而在研究期间，长江经济带 74 个地市的人均区域生态足迹均有所变化，根据图 4-3~图 4-5，它们的年均变化率大致可以分为以下三类：①年均变化率在 2%以上的显著上升型，包括舟山、遂宁、资阳、广安、安庆、铜陵、泰州、玉溪、自贡、眉山、宣城、德阳、咸宁、遵义、九江、镇江、盐城、池州、孝感、滁州、荆州、南京、抚州、鹰潭、景德镇、宜春、新余、娄底、鄂州、泸州、吉安，特别是舟山和遂宁，年均增长率高达 9.35%和 9.35%；②年均变化率在 2%以内的基本稳定型，其中稳定上升的包括南昌、马鞍山、襄阳、宁波、台州、无锡、益阳、荆门、六盘水、常州、黄石、上饶、芜湖、昭通、南通、安顺；稳定下降的包括湘潭、株洲、上海、岳阳、绍兴、武汉、合肥、苏州、昆明、重庆、常德、扬州，年均变化率在 2%以内，特别是常德和扬州，分别只有 0.08%和 0.06%；③年均变化率在 2%以上的显著下降型，包括绵阳、曲靖、嘉兴、内江、乐山、长沙、成都、杭州、衡阳、金华、湖州市、萍乡、宜宾、贵阳，其中绵阳的年均下降率达到了 6.63%。

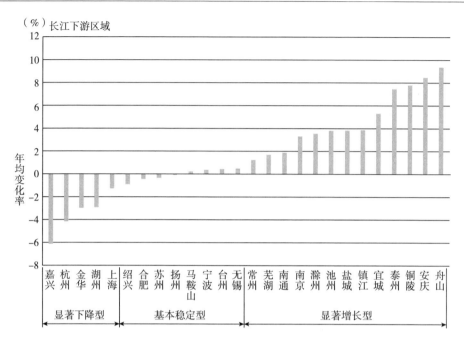

图4-3 2008~2017年长江下游区域各地市人均生态足迹的年均变化率

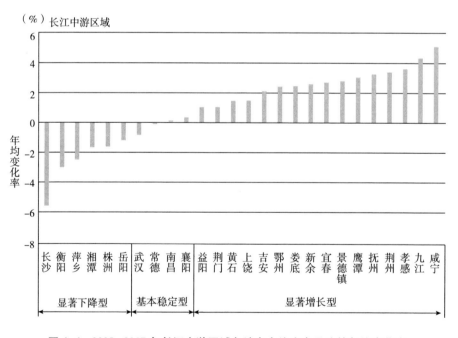

图4-4 2008~2017年长江中游区域各地市人均生态足迹的年均变化率

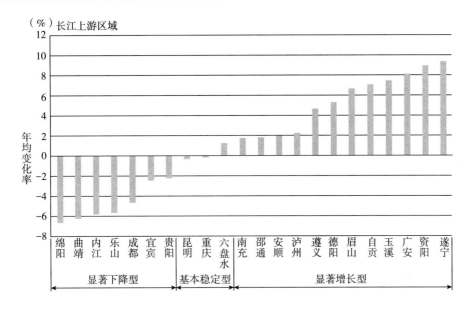

图 4-5　2008~2017 年长江上游区域人均生态足迹的年均变化率

4.2.2　长江经济带生态足迹的空间差异特征分析

由于时间跨度较长，在前面部分得到相当一部分地市人均生态足迹的年均变化并不是太大，结合本节篇幅和实际解释力情况，本节在进行空间分析时选择 2008~2017 年各地市年均值的数据来分析。

由图 4-6 可以看出，在 2008~2017 年长江经济带各地市的人均生态足迹空间差异是比较大的。2016 年世界人均生态足迹为 2.75 公顷/人，2008~2016 年中国年均的人均生态足迹为 3.49 公顷/人，长江经济带 2008~2017 年的人均生态足迹平均值为 3.89 公顷/人。根据这三个值将本书研究区域长江经济带 74 个地市的年均生态足迹划分为四大类。

（1）低于世界人均生态足迹平均水平（<2.75 公顷）的一类有：贵阳、台州、上饶、德阳、金华、合肥、成都、宣城、绍兴、武汉、杭州。

（2）高于世界但低于中国人均生态足迹平均水平（2.75~3.49 公顷）的一类有：六盘水、常州、抚州、上海、芜湖、眉山、南昌、南充、自贡、无锡、九江、扬州、昭通、泰州、玉溪、荆州、南通、湖州、孝感。

（3）高于中国但低于长江经济带经济带人均生态足迹平均水平（3.49~3.89 公顷）的一类有：景德镇、安庆、重庆、长沙、安顺、黄石、内江、镇江、昆明、广安、池州、吉安、曲靖、滁州、株洲。

（4）高于长江经济带人均生态足迹平均水平（>3.89公顷）的一类有：宜宾、常德、益阳、舟山、资阳、泸州、咸宁、嘉兴、绵阳、苏州、遵义、遂宁、襄阳、南京、衡阳、盐城、铜陵、乐山、宁波、宜春、鹰潭、岳阳、萍乡、马鞍山、新余、娄底、荆门、鄂州、湘潭。

在空间差异中，湘潭、鄂州、荆门、娄底、新余等城市的人均生态足迹最高，2008~2017年均值高达6公顷/人，基本都是长江经济带中游区域城市；贵阳、台州、上饶、德阳、金华、合肥、成都等市的人均生态足迹最低，2008~2017年均值只有2公顷/人左右，大部分是长江经济带上游区域城市。

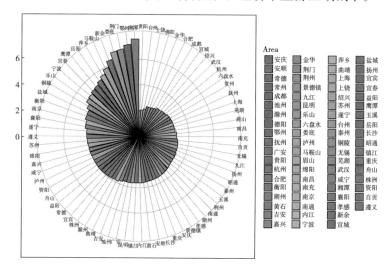

图4-6　2008~2017年长江经济带各地市人均生态足迹年均值（hm²/人）

4.3　长江经济带生态承载力的时空变化特征分析

4.3.1　长江经济带生态承载力的动态变化特征分析

2008~2017年长江经济带各地市人均生态承载力基本稳定不变，呈现非常微弱的变化波动趋势，年均变化率基本都在1%以内，如图4-7~图4-9所示，只有少数几个城市，合肥、黄石、安顺、自贡四个年均变化率超过了1%。其中人均生态承载力微弱下降的地市有：南京、苏州、常州、南通、杭州、台州、合肥、南昌、新余、上饶、抚州、吉安、武汉、黄石、孝感、长沙、株洲、岳阳、成都、宜宾、贵阳、昆明、重庆；另外，如图 4-7～图 4-9 所示，长江下游区域的上海、南京、南通、扬州、宁波、金华，长江中游区域的南昌、景德镇、宜春、襄阳、荆门，长江上游区域的重庆等市的人均生态承载力年均变化率非常低，几乎无变化，其他各地市也是略微上下波动；说明随着的时间推移，长江经济带各地市的土地利用面积总体无明显变化。

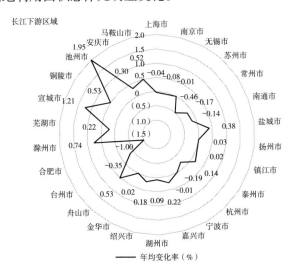

图 4-7　2008～2017 年长江下游区域各地市年均变化率

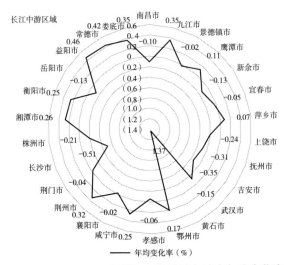

图 4-8　2008～2017 年长江中游区域各地市年均变化率

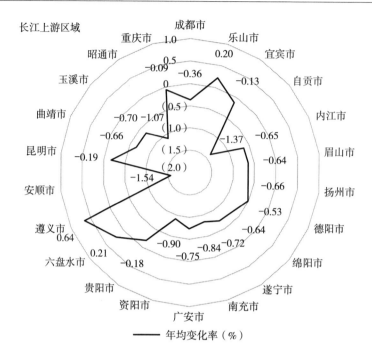

图4-9 2008~2017年长江上游区域各地市年均变化率

4.3.2 长江经济带生态承载力的空间差异特征分析

世界自然基金会WWF通过全球生态足迹网络（Global Footprint Network）发布最新的权威报告显示，2016年世界人均生态承载力是1.63公顷/人，亚洲的平均水平为0.77公顷/人，中国的平均水平为0.94公顷/人，长江经济带2008~2017年的人均生态承载力平均水平为0.49公顷/人。根据这四个值可将长江经济带城市群74个地市（州或地区或盟）划分为四类，如图4-10和图4-11所示。

（1）低于长江经济带人均生态承载力平均水平（<0.49公顷）的一类有：上海、武汉、南京、合肥、成都、无锡、常州、嘉兴、镇江、南昌、苏州、鄂州、芜湖、马鞍山、贵阳、孝感、台州、泰州、扬州、铜陵、湘潭、南通、重庆、宁波、长沙、宜宾、绍兴、娄底、衡阳、盐城、荆州、舟山、德阳、绵阳、南充、泸州、广安、遂宁、萍乡、金华、曲靖、湖州、六盘水、眉山、岳阳；尤其是上海、武汉、南京、合肥、成都、无锡、常州、嘉兴、镇江、南昌、苏州、鄂州、芜湖、马鞍山、贵阳，这些城市目前的人均生态承载力已经很低了，都在0.3公顷/人以下，上海最低，只有0.102公顷/人。

（2）高于长江经济带但低于亚洲人均生态承载力平均水平（0.49~0.77公

顷）的一类有：益阳、内江、新余、安庆、杭州、资阳、景德镇、滁州、常德、自贡、襄阳、乐山、鹰潭、玉溪、株洲、宜春、上饶、昆明、昭通、咸宁、荆门、遵义、九江。

（3）高于亚洲但低于中国人均生态承载力平均水平（0.77~0.94公顷）的一类有：安顺和抚州。

（4）高于中国人均生态承载力平均水平（>0.94公顷）的一类有：宣城、吉安、池州和黄石。

至今，长江经济带各区域74个地市中，没有任何一个地市的人均生态承载力高于世界人均生态承载力平均水平1.63公顷/人，所以长江经济带各地市的人均生态承载力作为自然资源供给远远不够满足自然资源的需求量，长江经济带脆弱的生态系统正在承受着经济发展和不断增长的人口带来的双重压力。

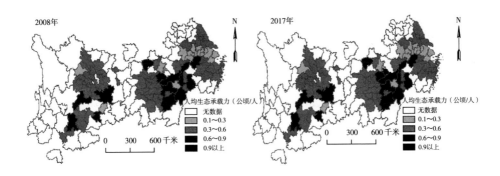

图 4-10   2008 年和 2017 年长江经济带各地市人均生态承载力

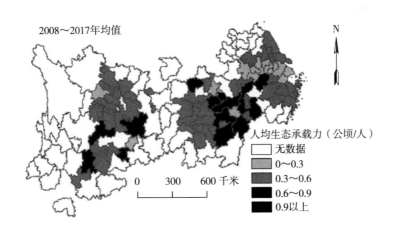

图 4-11   2008~2017 年长江经济带各地市年均人均生态承载力

4.4 长江经济带人均生态赤字的时空变化特征分析

4.4.1 长江经济带人均生态赤字的核算

区域生态赤字是用以表征区域自然资本消耗与自然资本供给之间差额的指标，而生态盈余是当区域自然资本供给大于区域自然资本需求时自然资本的剩余情况。根据区域人均生态足迹模型和区域人均生态承载力模型，以及式（3-4），计算得到 2008~2017 年长江经济带各地市的区域人均生态赤字（见表 4-12）。

根据上文核算的结果知道，区域人均可利用生态承载力严重小于人均生态足迹，大部分各地市的人均生态赤字都达到了 3~4 公顷/人，表明长江经济带各地市对自然资本的需求远远超过自然资本的供给量即资本流量占有水平，说明长江经济带各地市目前处于较为严重的生态赤字状态，而且人均生态赤字总体较大。

表 4-12　2008~2017 年长江经济带各地市的人均生态赤字 单位：公顷/人

区域	城市	年份									
		2008	2009	2010	2011	2012	2013	2014	2015	2016	2017
长江下游区域	上海	3.002	2.886	3.001	3.034	2.926	2.964	2.708	2.735	2.689	2.670
	南京	3.285	3.391	3.800	4.213	4.251	4.410	4.440	4.596	4.677	4.473
	无锡	2.876	2.901	2.992	3.151	3.122	3.292	3.047	2.773	3.084	3.010
	苏州	3.820	3.760	3.634	3.867	3.917	4.039	3.990	3.836	3.926	3.739
	常州	2.499	2.509	2.458	2.586	2.660	2.853	2.849	2.818	2.819	2.825
	南通	2.553	2.562	2.992	3.142	3.034	3.172	3.420	3.319	3.270	3.094
	盐城	2.982	3.404	3.834	3.787	4.139	4.532	4.746	4.702	4.410	4.296
	扬州	2.834	2.996	3.012	3.021	2.945	3.016	2.938	2.808	2.845	2.813
	镇江	2.580	2.667	2.762	3.213	3.150	3.582	4.032	3.668	3.932	3.720
	泰州	1.872	2.048	2.190	2.445	3.225	3.345	3.351	3.605	3.997	3.830
	杭州	2.427	2.423	2.455	2.462	2.432	2.475	2.266	2.059	1.722	1.507
	宁波	4.158	4.291	4.713	5.280	5.019	5.132	4.719	4.304	4.041	4.302
	嘉兴	4.490	4.462	4.321	4.519	4.703	4.449	3.994	2.521	2.358	2.435
	湖州	3.197	3.377	3.203	3.232	3.101	3.168	2.851	2.619	2.631	2.344
	绍兴	2.311	2.464	2.524	2.573	1.458	2.545	2.382	2.262	2.189	2.096

续表

区域	城市	年份									
		2008	2009	2010	2011	2012	2013	2014	2015	2016	2017
长江下游区域	金华	2.205	2.069	2.183	2.292	0.961	2.475	2.169	1.832	1.689	1.574
	舟山	2.068	2.414	2.898	3.377	3.000	2.878	4.127	4.732	4.885	5.057
	台州	1.792	1.711	1.779	1.879	1.707	1.734	1.555	1.490	1.788	1.902
	合肥	2.028	2.425	2.549	2.222	2.217	2.300	2.316	2.246	2.107	2.027
	滁州	2.537	2.949	3.172	3.243	3.351	3.436	3.536	3.560	3.580	3.589
	芜湖	2.276	2.709	2.988	2.529	2.681	2.803	2.868	2.762	2.710	2.670
	宣城	0.934	1.485	1.764	1.795	1.808	1.797	1.776	1.846	1.856	1.889
	铜陵	2.552	2.678	3.875	4.629	4.647	4.708	4.719	5.172	4.968	5.287
	池州	1.813	2.014	2.151	2.289	2.415	2.763	2.840	2.728	2.745	2.773
	安庆	1.843	2.203	2.372	2.427	2.368	2.912	3.680	3.928	3.793	4.288
	马鞍山	5.137	5.831	6.315	5.098	5.791	6.066	5.625	5.355	5.152	5.179
长江中游区域	南昌	2.688	2.777	2.417	2.855	2.942	2.977	2.978	2.883	2.833	2.730
	九江	1.870	2.227	2.363	2.395	2.477	2.711	2.479	2.589	3.014	3.015
	景德镇	2.216	2.260	1.915	3.055	3.386	3.542	3.446	3.427	3.327	2.974
	鹰潭	3.740	4.046	4.065	4.078	4.551	5.135	5.173	4.979	4.686	5.047
	新余	4.443	5.386	5.062	6.121	6.110	6.225	6.320	6.352	5.857	5.716
	宜春	3.755	4.131	3.187	4.487	4.700	4.947	5.127	4.959	4.570	4.912
	萍乡	5.365	5.180	4.289	5.503	5.229	5.398	5.532	5.209	4.779	4.181
	上饶	1.300	1.496	1.148	1.591	1.608	1.649	1.695	1.683	1.597	1.586
	抚州	1.670	1.799	1.878	1.942	2.026	2.066	2.153	2.142	2.459	2.538
	吉安	2.171	2.349	2.536	2.770	2.799	2.919	2.995	3.011	2.889	2.842
	武汉	2.534	2.472	2.498	2.600	2.451	2.675	2.723	2.580	2.401	2.359
	黄石	1.668	1.764	1.894	2.338	2.363	2.515	2.591	2.335	2.158	2.210
	鄂州	5.140	5.557	7.237	6.671	7.454	7.536	7.422	7.509	7.320	6.406
	孝感	2.460	2.826	2.871	2.974	3.233	3.337	3.501	3.466	3.249	3.494
	咸宁	2.468	2.556	2.663	2.718	3.065	3.881	4.154	3.990	3.813	4.208
	襄阳	3.217	3.698	3.707	3.786	3.922	3.987	4.190	3.980	3.823	3.318
	荆州	2.268	2.543	2.822	2.874	3.036	3.182	3.230	3.159	2.940	3.159
	荆门	5.562	5.961	6.041	6.174	6.260	6.345	6.432	6.264	6.092	6.153
	长沙	3.622	3.615	3.290	3.228	3.339	3.312	3.232	3.035	2.771	2.059
	株洲	3.272	3.327	3.495	3.509	3.464	3.415	3.436	3.180	3.128	2.765

续表

区域	城市	年份									
		2008	2009	2010	2011	2012	2013	2014	2015	2016	2017
长江中游区域	湘潭	6.469	6.807	7.681	7.934	7.679	7.599	7.632	7.153	6.960	5.494
	衡阳	3.904	4.124	4.524	4.539	4.350	4.257	4.090	3.951	3.905	2.863
	岳阳	4.687	4.600	4.665	4.981	5.119	5.114	4.929	5.043	4.868	4.180
	益阳	2.828	3.105	3.554	3.670	3.642	3.648	3.745	3.642	3.537	3.092
	常德	2.934	3.111	3.540	3.509	3.448	3.597	3.661	3.599	3.478	2.871
	娄底	4.696	5.171	6.182	6.706	6.714	7.173	7.373	7.195	6.964	5.873
长江上游区域	成都	2.657	2.734	2.815	2.809	2.772	1.960	1.926	1.878	1.727	1.689
	乐山	5.743	5.416	5.074	4.855	4.597	3.894	3.806	3.753	3.401	3.152
	宜宾	3.596	3.762	3.948	4.104	4.308	3.388	3.306	3.104	3.039	2.813
	自贡	2.193	2.281	2.370	2.459	2.549	2.641	2.733	2.826	2.921	3.016
	内江	3.325	3.265	3.206	3.147	3.089	3.031	2.973	2.916	2.859	2.802
	眉山	2.163	2.238	2.315	2.392	2.471	2.551	2.632	2.714	2.798	2.883
	泸州	3.420	3.453	3.485	3.516	3.547	3.578	3.608	3.637	3.666	3.695
	德阳	1.668	1.728	1.789	1.851	1.913	1.977	2.041	2.107	2.173	2.240
	绵阳	3.933	3.862	3.793	3.724	3.656	3.589	3.523	3.457	3.392	3.327
	遂宁	3.245	3.348	3.453	3.559	3.667	3.777	3.889	4.003	4.119	4.237
	南充	2.530	2.559	2.588	2.616	2.643	2.670	2.696	2.722	2.747	2.772
	广安	2.756	2.847	2.940	3.034	3.129	3.225	3.324	3.424	3.525	3.629
	资阳	2.987	3.088	3.191	3.295	3.400	3.508	3.617	3.728	3.841	3.956
	贵阳	1.813	1.798	1.856	1.757	1.672	1.729	1.683	1.608	1.460	1.443
	六盘水	2.055	2.163	2.215	2.302	2.462	2.683	2.725	2.648	2.560	2.315
	遵义	2.523	2.834	2.882	3.036	3.300	3.592	3.901	3.969	3.994	4.061
	安顺	2.553	2.594	2.633	2.672	2.709	2.745	2.780	2.815	2.848	2.881
	昆明	2.646	2.876	3.011	3.139	3.243	3.392	3.322	2.909	2.733	2.570
	曲靖	3.635	3.470	3.506	3.442	3.379	3.317	3.255	2.994	3.133	3.073
	玉溪	2.350	2.434	2.519	2.605	2.692	2.781	2.871	2.962	3.054	3.148
	昭通	2.496	2.529	2.562	2.593	2.625	2.655	2.684	2.713	2.741	2.769
	重庆	2.934	3.072	3.192	3.360	3.339	3.162	3.277	3.242	3.144	2.888

4.4.2　长江经济带人均生态赤字的动态变化特征分析

根据前面计算的这 74 个地市的人均区域生态足迹均有所变化，根据他们的年均变化率大致可以分为三大类（见图 4-12~图 4-14）：①年均变化率在 2% 以上的显著上升型，包括舟山、铜陵、安庆、泰州、咸宁、遵义、盐城、鹰潭、新余、鄂州、南京、娄底、宜春、九江、镇江、滁州、孝感、遂宁、资阳、池州、宣城、荆州、广安、抚州、自贡、玉溪、景德镇、眉山、吉安、荆门、德阳、黄石、南通、芜湖、安顺、常州、上饶、泸州、昭通、益阳、六盘水、南充，特别是舟山和铜陵，年均增长率高达 33.21% 和 30.39%；②年均变化率在 2% 以内的基本稳定型，其中稳定上升的包括南昌、马鞍山、襄阳、台州、无锡、宁波；稳定下降的包括武汉、苏州、昆明、常德、重庆、扬州、合肥，年均变化率在 2% 以内的，特别是合肥和扬州，分别只有 0.02% 和 0.23%；③年均变化率在 2% 以上的显著下降型，包括乐山、嘉兴、长沙、萍乡、衡阳、湘潭、成都、杭州、湖州、宜宾、金华、绵阳、曲靖、内江、岳阳、株洲、贵阳、上海、绍兴，其中乐山和嘉兴的年均下降率高达 28.79% 和 22.83%。

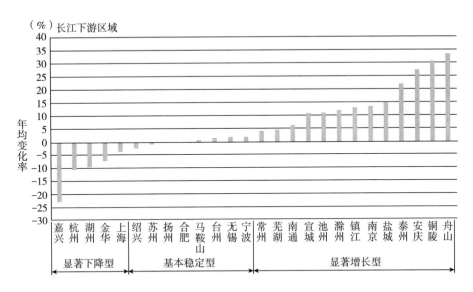

图 4-12　2008~2017 年长江下游区域各地市人均生态赤字的年均变化率

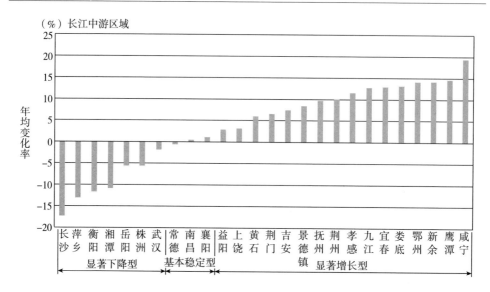

图 4-13　2008~2017 年长江中游区域各地市人均生态赤字的年均变化率

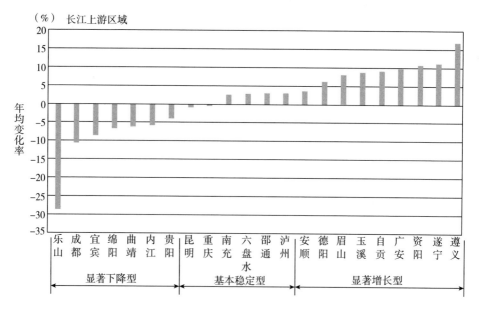

图 4-14　2008~2017 年长江上游区域各地市人均生态赤字的年均变化率

4.4.3　长江经济带人均生态赤字的空间差异特征分析

根据图 4-15 和图 4-16 可以看出，无论是 2008 年的人均生态赤字、2017 年的人均生态赤字还是 2008~2017 年的人均生态赤字年均值，各地市之间的差异还是较大的。长江下游区域大部分地市的人均生态赤字在 2~4 公顷/人，其中部分城市，比如南京、盐城、宁波、嘉兴、铜陵、马鞍山等市的人均生态赤字较高，在 4~6 公顷/人；长江中游区域部分地市的人均生态赤字在 2~4 公顷/人，另一部分城市，鹰潭、新余、宜春、萍乡、鄂州、岳阳、娄底等市的人均生态赤字较高，在 4~6 公顷/人，少数城市像荆门和湘潭达到了 6 公顷/人以上；而长江上游区域绝大部分地市的人均生态赤字都在 2~4 公顷/人，少数城市比如乐山、遂宁等市的人均生态赤字较高，在 4~6 公顷/人；

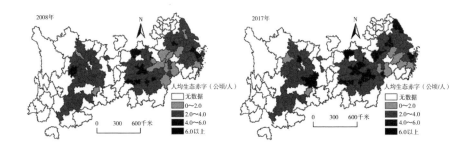

图 4-15　2008 年和 2017 年长江经济带各地市人均生态赤字（公顷/人）

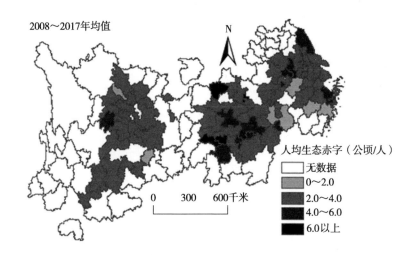

图 4-16　2008~2017 年长江经济带各地市人均生态赤字均值（公顷/人）

从长江经济带各地市人均生态赤字的结构分析发现，各地市的耕地、草地和化石能源用地和部分城市的水域处于生态赤字状态；而林地和建设用地处于生态盈余状态，表明林地和建设用地目前流量资本的供给基本能够满足区域人们对相应自然资本的需求。然而林地和建设用地的生态盈余值远远不足以抵消耕地、草地、化石能源用地和水域所造成的生态赤字，故而 2008~2017 年长江经济带各地市整体处于生态赤字状态，区域流量资本不能满足该区域对自然资本的需求，只能通过消耗存量资本来满足对自然资本的需求，生态负荷压力极大。长江经济带各地市人均生态赤字普遍较大的主要原因在于化石能源的极大消耗造成对自然资源的过度利用，绝大多数地市化石能源用地的人均生态足迹消耗占据总消耗的绝对占比，另外加上区域中人们的大开发大建设和人为影响的草地荒漠化与水土流失等，加上在以传统能源化工业发展模式为主的开发发展阶段，长江经济带产业结构的不尽合理也进一步造成了严重的生态赤字问题，所以其发展模式和产业结构仍需继续调整，在由大开发向大保护的路上不断改进。

4.5 长江经济带自然资本利用结构分析

灰色关联分析法是一种有效可靠的系统分析方法，它突破了传统的精确数学分析法的限制，并且不需要典型的分布规律，具有操作简单、计算量小、排序明确，其结果与定性分析结论吻合度高等优势。它是根据系统中各因素间的发展态势进行量化比较，通过灰色关联度顺序来分析和确定系统因素间的影响程度或因素对系统主行为的贡献程度的量化测度。邓氏关联法是灰色系统理论最早提出的计算灰色关联度的模型，主要是用来进行总体分析。它具体的步骤是先要计算出关联系数，将各数据序列变换为可比数据序列，然后代入邓氏关联模型来计算出各影响因素序列与母序列之间的关联系数，并可对母序列与各影响因素序列关联度大小来进行排序，所以灰色关联度是衡量各序列与母序列之间关联程度的重要指标。邓氏关联法的计算公式为：

$$r_{0i} = \frac{1}{n} \sum_{k=1}^{n} L_{0i}(k)$$

$$= \frac{1}{n} \sum_{k=1}^{n} \frac{\Delta_{min} + \rho \Delta_{max}}{\Delta_{0i}(k) + \rho \Delta_{max}}$$

$$= \frac{1}{n} \sum_{k=1}^{n} \frac{\min_{i}\min_{k}|X_0(k) - X_i(k)| + \rho\max_{i}\max_{k}|X_0(k) - X_i(k)|}{|X_0(k) - X_i(k)| + \rho\max_{i}\max_{k}|X_0(k) - X_i(k)|}$$

式中，r_{0i} 表示第 i 个评价序列与母序列的关联度；n 表示比较序列的数据个数；$\Delta_{0i}(k)$ 表示在 k 时刻两个比较数列离差的绝对值；Δ_{min} 表示任意时刻所有比较序列中绝对离差的最小值；Δ_{max} 表示任意时刻所有比较数列中绝对离差的最大值；ρ 为分辨系数，取值范围为（0，1），其作用是可以降低最大绝对差值过大而带来的失真，从而提高关联系数差异的显著性，其中关联系数越接近1，说明关联度越强。本书中参考一般取值标准，ρ 取 0.5；X_0 表示母序列，也是系统特征行为序列；X_i 表示影响因素序列。

我们把 X_0 定义为母序列（系统特征行为序列），X_i 和 X_j 为各影响因素序列，r_0 为灰色关联度，当 $r_{0i} > r_{0j}$ 时，表示 r_i 优于 r_j，灰色关联序标记为 $r_i > r_j$。

4.5.1 长江经济带人均生态足迹影响因素灰色关联分析

本节计算的是区域各地类的人均生态足迹与区域总人均生态足迹之间的关联度，各指标所代表的物理含义相同，所以，不需要对评价指标进行无量纲化处理，直接将区域各影响序列带入邓氏关联分析模型，可以得到区域各影响序列的关联系数，长江经济带各生态生产性土地人均生态足迹与总人均生态足迹的关联度计算结果如表 4-13 所示。

表 4-13　长江经济带各地类人均生态足迹与总人均生态足迹关联度

项目	耕地	草地	林地	水域	化石能源用地	建设用地
灰色关联度	0.759215	0.750392	0.682876	0.650891	0.847802	0.707491
灰色关联序	化石能源用地 > 耕地 > 草地 > 建设用地 > 林地 > 水域					

表 4-13 显示，六大类生态生产性土地人均生态足迹与总人均生态足迹关联度大小依次为：化石能源用地、耕地、草地、建设用地、林地、水域。长江经济带各地市 2008~2017 年各生产性土地人均生态足迹与总人均生态足迹关联度最大的是化石能源用地，关联度为 0.847802，在灰色关联序中处于第一位。位列第二至第四的生产性土地类型分别是耕地、草地和建设用地，关联度虽然与化石能源用地的关联度有一些差距，但均处于 0.7 之上。近年来，随着长江经济带各城市经济以及城市化进程的快速发展，人们生活水平也不断提高，市民对于饮食的消费结构也发生了较大变化，除一些生活必需品外，逐渐增加了对蔬菜、肉蛋奶等产品的消费。与总人均生态足迹关联度最低的是林地和水域的人均生态足迹，均位于 0.7 以下。由于长江经济带总体对于木材和水产品的消耗相对较少，人均生态足迹也相对较低，因此二者对于长江经济带各地市总人均生态足迹的影响也较小。

4.5.2 长江经济带人均生态赤字影响因素灰色关联分析

运用各类生产性土地人均生态足迹与总人均生态足迹关联度相同的计算方

法，长江经济带各地市各生态生产性土地人均生态赤字与总人均生态赤字的关联度计算结果如表4-14所示。

表4-14　长江经济带各地类人均生态赤字与总人均生态赤字关联度

项目	耕地	草地	林地	水域	化石能源用地	建设用地
灰色关联度	0.701538	0.760234	0.650891	0.729286	0.834152	0.775382
灰色关联序	化石能源用地＞建设用地＞草地＞水域＞耕地＞林地					

表4-14显示，对于长江经济带各地市生态赤字即自然资本消耗影响最大的化石能源用地人均生态赤字；其次为建设用地和草地，这与随着城市化进程加快和人们生活水平提高对肉蛋奶等产品消费不断增加有关；耕地的人均生态赤字与总人均生态赤字的关联度相对较低，这主要是由于耕地的生态承载力相对较高，然而农产品的需求弹性较小，耕地的人均生态足迹变化较为平缓造成的；与总人均生态赤字关联度最低的是林地的人均生态赤字。

4.6　本章小结

本章主要包括长江经济带研究期间市域尺度的均衡因子和产量因子，各地市的污染物账户，人均生态足迹、生态承载力和生态赤字，以及其时空特征分析。

在各类土地利用类型中，耕地和草地的均衡因子总体是偏大的，特别是耕地是相对各地类中最具生物生产能力的土地类型。长江下游区域平均每公顷耕地生产能力相当于$2.66\sim2.79\mathrm{phm}^2$土地的生产能力，下游区域草地的均衡因子偏高很多，生产能力达到了$3.92\sim4.74\mathrm{phm}^2$土地的生产能力，林地的均衡因子偏低，耕地和水域水平相近；而长江中游区域耕地和草地的均衡因子偏高，林地和水域的均衡因子偏低；中游区域平均每公顷耕地生产能力达到$3.16\sim3.29\mathrm{phm}^2$土地的最高生产能力，草地和林地的均衡因子不高。长江上游区域耕地和草地的均衡因子偏高，林地和水域的均衡因子偏低不少。

长江中游和上游区域各地类的产量因子很接近，其中耕地和水域都是较小的，长江经济带下游区域林地产量因子的相对差异最小，其次是耕地、草地，而水域的差异较大；长江经济带中游区域林地产量因子的相对差异也是最小，其次是草地、水域，耕地的差异较大；而长江经济带上游区域水域产量因子的相对差异最小，草地、林地和耕地的差异不大。

污染排放账户生态足迹的区域差异中，长江下游区域的废水排放比其他区域稍微大一些，最低是池州的 0.022 公顷/人和最高是杭州的 0.315 公顷/人，而长江上游区域的人均废水排放最少，最低是昭通的 0.002 公顷/人和最高是眉山的 0.075 公顷/人；而长江下游区域的废气排放比其他区域也多一些，特别是铜陵、苏州和马鞍山，而长江上游区域的人均废水排放最少，最低是南充的 0.006 公顷/人和最高是安顺的 0.538 公顷/人。长江上游区域的污染物足迹相较于下游和中游较低。

　　长江经济带各区域的时空差异较大。在 2008～2017 年，长江经济带人均生态足迹的年均变化显著增长的主要是长江下游区域的舟山市、安庆市、铜陵市、泰州市和宣城市，上游区域的遂宁市、资阳市、广安市、玉溪市、自贡市、眉山市、德阳市、遵义市，显著下降的城市以长江上游区域最多，基本稳定变化不大的主要是长江下游区域的城市。在空间差异中，湘潭、鄂州、荆门、娄底、新余等城市的人均生态足迹最高，2008～2017 年均值高达 6 公顷/人，基本都是长江经济带中游区域城市；贵阳、台州、上饶、德阳、金华、合肥、成都等市的人均生态足迹最低，2008～2017 年均值只有 2 公顷/人左右，大部分是长江经济带上游区域城市。

　　至今，长江经济带各区域 74 个地市中，没有任何一个地市的人均生态承载力高于世界人均生态承载力平均水平 1.63 公顷/人，所以长江经济带各地市的人均生态承载力作为自然资源供给远远不够满足自然资源的需求量，长江经济带脆弱的生态系统正在承受着经济发展和不断增长的人口带来的双重压力。

　　对于长江经济带各地市人均生态赤字即自然资本消耗影响最大的是化石能源用地，其次为建设用地和草地；这与随着城市化进程加快和人们生活水平提高对肉蛋奶等产品消费不断增加有关；耕地的人均生态赤字与总人均生态赤字的关联度相对较低，这主要是由于耕地的生态承载力相对较高，然而农产品的需求弹性较小，是由耕地的人均生态足迹变化较为平缓造成的；与总人均生态赤字关联度最低的是林地的人均生态赤字。

第5章 长江经济带自然资本存量和流量时空演化特征分析

5.1 区域自然资本存量与流量的表征指标及分析

关于自然资本利用的生态足迹分析法，其实是一种偏生物物理类的自然资本利用测度方法，它强调了人类的发展给环境带来的影响，但是忽略了比如科技技术的进步给人类的环境承载空间提供了更多的支撑作用，忽视了社会经济的可持续性，掩盖了当某些消费商品的平均产量下降而导致的相应生态足迹供给的实际下降，并且没有考虑到人类对现有消费模式的满意程度。往往根据传统的生态足迹法，核算出的结果有这样的结论：区域的社会经济发展水平越高，生态足迹也越高，那么生态赤字越大，可持续性越差，除了少部分国家和地区外，大部分的区域都存在生态赤字。而往往某一区域经济越不发达、人民生活水平越低，反而得出的结论是可持续性越强的。显然，区域的经济发展与可持续发展之间是对立的，这与可持续发展理论的基本原则相悖，贫穷本身就是最大的不可持续。因此，对于这种浓厚生态偏向性的缺陷，需要与其他可持续度量指标相结合。

5.1.1 区域自然资本存量与流量的表征指标

2004年，借鉴热力学熵定律，生态经济学家Daly提出了自然资源和自然资本的可持续利用需要遵循以下三项准则：①自然资源中比如生物资源等可再生资源的被消费速度不能快于其再生的速度；②自然资源中比如化石能源等不可再生的资源的消耗速度不应快于相应可再生资源的替代速度；③各种污染物和废气物的排放速度不应快于生态系统对于其无害化处理和同化吸纳的速度。总的来说，要可持续发展的最低限度就是自然资本流量被完全占用，而自然资本存量不能减少。根据这个准则，可持续利用的关键之处是如何核算和测度被人类所利用的自然资本存量和流量。

所以，在生态足迹三维模型中引入了足迹深度和足迹广度两个新的指标，来表征人类对自然资本存量和流量的利用水平，是区分传统生态足迹模型与三维生态足迹模型的关键指标，将传统模型的平面分析拓展至三维模型的时空立体分析，实现了生态足迹研究的纵向拓展，可以将自然资本存量的减少与否以及相应减少的程度作为评判可持续发展以及可持续性强弱的基本依据。

5.1.1.1　区域足迹深度的核算

足迹深度（无量纲）指的是一个区域在维持当下资源消耗水平不变时，理论所需占有的区域生态生产性土地面积为实际占有生产性土地面积的倍数，从时间维度来解释在同样的条件下再生人类资源消费量所需的年数，以此来表征人类对自然资本存量利用水平，强调代际公平，所以它是一个在时间尺度上反映区域生态压力的指标。区域内的自然资本存量资本消耗是由区域足迹深度这个指标来进行表征的。

5.1.1.2　区域足迹广度的核算

足迹广度（单位：hm^2）指的是某区域为人类实际占用有的生态生产性土地面积，表示人类实际占用的生物承载力年际量，具有空间属性，强调代内公平（方恺，2013），是一个表征人类对自然资本流量占用程度的指标。

5.1.1.3　表征指标意义

根据第3章中优化的三维模型后可知，区域足迹广度较之前有所减少，区域足迹深度较之前有所增加。人类在消耗自然资本时，当资本流量不能满足需求，就通过消耗资本存量来弥补相应的不足。当生态赤字广泛存在，如想最大限度地维持可持续发展，应尽可能地降低对存量资本的依赖程度，来提高自然资本的流动性。所以，如图5-1所示，足迹深度越小越好，足迹广度越大越好。可见，改进指标在一定程度上克服了现有模型在自然资本评估方面的缺陷：原有的指标对于区域评价过于悲观，改变了其较保守的估计，对区域自然资本利用形势的严峻性有更深刻的揭示。

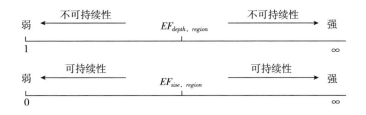

图5-1　区域足迹深度和区域足迹广度指标的物理意义

5.1.2 长江经济带自然资本存量与流量的计算结果分析

根据式（3-8）和式（3-9）计算得到 2008~2017 年长江经济带 74 个地市的人均足迹广度均值和人均足迹深度均值（见表 5-1~表 5-4）。

表 5-1 2008~2017 年长江经济带各地市的人均区域足迹广度

区域	城市	年份									
		2008	2009	2010	2011	2012	2013	2014	2015	2016	2017
长江下游区域	上海	0.058	0.056	0.056	0.056	0.055	0.055	0.054	0.055	0.056	0.057
	南京	0.137	0.135	0.132	0.132	0.133	0.132	0.132	0.135	0.136	0.136
	无锡	0.150	0.147	0.147	0.146	0.145	0.146	0.144	0.144	0.146	0.149
	苏州	0.199	0.178	0.164	0.166	0.168	0.170	0.169	0.170	0.172	0.175
	常州	0.173	0.170	0.170	0.172	0.174	0.176	0.176	0.177	0.176	0.175
	南通	0.281	0.276	0.275	0.276	0.275	0.276	0.277	0.278	0.279	0.279
	盐城	0.288	0.297	0.308	0.311	0.314	0.317	0.318	0.318	0.318	0.317
	扬州	0.255	0.257	0.261	0.261	0.260	0.260	0.259	0.259	0.260	0.262
	镇江	0.190	0.188	0.188	0.190	0.175	0.193	0.193	0.192	0.194	0.195
	泰州	0.216	0.220	0.225	0.228	0.232	0.234	0.237	0.237	0.239	0.240
	杭州	0.344	0.340	0.341	0.335	0.332	0.336	0.319	0.312	0.293	0.289
	宁波	0.234	0.234	0.234	0.237	0.236	0.234	0.232	0.233	0.213	0.232
	嘉兴	0.158	0.155	0.152	0.153	0.155	0.157	0.159	0.162	0.163	0.163
	湖州	0.375	0.375	0.386	0.391	0.390	0.390	0.376	0.368	0.363	0.358
	绍兴	0.284	0.289	0.286	0.294	0.293	0.302	0.296	0.296	0.296	0.297
	金华	0.307	0.308	0.306	0.304	0.196	0.303	0.297	0.294	0.292	0.289
	舟山	0.180	0.183	0.180	0.179	0.179	0.176	0.178	0.182	0.175	0.116
	台州	0.227	0.218	0.210	0.204	0.202	0.200	0.192	0.190	0.192	0.192
	合肥	0.200	0.190	0.169	0.136	0.137	0.137	0.136	0.136	0.134	0.134
	滁州	0.402	0.438	0.462	0.464	0.465	0.464	0.467	0.464	0.461	0.467
	芜湖	0.216	0.211	0.222	0.148	0.149	0.159	0.245	0.244	0.245	0.241
	宣城	0.606	0.670	0.680	0.677	0.680	0.691	0.705	0.696	0.699	0.701
	铜陵	0.208	0.217	0.229	0.231	0.244	0.247	0.256	0.203	0.278	0.283

续表

区域	城市	年份									
		2008	2009	2010	2011	2012	2013	2014	2015	2016	2017
长江下游区域	池州	0.703	0.798	0.823	0.845	0.832	0.798	0.879	0.879	0.881	0.875
	安庆	0.342	0.376	0.398	0.400	0.398	0.400	0.409	0.464	0.425	0.394
	马鞍山	0.246	0.249	0.241	0.163	0.167	0.171	0.304	0.302	0.301	0.295
长江中游区域	南昌	0.200	0.210	0.194	0.194	0.194	0.193	0.190	0.188	0.187	0.184
	九江	0.512	0.514	0.520	0.516	0.518	0.513	0.469	0.471	0.512	0.512
	景德镇	0.385	0.382	0.379	0.379	0.381	0.381	0.372	0.369	0.363	0.367
	鹰潭	0.453	0.438	0.432	0.427	0.428	0.437	0.438	0.440	0.457	0.476
	新余	0.411	0.392	0.391	0.388	0.392	0.389	0.383	0.383	0.384	0.384
	宜春	0.495	0.479	0.484	0.483	0.486	0.479	0.484	0.480	0.477	0.481
	萍乡	0.282	0.273	0.275	0.270	0.274	0.276	0.280	0.280	0.278	0.277
	上饶	0.460	0.454	0.453	0.450	0.448	0.445	0.442	0.443	0.443	0.439
	抚州	0.660	0.637	0.631	0.618	0.623	0.626	0.709	0.636	0.626	0.619
	吉安	0.767	0.722	0.728	0.723	0.721	0.733	0.725	0.724	0.724	0.722
	武汉	0.133	0.131	0.123	0.122	0.125	0.124	0.123	0.120	0.118	0.119
	黄石	0.783	0.792	0.737	0.691	0.722	0.764	0.779	0.748	0.698	0.630
	鄂州	0.200	0.206	0.207	0.210	0.209	0.209	0.208	0.204	0.204	0.200
	孝感	0.271	0.269	0.262	0.262	0.300	0.261	0.261	0.260	0.258	0.260
	咸宁	0.508	0.508	0.517	0.517	0.515	0.521	0.519	0.514	0.500	0.510
	襄阳	0.473	0.474	0.471	0.470	0.469	0.468	0.468	0.465	0.462	0.463
	荆州	0.325	0.329	0.344	0.345	0.352	0.346	0.346	0.351	0.354	0.353
	荆门	0.590	0.602	0.587	0.578	0.585	0.589	0.588	0.581	0.576	0.587
	长沙	0.266	0.259	0.242	0.240	0.243	0.235	0.232	0.228	0.224	0.230
	株洲	0.434	0.423	0.389	0.381	0.378	0.370	0.377	0.366	0.361	0.361
	湘潭	0.232	0.228	0.249	0.248	0.247	0.243	0.241	0.241	0.239	0.237
	衡阳	0.278	0.276	0.287	0.290	0.286	0.278	0.274	0.270	0.280	0.276
	岳阳	0.373	0.366	0.373	0.384	0.374	0.376	0.374	0.357	0.366	0.367
	益阳	0.354	0.367	0.414	0.419	0.416	0.417	0.414	0.404	0.408	0.394
	常德	0.396	0.394	0.426	0.424	0.425	0.429	0.426	0.427	0.430	0.412
	娄底	0.257	0.263	0.283	0.283	0.281	0.285	0.279	0.281	0.266	0.279

区域	城市	年份									
		2008	2009	2010	2011	2012	2013	2014	2015	2016	2017
长江上游区域	成都	0.147	0.143	0.141	0.140	0.138	0.137	0.136	0.134	0.119	0.116
	乐山	0.475	0.475	0.475	0.475	0.475	0.475	0.472	0.474	0.473	0.477
	宜宾	0.328	0.323	0.319	0.320	0.315	0.312	0.310	0.309	0.308	0.310
	自贡	0.560	0.540	0.520	0.502	0.485	0.483	0.465	0.441	0.418	0.397
	内江	0.520	0.492	0.466	0.441	0.418	0.396	0.376	0.356	0.338	0.321
	眉山	0.442	0.429	0.417	0.398	0.377	0.357	0.338	0.320	0.303	0.288
	泸州	0.416	0.404	0.392	0.380	0.368	0.348	0.330	0.313	0.296	0.281
	德阳	0.415	0.405	0.394	0.374	0.354	0.335	0.318	0.302	0.286	0.272
	绵阳	0.415	0.403	0.391	0.379	0.368	0.358	0.346	0.327	0.310	0.294
	遂宁	0.447	0.434	0.421	0.409	0.397	0.386	0.371	0.352	0.334	0.317
	南充	0.445	0.430	0.416	0.403	0.390	0.378	0.366	0.355	0.345	0.335
	广安	0.443	0.430	0.418	0.406	0.394	0.377	0.357	0.338	0.321	0.304
	资阳	0.548	0.518	0.491	0.465	0.493	0.429	0.406	0.385	0.365	0.347
	贵阳	0.267	0.262	0.251	0.246	0.244	0.240	0.222	0.230	0.227	0.222
	六盘水	0.401	0.402	0.407	0.445	0.408	0.413	0.409	0.406	0.404	0.402
	遵义	0.564	0.583	0.562	0.577	0.584	0.575	0.582	0.578	0.568	0.564
	安顺	0.722	0.684	0.648	0.614	0.582	0.552	0.523	0.496	0.471	0.447
	昆明	0.312	0.341	0.342	0.333	0.303	0.317	0.274	0.291	0.283	0.277
	曲靖	0.438	0.425	0.413	0.401	0.387	0.367	0.348	0.329	0.312	0.296
	玉溪	0.513	0.498	0.478	0.452	0.428	0.405	0.384	0.363	0.344	0.327
	昭通	0.584	0.553	0.524	0.496	0.470	0.445	0.422	0.400	0.379	0.360
	重庆	0.277	0.276	0.276	0.274	0.272	0.271	0.270	0.268	0.267	0.266

区域足迹广度刻画的是区域自然资本流动性的强弱以及区域人们社会经济活动占用流量资本的程度。根据改进前的公式定义,足迹广度的取值实际是取在生态足迹和生态承载力中的较小值。但是在区域足迹广度的计算中,考虑到各个不同地类之间的盈余差异不能抵消,所以通过观察计算区域不同地类中的生态足迹和生态承载力的大小来进行选择再进行加和。总体来说,区域人均足迹广度较大值多集中在资源富足且区域人口密度相对较小的地区,而足迹广度较小的则比较容易出现在资源相对匮乏而人口密集的地区。长江经济带区域足迹广度较高的城市有杭州、滁州、宣城、安庆、九江、景德镇、鹰潭、新余、宜春、上饶、抚

州、吉安、黄石、咸宁、襄阳、荆门、株洲、常德、广安、曲靖、玉溪、成都、宜宾、昭通、六盘水、遵义。

表 5-2　2008~2017 年长江经济带各地市的人均区域足迹深度

区域	城市	年份									
		2008	2009	2010	2011	2012	2013	2014	2015	2016	2017
长江下游区域	上海	29.59	28.49	30.43	30.75	29.97	30.34	28.08	28.08	27.62	27.43
	南京	19.52	20.55	23.41	25.91	25.69	26.92	27.06	27.96	28.40	27.23
	无锡	14.92	15.15	15.66	16.44	16.32	17.09	15.81	14.46	16.04	15.65
	苏州	14.21	15.38	16.13	16.88	17.05	17.52	17.20	16.53	16.91	16.11
	常州	11.77	12.08	12.10	12.75	13.07	13.93	13.88	13.80	13.90	14.02
	南通	8.24	8.45	9.84	10.27	9.96	10.37	11.06	10.73	10.62	10.11
	盐城	9.35	10.20	10.98	10.80	11.65	12.63	13.16	13.04	12.28	11.99
	扬州	9.86	10.32	10.28	10.32	10.11	10.36	10.15	9.74	9.85	9.73
	镇江	11.54	11.96	12.42	14.30	15.26	15.86	17.60	16.08	17.05	16.06
	泰州	7.14	7.64	8.03	8.85	11.31	11.66	11.64	12.37	13.58	13.07
	杭州	5.60	5.60	5.65	5.67	5.62	5.67	5.25	4.92	4.31	3.95
	宁波	12.94	13.28	14.47	15.97	15.18	15.47	14.37	13.20	12.52	13.40
	嘉兴	21.88	22.05	21.38	21.63	22.28	20.78	19.75	11.86	10.71	11.36
	湖州	8.03	8.43	7.98	8.01	7.72	7.86	7.14	6.63	6.67	6.07
	绍兴	7.36	7.78	7.92	7.97	4.90	7.81	7.31	6.95	6.77	6.52
	金华	5.92	5.61	5.87	6.10	3.13	6.50	5.77	5.03	4.73	4.50
	舟山	6.30	7.13	8.35	9.41	8.37	7.98	10.83	12.14	12.34	12.55
	台州	6.43	6.28	6.69	7.09	6.57	6.69	6.21	6.03	7.02	7.37
	合肥	8.86	10.75	12.35	14.01	13.95	14.47	14.57	14.21	13.50	13.09
	滁州	6.21	6.56	6.70	6.80	7.00	7.18	7.34	7.43	7.50	7.49
	芜湖	9.00	10.51	11.13	13.82	14.52	14.38	10.29	10.00	9.84	9.77
	宣城	2.08	2.58	2.84	2.89	2.88	2.85	2.81	2.91	2.90	2.94
	铜陵	8.66	8.96	12.16	14.30	14.18	14.35	14.28	25.01	14.48	14.88
	池州	2.75	2.74	2.81	2.92	3.03	3.37	3.33	3.26	3.26	3.29
	安庆	5.10	5.45	5.54	5.62	5.48	6.51	7.96	7.36	7.98	10.00
	马鞍山	17.90	20.35	23.17	27.11	30.73	32.38	16.66	16.14	15.63	15.77

续表

区域	城市	年份									
		2008	2009	2010	2011	2012	2013	2014	2015	2016	2017
长江中游区域	南昌	11.65	11.37	10.74	12.44	12.71	12.98	13.01	12.70	12.59	12.22
	九江	3.67	4.20	4.32	4.35	4.45	4.70	4.33	4.52	5.13	5.11
	景德镇	5.11	5.21	4.57	6.65	7.19	7.49	7.39	7.35	7.21	6.53
	鹰潭	7.51	8.22	8.29	8.35	9.16	10.05	10.10	9.75	9.10	9.63
	新余	9.49	11.48	10.78	12.75	12.72	12.99	13.30	13.41	12.45	12.18
	宜春	7.21	7.91	6.29	8.45	8.80	9.29	9.53	9.25	8.61	9.18
	萍乡	13.16	12.88	10.78	13.49	12.83	13.12	13.37	12.62	11.68	10.34
	上饶	3.08	3.46	2.91	3.66	3.68	3.72	3.83	3.77	3.65	3.63
	抚州	2.92	3.12	3.25	3.32	3.44	3.44	3.52	3.48	3.89	4.01
	吉安	3.20	3.47	3.65	3.91	3.93	4.01	4.10	4.13	4.01	3.97
	武汉	15.42	15.12	16.15	16.85	15.77	17.07	17.33	16.73	15.74	15.57
	黄石	2.17	2.30	2.36	2.72	2.76	2.82	2.87	2.72	2.61	2.70
	鄂州	21.25	22.25	28.66	26.46	29.37	29.59	28.71	28.76	28.12	24.79
	孝感	8.89	10.08	10.46	10.77	11.61	11.97	12.49	12.40	11.71	12.42
	咸宁	4.70	4.84	4.93	4.95	5.47	6.58	6.89	6.70	6.52	7.10
	襄阳	6.71	7.54	7.59	7.74	8.00	8.12	8.46	8.13	7.88	6.91
	荆州	6.76	7.43	7.88	8.00	8.29	8.74	8.85	8.58	8.02	8.47
	荆门	8.87	9.32	9.59	9.92	9.97	10.06	10.20	10.03	9.78	9.76
	长沙	10.44	10.43	10.14	9.94	10.24	10.21	10.02	9.56	8.98	7.10
	株洲	6.44	6.55	7.02	7.02	6.95	6.90	6.91	6.52	6.43	5.75
	湘潭	21.20	22.29	23.26	23.97	23.23	23.04	23.08	21.74	21.21	16.97
	衡阳	11.48	12.17	12.80	12.71	12.17	11.98	11.69	11.36	11.06	8.26
	岳阳	10.90	10.83	10.87	11.50	11.81	11.90	11.54	11.91	11.55	10.06
	益阳	7.18	7.90	8.11	8.34	8.33	8.34	8.56	8.41	8.21	7.20
	常德	6.65	7.05	7.37	7.31	7.20	7.50	7.64	7.55	7.28	6.15
	娄底	14.43	15.84	16.99	18.34	18.46	19.54	20.23	19.77	19.30	16.41
长江上游区域	成都	13.69	14.03	14.30	14.35	14.18	10.39	10.32	10.17	10.56	10.55
	乐山	11.32	10.68	10.02	9.65	9.18	7.94	7.75	7.60	6.98	6.49
	宜宾	10.53	11.12	11.74	12.14	12.80	10.29	10.10	9.51	9.36	8.70
	自贡	4.54	4.79	5.05	5.32	5.60	5.88	6.17	6.47	6.78	7.09
	内江	7.30	7.30	7.30	7.28	7.25	7.21	7.17	7.11	7.04	6.97

续表

区域	城市	年份									
		2008	2009	2010	2011	2012	2013	2014	2015	2016	2017
长江上游区域	眉山	5.33	5.56	5.80	6.04	6.29	6.53	6.78	7.03	7.28	7.52
	泸州	8.25	8.47	8.68	8.88	9.08	9.27	9.46	9.64	9.80	9.96
	德阳	4.77	4.98	5.18	5.39	5.60	5.82	6.03	6.25	6.46	6.68
	绵阳	9.48	9.50	9.50	9.49	9.47	9.44	9.40	9.34	9.28	9.20
	遂宁	7.80	8.16	8.53	8.91	9.29	9.68	10.07	10.47	10.86	11.26
	南充	6.32	6.51	6.70	6.89	7.07	7.25	7.43	7.60	7.76	7.92
	广安	6.76	7.08	7.41	7.74	8.08	8.42	8.76	9.12	9.47	9.82
	资阳	6.15	6.44	6.73	7.03	7.33	7.64	7.96	8.28	8.60	8.93
	贵阳	7.03	7.03	7.28	7.01	6.72	6.94	6.82	6.58	6.09	6.08
	六盘水	5.52	5.74	5.81	5.92	6.23	6.70	6.80	6.63	6.43	5.89
	遵义	4.73	5.12	4.93	5.15	5.55	5.92	6.38	6.49	6.48	6.54
	安顺	3.92	4.04	4.16	4.27	4.39	4.50	4.61	4.71	4.82	4.92
	昆明	5.24	5.76	6.06	6.13	6.38	6.46	6.50	5.80	5.50	5.23
	曲靖	8.45	8.25	8.46	8.45	8.43	8.40	8.36	7.85	8.24	8.17
	玉溪	4.87	5.08	5.29	5.51	5.72	5.94	6.15	6.37	6.58	6.79
	昭通	4.55	4.67	4.80	4.92	5.03	5.15	5.26	5.37	5.47	5.57
	重庆	9.36	9.78	10.12	10.68	10.68	10.22	10.58	10.51	10.19	9.42

　　而区域足迹深度较高的城市有上海、南京、马鞍山、南昌、孝感、衡阳，而区域足迹深度较低的城市有杭州、金华、宣城、池州、景德镇、鹰潭、抚州、吉安、武汉、鄂州、襄阳、湘潭、自贡、眉山、德阳、昆明、曲靖、玉溪、昭通、贵阳、遵义、安顺。总体来说，区域中资源富足型的城市的足迹深度普遍是较低的，而资源匮乏型的城市的足迹深度则较高。而且，长江经济带城市群74个地市总体均处于生态赤字的状态，所以各城市足迹深度均大于原长1。

　　同时，长江经济带各地市的不同地类的区域足迹深度和广度，依据式（3-28）和式（3-29），计算结果如表5-3~表5-5所示。人均区域足迹广度理论上是由可再生资源足迹广度和不可再生资源足迹广度构成，化石能源账户是自然资本利用的重要方式，根据前面生态足迹理论知道，人类没有专门留出用于吸纳化石能源燃烧排放气体的生态生产性土地，所以各地市的化石能源用地的足迹广度均为0，其他5类资源的利用情况在长江经济带各地市中也不尽相同。

表 5-3 长江经济带下游城市各地类人均区域足迹深度与广度的均值

区域	各地类足迹深度均值					各地类足迹广度均值				
	耕地	草地	林地	水域	建设用地	耕地	草地	林地	水域	建设用地
南京	1.75	13.72	1.00	6.13	1.00	0.0969	0.0037	0.0009	0.0029	0.0295
无锡	2.08	8.96	1.00	1.10	1.00	0.0868	0.0029	0.0014	0.0122	0.0432
苏州	1.42	7.66	1.01	1.10	1.00	0.1009	0.0046	0.0006	0.0166	0.0503
常州	2.61	12.13	1.00	1.10	1.00	0.1100	0.0041	0.0046	0.0218	0.0333
南通	4.15	32.61	1.02	1.10	1.00	0.1762	0.0053	0.0034	0.0712	0.0211
盐城	5.00	31.57	1.02	14.37	1.00	0.2780	0.0072	0.0053	0.0070	0.0133
扬州	3.33	21.21	1.00	1.10	1.00	0.1836	0.0030	0.0007	0.0536	0.0187
镇江	1.05	21.94	1.02	9.38	1.00	0.1498	0.0006	0.0069	0.0021	0.0304
泰州	8.27	37.53	1.13	1.00	1.00	0.1568	0.0017	0.0005	0.0525	0.0195
杭州	2.60	10.19	1.00	3.88	1.00	0.2079	0.0125	0.0701	0.0048	0.0291
宁波	2.52	14.22	1.00	5.03	1.00	0.1608	0.0049	0.0154	0.0232	0.0277
嘉兴	6.98	39.68	1.66	12.85	1.00	0.1157	0.0033	0.0047	0.0020	0.0321
湖州	3.49	18.12	1.00	8.12	1.00	0.1763	0.0075	0.1631	0.0099	0.0205
绍兴	2.67	17.30	1.00	6.35	1.00	0.1895	0.0038	0.0597	0.0024	0.0379
金华	2.13	8.89	1.00	3.30	1.00	0.2563	0.0115	0.0079	0.0031	0.0109
舟山	1.52	4.02	1.00	1.70	1.00	0.1536	0.0034	0.0048	0.0006	0.0103
台州	1.94	14.00	1.00	4.30	1.00	0.1423	0.0006	0.0128	0.0394	0.0076
合肥	4.81	53.88	1.56	14.26	1.00	0.1324	0.0012	0.0052	0.0013	0.0107
滁州	3.23	73.17	1.40	10.53	1.00	0.4056	0.0027	0.0327	0.0049	0.0096
芜湖	2.88	68.85	1.28	11.07	1.00	0.1614	0.0005	0.0331	0.0028	0.0102
宣城	1.69	32.23	1.00	5.59	1.00	0.4083	0.0018	0.2577	0.0049	0.0078
铜陵	1.82	45.39	1.08	12.32	1.00	0.1758	0.0003	0.0249	0.0036	0.0350
池州	1.71	29.58	1.00	4.92	1.00	0.4681	0.0016	0.3415	0.0117	0.0084
安庆	2.44	44.59	1.00	6.88	1.00	0.3248	0.0016	0.0584	0.0063	0.0096
马鞍山	2.67	40.12	1.53	1.00	1.00	0.1655	0.0026	0.0060	0.0339	0.0360
上海	4.00	36.16	1.03	6.51	1.00	0.0314	0.0008	0.0018	0.0013	0.0206

表 5-4 长江经济带中游城市各地类足迹深度与广度的均值

区域	各地类足迹深度均值					各地类足迹广度均值				
	耕地	草地	林地	水域	建设用地	耕地	草地	林地	水域	建设用地
南昌	5.46	27.27	1.07	12.16	1.00	0.1719	0.0033	0.0040	0.0041	0.0100

区域	各地类足迹深度均值					各地类足迹广度均值				
	耕地	草地	林地	水域	建设用地	耕地	草地	林地	水域	建设用地
九江	1.43	7.72	1.00	3.21	1.00	0.4364	0.0071	0.0347	0.0187	0.0088
景德镇	1.81	17.74	1.00	5.30	1.00	0.3179	0.0037	0.0425	0.0024	0.0092
鹰潭	4.14	24.10	1.00	7.50	1.00	0.3497	0.0064	0.0716	0.0039	0.0110
新余	3.30	36.34	1.00	7.33	1.00	0.3110	0.0052	0.0446	0.0038	0.0250
宜春	3.94	52.69	1.00	8.31	1.00	0.3834	0.0064	0.0799	0.0054	0.0077
萍乡	4.24	22.32	1.00	6.42	1.00	0.2296	0.0051	0.0295	0.0021	0.0103
上饶	1.70	16.31	1.00	5.08	1.00	0.3942	0.0056	0.0339	0.0087	0.0054
抚州	2.03	10.65	1.00	5.66	1.00	0.5180	0.0112	0.1001	0.0053	0.0039
吉安	2.23	26.17	1.00	6.27	1.00	0.5330	0.0160	0.1702	0.0052	0.0047
武汉	3.86	4.86	1.01	7.97	1.00	0.1006	0.0030	0.0041	0.0039	0.0123
黄石	1.00	2.86	1.00	1.43	1.00	0.5785	0.0280	0.0772	0.0369	0.0139
鄂州	7.11	76.79	1.00	10.42	1.00	0.1634	0.0001	0.0019	0.0233	0.0171
孝感	4.72	24.66	1.22	10.31	1.00	0.2123	0.0089	0.0269	0.0053	0.0129
咸宁	2.77	36.54	1.00	4.96	1.00	0.4388	0.0013	0.0558	0.0120	0.0050
襄阳	3.09	21.20	1.00	4.73	1.00	0.4157	0.0327	0.0073	0.0048	0.0077
荆州	4.08	24.17	1.12	71.46	1.00	0.2815	0.0046	0.0418	0.0126	0.0040
荆门	3.57	29.76	1.00	7.74	1.00	0.4931	0.0128	0.0571	0.0136	0.0097
长沙	6.22	58.65	1.05	1.06	1.00	0.1927	0.0018	0.0292	0.0100	0.0061
株洲	3.95	47.75	1.00	6.48	1.00	0.3055	0.0024	0.0675	0.0022	0.0065
湘潭	9.26	73.51	1.01	11.16	1.00	0.2199	0.0005	0.0083	0.0017	0.0101
衡阳	6.29	67.94	1.00	9.27	1.00	0.2368	0.0015	0.0343	0.0026	0.0042
岳阳	4.61	57.09	1.65	8.04	1.00	0.3082	0.0023	0.0487	0.0066	0.0053
益阳	4.11	56.18	1.11	8.06	1.00	0.3072	0.0030	0.0808	0.0061	0.0035
常德	3.59	60.51	1.00	8.53	1.00	0.3564	0.0039	0.0479	0.0055	0.0054
娄底	5.32	48.68	1.00	6.88	1.00	0.2406	0.0035	0.0215	0.0020	0.0083

表 5-5　长江经济带上游城市各地类足迹深度与广度的均值

区域	各地类足迹深度均值					各地类足迹广度均值				
	耕地	草地	林地	水域	建设用地	耕地	草地	林地	水域	建设用地
成都	6.93	29.66	1.00	9.61	1.00	0.1176	0.0044	0.0060	0.0006	0.0063

区域	各地类足迹深度均值					各地类足迹广度均值				
	耕地	草地	林地	水域	建设用地	耕地	草地	林地	水域	建设用地
乐山	2.46	21.00	—	3.48	1.00	0.4433	0.0090	—	0.0049	0.0176
宜宾	4.21	21.67	1.00	6.89	1.00	0.2674	0.0085	0.0299	0.0016	0.0079
自贡	2.74	1.18	1.00	8.62	1.00	0.3433	0.1080	0.0192	0.0025	0.0080
内江	3.48	1.00	1.00	3.11	1.00	0.2619	0.1162	0.0238	0.0032	0.0072
眉山	6.21	1.03	1.00	4.82	1.00	0.2087	0.1240	0.0239	0.0028	0.0076
泸州	4.47	1.08	1.00	8.44	1.00	0.2079	0.1129	0.0202	0.0030	0.0089
德阳	5.87	1.02	1.00	29.28	1.00	0.1741	0.1227	0.0372	0.0035	0.0081
绵阳	4.62	1.18	1.00	6.85	1.00	0.2047	0.1144	0.0300	0.0028	0.0072
遂宁	4.94	1.17	1.00	5.24	1.00	0.2168	0.1179	0.0421	0.0029	0.0071
南充	4.80	1.47	1.00	11.23	1.00	0.2370	0.1003	0.0393	0.0022	0.0073
广安	4.36	1.10	1.00	5.29	1.00	0.2168	0.1216	0.0288	0.0029	0.0088
资阳	4.34	1.00	1.00	2.96	1.00	0.2458	0.1484	0.0377	0.0034	0.0093
贵阳	2.02	9.03	1.00	3.09	1.00	0.2164	0.0094	0.0017	0.0005	0.0132
六盘水	1.38	15.13	1.00	2.70	1.00	0.3854	0.0088	0.0007	0.0002	0.0145
遵义	1.91	19.19	1.00	3.66	1.00	0.5551	0.0097	0.0016	0.0013	0.0060
安顺	2.33	1.00	1.00	1.00	1.00	0.4046	0.1318	0.0286	0.0013	0.0074
昆明	3.03	8.82	1.00	2.30	1.00	0.2560	0.0345	0.0042	0.0017	0.0109
曲靖	4.53	1.08	1.00	4.28	1.00	0.2104	0.1213	0.0288	0.0030	0.0082
玉溪	4.14	1.02	1.00	3.32	1.00	0.2490	0.1362	0.0219	0.0038	0.0083
昭通	2.94	1.00	1.00	3.27	1.00	0.2958	0.1313	0.0249	0.0039	0.0074
重庆	3.41	29.94	1.03	4.84	1.00	0.2446	0.0050	0.0114	0.0017	0.0092

5.2 长江经济带自然资本存量与流量的
时空演化特征分析

5.2.1 长江经济带自然资本存量与流量时序变化分析

5.2.1.1 区域足迹深度和足迹广度的动态分析

从图 5-2 中可以看出，长江下游区域的足迹深度是最高的，达到了

11.92ghm²，2008~2017 年足迹深度波动比较小，在 2015 年之前都在增长，而在 2015 年之后是递减的；足迹广度的变化稍微波动大一些，在 2010 年由递增突然减少然后缓慢增长到 2013 年递增后轻微波动。长江中游区域的足迹深度比上游区域稍低，在 2008~2017 年经历了持续递增，到 2015 年后开始递减；足迹广度的变化波动较小。长江上游区域的足迹深度是最低的，只有 7.55ghm²，从 2008~2013 年持续递增后在 2013 年突然下降后再缓慢增长；足迹广度在 2008~2017 年是连续下降的。长江经济带各区域均值的足迹深度在 2013 年前是递增的，在 2013 年后是递减的，而足迹广度几乎是持续递减的。

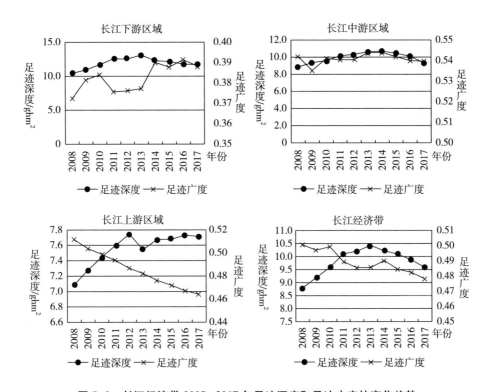

图 5-2　长江经济带 2008~2017 年足迹深度和足迹广度的变化趋势

通过进一步计算长江经济带 2008~2017 年各地市的足迹广度（见表 5-6 和图 5-3~图 5-5）和足迹深度（见表 5-6 和图 5-6~图 5-8）的动态变化率，结果如表 5-6 所示，各城市群的变化率差异较大。以城市群来看，江淮城市群、武汉城市群的区域足迹深度年均变化率都是正的，表示一直处于递增状态，其他城市群的各地市大部分也是正值，处于递增状态；而成渝城市群和滇中城市群的区域足迹广度年均变化率都是负的，始终处于递减状态，长江三角洲城市群、环鄱阳湖城市群的大部分地市也是负值，而江淮城市群除了合肥的其他地市区域足迹广度年均变化率都是正的，处于递增状态。

表5-6 长江经济带各地市足迹深度和足迹广度年均变化率

城市群	城市	足迹深度	足迹广度	城市群	城市	足迹深度	足迹广度	城市群	城市	足迹深度	足迹广度
长江三角洲城市群	上海	-0.0077	-0.0043	环鄱阳湖城市群	南昌	0.0069	-0.0036	成渝城市群	重庆	0.0016	-0.0026
	南京	0.0390	-0.0043		九江	0.0397	0.0050		成都	-0.0239	-0.0178
	无锡	0.0071	-0.0006		景德镇	0.0382	-0.0003		乐山	-0.0595	0.0036
	苏州	0.0148	-0.0163		鹰潭	0.0296	0.0020		宜宾	-0.0177	-0.0035
	常州	0.0199	-0.0074		新余	0.0322	-0.0026		自贡	0.0507	-0.0244
	南通	0.0247	-0.0041		宜春	0.0363	-0.0008		内江	-0.0051	-0.0130
	盐城	0.0294	0.0102		萍乡	-0.0207	0.0017		眉山	0.0391	-0.0135
	扬州	-0.0011	0.0008		上饶	0.0239	-0.0038		泸州	0.0212	-0.0149
	镇江	0.0399	0.0018		抚州	0.0366	-0.0035		德阳	0.0380	-0.0125
	泰州	0.0725	0.0045		吉安	0.0250	-0.0035		绵阳	-0.0034	-0.0146
	杭州	-0.0369	-0.0035	武汉城市群	武汉	0.0023	-0.0088		遂宁	0.0417	-0.0160
	宁波	0.0061	-0.0004		黄石	0.0260	-0.0098		南充	0.0254	-0.0189
	嘉兴	-0.0593	0.0107		鄂州	0.0230	0.0066		广安	0.0424	-0.0167
	湖州	-0.0296	0.0020		孝感	0.0391	-0.0021		资阳	0.0423	-0.0166
	绍兴	0.0126	0.0049		咸宁	0.0491	0.0037	黔中城市群	贵阳	-0.0155	-0.0062
	金华	0.0303	0.0006		襄阳	0.0053	-0.0004		六盘水	0.0084	0.0044
	舟山	0.0872	0.0128		荆州	0.0265	0.0080		遵义	0.0374	0.0093
	台州	0.0178	-0.0110		荆门	0.0109	-0.0006		安顺	0.0255	-0.0190
江淮城市群	合肥	0.0480	-0.0435	环长株潭城市群	长沙	-0.0395	-0.0140	滇中城市群	昆明	0.0017	-0.0029
	滁州	0.0211	0.0148		株洲	-0.0114	-0.0035		曲靖	-0.0033	-0.0143
	芜湖	0.0193	0.0253		湘潭	-0.0216	0.0083		玉溪	0.0376	-0.0121
	宣城	0.0419	0.0136		衡阳	-0.0317	0.0065		昭通	0.0227	-0.0163
	铜陵	0.1027	0.0462		岳阳	-0.0075	-0.0028				
	池州	0.0208	0.0183		益阳	0.0019	0.0102				
	安庆	0.0829	0.0105		常德	-0.0066	0.0081				
	马鞍山	0.0104	0.0495		娄底	0.0171	0.0102				

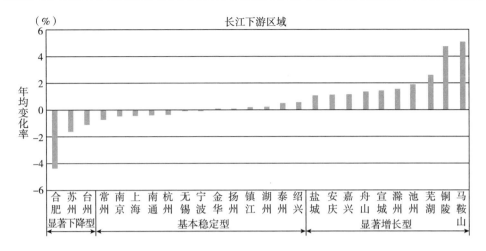

图 5-3　2008~2017 年长江下游区域各地市足迹广度的年均变化率

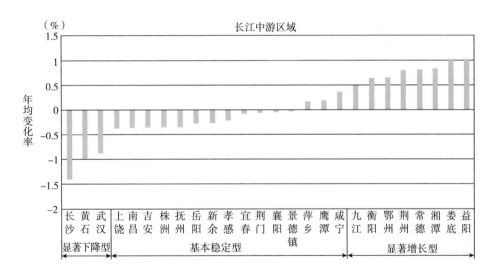

图 5-4　2008~2017 年长江中游区域各地市足迹广度的年均变化率

　　根据生态足迹核算的定义，区域足迹广度可以刻画自然资本的流动性强弱和人类活动占用流量资本的程度。在 2008~2017 年研究期间，长江经济带各地市的区域足迹广度的动态变化差异较大。长江下游区域中显著下降型的有合肥、苏州和台州，特别是合肥，年均下降最明显，基本稳定型的有常州、南京、上海、南通、杭州、无锡、宁波、金华、扬州、镇江、湖州、泰州、绍兴，显著增长型的有盐城、安庆、嘉兴、舟山、宣城、滁州、池州、芜湖、铜陵、马鞍山，特别

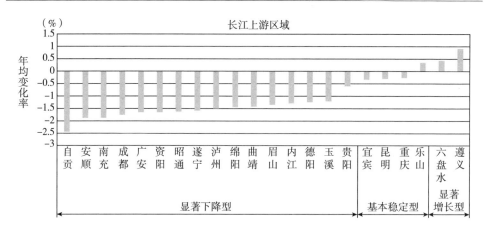

图 5-5 2008~2017 年长江上游区域各地市足迹广度的年均变化率

是马鞍山和铜陵，年均增长率接近 5%；长江中游区域中显著下降型的有长沙、黄石、武汉，基本稳定型的有上饶、南昌、吉安、株洲、抚州、岳阳、新余、孝感、宜春、荆门、襄阳、景德镇、萍乡、鹰潭、咸宁，显著增长型的有九江、衡阳、鄂州、荆州、常德、湘潭、娄底、益阳；长江上游区域中显著下降型的有自贡、安顺、南充、成都、广安、资阳、昭通、遂宁、泸州、绵阳、曲靖、眉山、内江、德阳、玉溪、贵阳，基本稳定型的有宜宾、昆明、重庆、乐山，显著增长型的有六盘水、遵义。

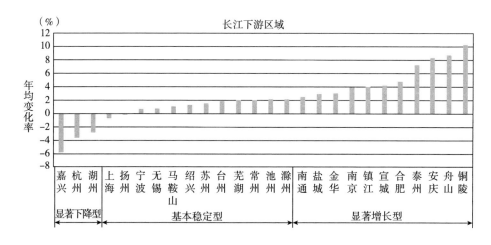

图 5-6 2008~2017 年长江下游区域各地市足迹深度的年均变化率

足迹深度可以刻画自然资本存量消耗的程度。长江下游区域中显著下降型的有嘉兴、杭州、湖州，基本稳定型的有上海、扬州、宁波、无锡、马鞍山、绍兴、苏州、台州、芜湖、常州、池州、滁州，显著增长型的有南通、盐城、金华、南京、镇江、宣城、合肥、泰州、安庆、舟山、铜陵；长江中游区域中显著下降型的有长沙、衡阳、湘潭、萍乡、株洲，基本稳定型的有岳阳、常德、益阳、武汉、襄阳、南昌、荆门，显著增长型的有娄底、鄂州、上饶、吉安、黄石、荆州、鹰潭、新余、宜春、抚州、景德镇、孝感、九江、咸宁，中游区域足迹深度年均增长较快的城市较多；长江上游区域中显著下降型的有乐山、成都、宜宾、贵阳，基本稳定型的有内江、绵阳、曲靖、重庆、昆明、六盘水，显著增长型的有泸州、昭通、南充、安顺、遵义、玉溪、德阳、眉山、遂宁、资阳、广安、自贡，上游区域足迹深度年均增长较快的城市也较多。

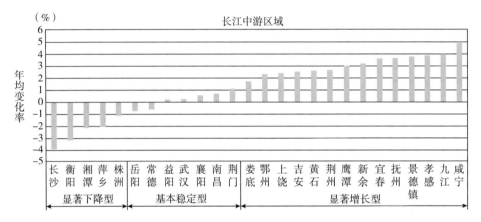

图 5-7　2008~2017 年长江中游区域各地市足迹深度的年均变化率

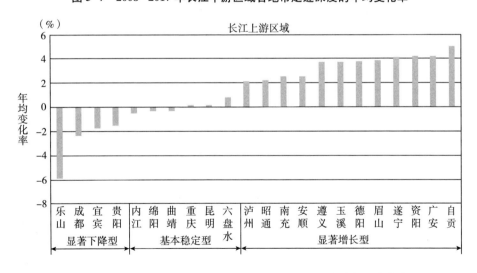

图 5-8　2008~2017 年长江上游区域各地市足迹深度的年均变化率

5.2.1.2　三维生态足迹图形对比分析

根据三维模型的定义，可以将长江经济带各区域三维生态足迹视为一个体积，根据底面积和高变化而逐渐变化的圆柱体。如图 5-9 所示，长江经济带各区域分别在 2008 年和 2017 年圆柱体的底面积（足迹广度）和高（足迹深度）都是增加的，圆柱体的体积是变大的。图中圆柱体底面积增加是区域资本流量利用不断增加的反映，圆柱体高的增加是区域资本存量消耗不断上升的反映。二者的同向变化趋势导致了区域三维生态足迹的增加，这意味着对于区域生态系统供给服务来说，压力是越来越大的。因此，总体来看，长江下游、长江中游和长江上游区域的三维生态足迹都是增加的。也就是说，对于长江经济带各个区域来说，生态系统供给压力在逐渐增加。

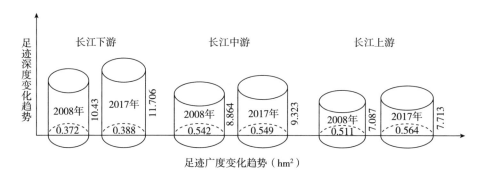

图 5-9　2008 年和 2017 年长江经济带各区域三维生态足迹动态变化

5.2.2　长江经济带自然资本存量与流量空间格局分析

区域足迹深度和足迹广度分别刻画了区域自然资本存量消耗的程度和资本流量占用的程度，为了更清晰地比较区域之间的消耗和占用的差异，整理了表 5-7 和图 5-10，由结果看出，长江经济带区域足迹深度最高而区域足迹广度最低的都是上海市，根据区域可持续发展的原则，本书中区域足迹深度是由低到高来进行排序，区域足迹广度是由高到低来进行排序，还有南京、无锡、苏州、常州、镇江、嘉兴、宁波、合肥、芜湖、铜陵、马鞍山、南昌、武汉、鄂州、湘潭、娄底、成都等市都是区域足迹深度和区域足迹广度排序都靠后的，说明这些城市区域足迹深度偏高而区域足迹广度偏低的。黄石、宣城、池州、九江、上饶、抚州、吉安、昭通、安顺等市正好相反，区域足迹深度和区域足迹广度的排序都很靠前，说明这些城市区域足迹广度偏高而区域足迹深度偏低的。荆门、新余、萍乡等市区域足迹深度排名靠后落后很多，而区域足迹广度排名非常靠前，说明这些市区域足迹深度和广度都偏高。台州、贵阳、德阳等市区域足迹深度排名靠前，而区域足迹广度排名靠后，说明这些市区域足迹深度和广度都偏低，其他绝大多数城市的区域足迹深度和足迹广度的排名名次都是同步的，特别是上海、南京、无锡、苏州、常州、镇江、嘉兴、湖州、舟山、滁州、宣城、池州、安庆、九江、景德镇、抚州、吉安、黄石、株洲、益阳、重庆、宜宾、内江、泸州、绵阳、遂宁、广安、资阳、昆明、曲靖、玉溪、昭通、遵义、安顺等市的排名几乎一致。

　　总体来讲，各地市的人均区域足迹深度差别较大，而人均区域足迹广度差别较小。

表 5-7　2008～2017 年长江经济带存量资本和流量资本的市际比较①

长江下游区域					长江中游区域					长江上游区域				
城市	足迹深度		足迹广度		城市	足迹深度		足迹广度		城市	足迹深度		足迹广度	
	数值	排名	数值	排名		数值	排名	数值	排名		数值	排名	数值	排名
上海	29.08	74	0.10	74	南昌	12.24	57	0.25	65	重庆	10.15	48	0.35	52
南京	25.27	72	0.17	72	九江	4.48	8	0.72	7	成都	12.25	58	0.20	70
无锡	15.75	65	0.21	69	景德镇	6.47	20	0.54	23	乐山	8.76	38	0.56	18
苏州	16.39	67	0.25	64	鹰潭	9.02	39	0.57	17	宜宾	10.63	50	0.37	49
常州	13.13	61	0.22	68	新余	12.15	56	0.52	27	自贡	5.77	14	0.55	20
南通	9.97	46	0.34	53	宜春	8.45	37	0.60	14	内江	7.19	29	0.49	28
盐城	11.61	55	0.38	45	萍乡	12.43	59	0.44	36	眉山	6.42	19	0.47	31
扬州	10.07	47	0.32	56	上饶	3.54	5	0.61	13	泸州	9.15	40	0.44	39
镇江	14.81	64	0.24	66	抚州	3.44	4	0.85	5	德阳	5.72	12	0.42	42
泰州	10.53	49	0.31	57	吉安	3.84	6	0.96	3	绵阳	9.41	41	0.43	41
杭州	5.23	10	0.53	25	武汉	16.17	66	0.17	73	遂宁	9.50	42	0.44	37
宁波	14.08	62	0.35	51	黄石	2.60	1	1.36	1	南充	7.14	27	0.43	40
嘉兴	18.37	69	0.22	67	鄂州	26.80	73	0.26	63	广安	8.26	35	0.44	38
湖州	7.46	30	0.46	33	孝感	11.28	51	0.31	59	资阳	7.51	31	0.54	24
绍兴	7.13	26	0.37	48	咸宁	5.87	16	0.69	10	昆明	5.91	17	0.61	12

---

① 基于区域可持续发展的原则，默认各市的区域足迹深度排序由低到高，区域足迹广度排序由高到低。

续表

长江下游区域				长江中游区域				长江上游区域			
城市	足迹深度		足迹广度		城市	足迹深度		足迹广度		城市	足迹深度		足迹广度	
	数值	排名	数值	排名		数值	排名	数值	排名		数值	排名	数值	排名
金华	5.32	11	0.45	35	襄阳	7.71	32	0.56	19	曲靖	8.31	36	0.45	34
舟山	9.54	43	0.41	43	荆州	8.10	34	0.41	44	玉溪	5.83	15	0.57	16
台州	6.64	21	0.31	58	荆门	9.75	45	0.70	9	昭通	5.08	9	0.65	11
合肥	12.98	60	0.19	71	长沙	9.71	44	0.36	50	贵阳	6.76	24	0.29	60
滁州	7.02	25	0.55	22	株洲	6.65	22	0.58	15	六盘水	6.17	18	0.47	32
芜湖	11.33	53	0.27	62	湘潭	22.00	71	0.34	54	遵义	5.73	13	0.72	8
宣城	2.77	2	0.95	4	衡阳	11.57	54	0.38	46	安顺	4.43	7	0.80	6
铜陵	14.13	63	0.34	55	岳阳	11.29	52	0.47	30					
池州	3.08	3	1.18	2	益阳	8.06	33	0.49	29					
安庆	6.70	23	0.52	26	常德	7.17	28	0.55	21					
马鞍山	21.58	70	0.29	61	娄底	17.93	68	0.38	47					

2008~2017 年，上海、鄂州、南京、湘潭和马鞍山的区域足迹深度均值都在 20 以上，排名分别都是倒数，区域存量资本消耗很高；昆明、咸宁、玉溪、自贡、遵义、德阳、金华、杭州、昭通、九江、安顺、吉安、上饶、抚州、池州、宣城、黄石的区域足迹深度均值都在 6 以下，排名都是靠前，区域存量资本消耗低。整体来看，足迹深度高值区主要分布在长江下游区域，低值区主要分布在长江中游和上游区域，其他城市属于中值区的区域足迹深度在 6~20，其空间格局与区域的经济发展水平和自然资源禀赋条件是密切相关的。2008~2017 年，流量资本占用高值区分布在黄石、池州、吉安、宣城、抚州、安顺、九江、遵义、荆门等市，区域足迹广度在 0.7~1.36ghm²/人；而区域资本流量占用低值区主要是上海、武汉、南京、合肥、成都、无锡、常州、嘉兴、镇江、南昌、苏州、鄂州、芜湖、马鞍山、贵阳等市，区域足迹广度都在 0.3ghm²/人以下，大部分在长江下游和中游区域及可再生资源需求较低的地区；其余地区的区域资本流量占用为中值区，区域足迹广度在 0.3~0.7ghm²/人。整体来看，长江经济带区域足迹广度大致呈上游>中游>下游的空间格局，所以空间格局还是主要受区域资源禀赋的影响。结合长江经济带区域存量资本和流量资本的实际利用情况，可发现流量资本低值区对存量资本的依赖程度较高；反之，流量资本高值区对存量资本的依赖程度较小。

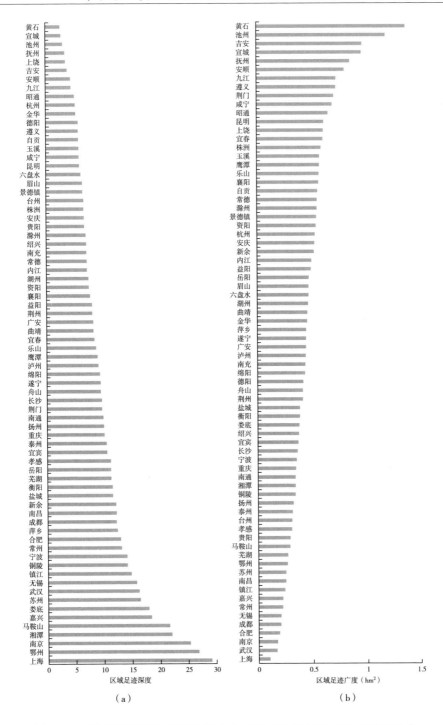

图 5-10 长江经济带资本存量消耗（a）和资本流量占用（b）的市际分布

5.3 长江经济带自然资本存量与流量结构分析

上述对长江经济带表征自然资本利用程度的足迹广度和深度进行了时空特征分析，为了揭示长江经济带影响自然资本利用的构成要素及份额，将对长江经济带自然资本利用进行静态和动态的结构分析。

5.3.1 自然资本存量（区域足迹深度）结构分析

在存量资本消耗结构方面，以 2008 年和 2017 年作为基期和报告期。总体而言，长江经济带区域存量资本消耗从基期到报告期变化不是太大。具体结构占比如表 5-8 所示。

从 2008 年和 2017 年长江经济带 74 个市区域足迹深度构成来看，除了化石能源用地之外的其他 5 种生态生产性土地中，草地在大多数城市中以压倒性占比成为区域足迹深度的主要构成部分，大部分城市都达到了 60% 以上的比例，部分城市都高达 80%，且各城市之间差异显著，南京、无锡、杭州、金华、南昌、九江、抚州、武汉、黄石、荆州、乐山、自贡、贵阳、昆明、昭通等市与其他城市相比，草地所占比例稍微低一些，这个主要与各地区自身的草地资源禀赋直接相关，加上各城市对于牛羊肉奶类等禽肉的消费数量也差距甚大；人均草地生态足迹和人均草地承载力在 74 个市之间的变异系数分别达到了 204.8% 和 169.3%，表明不管是草地的资源禀赋还是人们的消费量都对草地区域足迹深度区际差异的影响很大。在存量资本消耗构成部分中，按比例大小来看，除了占比最大的草地，其次是水域和耕地；其中耕地的构成占比在报告期比基期的变化有升有降，大部分的城市占比都在 10% 左右，长江下游区域耕地的占比基本以降为主，特别是嘉兴市 2017 年的耕地占比比 2008 年的耕地占比下降明显，也有少部分城市常州、盐城、合肥、铜陵、池州、安庆稍微上升，而长江中游区域正好相反，报告期以升为主，只有宜春、长沙、湘潭稍微下降，长江上游区域则变化不是太大；水域的占比稍微高一些，都在 20% 左右，在长江下游和中游区域都是以升为主，下游区域的盐城、泰州、宁波、湖州、金华、舟山、芜湖和中游区域的南通、荆州稍微下降；长江下游区域的林地占比报告期以升为主，少部分城市有些下降，而长江中游区域的林地大部分是下降的，宜春、武汉、荆州、长沙、岳阳、益阳、娄底稍微上升；建设用地在长江下游和中游区域变化不是太明显，在上游区域大部分是上升的，不过占比的增加速度较小。

表 5-8 2008 年和 2017 年 74 个市各地类的区域足迹深度的构成占比

单位：%

年份	城市	地类					城市	地类					城市	地类				
		耕地	草地	林地	水域	建设用地		耕地	草地	林地	水域	建设用地		耕地	草地	林地	水域	建设用地
2008	上海	8.29	74.46	2.01	13.29	1.95	南昌	10.82	59.42	2.69	24.92	2.15	成都	13.47	63.94	1.79	19.01	1.79
	南京	7.47	60.43	3.78	24.54	3.78	九江	8.05	56.21	7.17	21.41	7.17	乐山	7.12	80.56	—	9.49	2.84
	无锡	14.00	66.95	6.35	6.35	6.35	景德镇	5.98	69.31	3.73	17.25	3.73	宜宾	12.12	64.70	2.60	17.99	2.60
	苏州	12.90	61.23	8.62	8.62	8.62	鹰潭	9.55	65.21	2.94	19.36	2.94	自贡	13.09	67.98	5.08	8.78	5.08
	常州	13.78	70.38	5.28	5.28	5.28	新余	6.19	75.23	2.02	14.53	2.02	内江	13.91	60.36	10.36	5.01	10.36
	南通	10.84	80.46	3.05	2.83	2.83	宜春	7.31	71.93	2.17	16.43	2.17	眉山	10.91	68.41	7.01	6.67	7.01
	盐城	8.86	58.64	2.19	28.12	2.19	萍乡	11.21	64.85	3.01	17.92	3.01	泸州	5.15	68.05	5.98	14.84	5.98
	扬州	13.46	74.44	4.03	4.03	4.03	上饶	6.88	63.71	4.43	20.56	4.43	德阳	13.64	72.88	2.47	8.54	2.47
	镇江	3.06	63.81	3.10	27.28	2.74	抚州	9.53	52.43	5.15	27.74	5.15	绵阳	28.30	50.15	6.52	8.50	6.52
	泰州	9.88	82.04	2.86	2.61	2.61	吉安	5.74	72.02	2.80	16.65	2.80	遂宁	23.46	51.13	7.20	11.02	7.20
	杭州	12.43	54.96	5.31	21.99	5.31	武汉	16.31	38.45	4.68	35.88	4.68	南充	11.74	69.81	4.82	8.80	4.82
	宁波	11.50	54.40	4.62	24.86	4.62	黄石	13.81	39.43	13.81	19.14	13.81	广安	10.95	60.59	7.55	13.36	7.55
	嘉兴	12.38	64.66	2.23	19.36	1.37	鄂州	6.01	80.68	1.18	10.95	1.18	资阳	8.75	59.84	9.84	11.75	9.84
	湖州	10.18	56.39	3.25	26.93	3.25	孝感	10.31	58.84	3.04	24.95	2.86	贵阳	10.01	58.60	6.06	19.26	6.06
	绍兴	10.00	58.52	4.03	23.41	4.03	咸宁	5.15	79.23	2.43	10.75	2.43	六盘水	5.80	71.38	4.76	13.31	4.76
	金华	13.03	53.66	5.99	21.33	5.99	襄阳	9.02	67.42	3.81	15.94	3.81	遵义	6.02	72.61	3.68	14.01	3.68
	舟山	14.90	45.33	9.50	20.77	9.50	荆州	8.80	55.21	2.80	30.38	2.80	安顺	7.36	59.72	10.00	16.18	6.74
	台州	8.18	67.77	4.56	14.93	4.56	荆门	8.32	67.52	2.65	18.85	2.65	昆明	16.30	56.28	6.45	14.51	6.45
	合肥	5.81	74.37	1.59	16.64	1.59	长沙	9.23	86.47	1.43	1.43	1.43	曲靖	14.77	60.91	8.17	7.97	8.17
	滁州	3.37	81.93	1.58	11.92	1.20	株洲	6.36	79.68	1.57	10.82	1.57	玉溪	6.61	60.60	9.42	13.96	9.42

续表

年份	城市	耕地	草地	林地	水域	建设用地	城市	耕地	草地	林地	水域	建设用地	城市	耕地	草地	林地	水域	建设用地
2008	芜湖	3.40	79.86	1.55	13.76	1.43	湘潭	9.68	76.41	1.09	11.73	1.09	昭通	9.64	60.74	10.74	8.13	10.74
	宣城	4.08	76.46	2.79	13.88	2.79	衡阳	7.53	79.10	1.28	10.81	1.28	重庆	8.63	73.42	2.70	12.54	2.70
	铜陵	2.98	81.37	2.08	11.49	2.08	岳阳	6.49	79.64	1.46	10.96	1.46						
	池州	3.95	78.53	2.84	11.84	2.84	益阳	5.65	80.36	1.54	10.91	1.54						
	安庆	3.90	80.18	1.88	12.17	1.88	常德	4.82	80.98	1.45	11.30	1.45						
	马鞍山	6.14	85.22	2.93	2.85	2.85	娄底	8.01	77.95	1.63	10.77	1.63	成都	12.90	68.33	2.05	14.67	2.05
2017	上海	6.39	74.71	2.75	13.41	2.75	南昌	11.59	56.99	2.10	27.22	2.10	乐山	15.26	52.73	—	25.08	6.93
	南京	6.20	56.41	5.18	27.03	5.18	九江	9.31	55.84	5.91	23.02	5.91	宜宾	10.93	61.18	3.14	21.61	3.14
	无锡	13.33	59.61	8.56	9.95	8.56	景德镇	6.87	65.81	3.47	20.38	3.47	自贡	17.68	49.50	9.50	13.81	9.50
	苏州	8.93	62.89	9.15	10.23	8.80	鹰潭	11.14	64.00	2.25	20.37	2.25	内江	8.72	60.47	10.47	9.89	10.47
	常州	14.80	64.03	6.69	7.78	6.69	新余	6.93	73.36	2.07	15.56	2.07	眉山	7.06	67.13	7.13	11.55	7.13
	南通	10.09	81.82	2.56	2.97	2.56	宜春	1.82	93.20	0.47	4.04	0.47	泸州	10.66	66.45	6.45	9.99	6.45
	盐城	9.15	60.60	1.82	26.62	1.82	萍乡	11.71	64.75	2.75	18.04	2.75	德阳	17.28	72.77	2.77	4.42	2.77
	扬州	11.38	77.24	3.60	4.18	3.60	上饶	6.64	64.77	3.79	21.02	3.79	绵阳	4.56	77.05	7.05	4.30	7.05
	镇江	3.07	63.61	3.07	27.19	3.07	抚州	9.76	52.19	4.67	28.71	4.67	遂宁	10.19	67.65	7.65	6.85	7.65
	泰州	12.25	81.07	2.27	2.21	2.21	吉安	6.06	71.17	2.63	17.51	2.63	南充	7.67	75.49	5.43	5.97	5.43
	杭州	16.13	46.91	7.10	22.77	7.10	武汉	20.51	25.69	6.60	41.35	5.85	广安	7.10	68.01	8.01	8.87	8.01
	宁波	9.09	62.78	4.52	19.09	4.52	黄石	13.74	39.81	13.74	18.98	13.74	资阳	4.71	69.68	9.68	6.25	9.68
	嘉兴	4.23	68.15	3.34	22.13	2.15	鄂州	8.03	78.85	1.21	10.70	1.21	贵阳	12.16	54.54	6.64	20.03	6.64
	湖州	6.58	64.77	3.22	22.22	3.22	孝感	10.21	61.88	2.84	23.09	1.98						

续表

年份	城市	耕地	草地	林地	水域	建设用地	城市	耕地	草地	林地	水域	建设用地	城市	耕地	草地	林地	水域	建设用地
2017	绍兴	9.45	60.81	3.75	22.25	3.75	咸宁	5.78	79.79	1.80	10.83	1.80	六盘水	6.47	72.24	4.48	12.33	4.48
	金华	12.54	53.79	6.98	19.72	6.98	襄阳	13.23	57.07	4.42	20.87	4.42	遵义	7.89	71.67	3.68	13.08	3.68
	舟山	12.44	47.60	12.44	15.07	12.4	荆州	10.65	54.36	10.20	24.63	0.15	安顺	8.20	65.40	5.55	5.35	15.40
	台州	8.89	60.89	4.36	21.49	4.36	荆门	11.22	57.58	3.02	25.17	3.02	昆明	20.59	53.82	5.88	13.83	5.88
	合肥	6.70	70.74	1.93	19.30	1.33	长沙	7.97	86.03	2.52	1.81	1.67	曲靖	10.97	68.52	8.52	3.46	8.52
	滁州	3.75	81.86	1.57	11.75	1.07	株洲	5.97	79.83	1.68	10.84	1.68	玉溪	12.08	59.58	9.58	9.19	9.58
	芜湖	3.31	81.54	1.49	12.30	1.36	湘潭	7.88	78.52	1.13	11.34	1.13	昭通	11.20	50.97	4.97	22.89	10.97
	宣城	4.21	77.69	2.24	13.61	2.24	衡阳	6.37	80.09	1.31	10.93	1.31	重庆	6.85	77.76	2.34	10.86	2.18
	铜陵	3.21	81.05	1.65	12.46	1.63	岳阳	5.61	77.35	4.62	11.03	1.39						
	池州	4.37	79.27	2.18	11.99	2.18	益阳	8.96	66.87	2.37	19.44	2.37						
	安庆	4.68	80.15	1.55	12.09	1.55	常德	4.23	81.55	1.33	11.57	1.33						
	马鞍山	5.54	85.23	3.18	3.03	3.03	娄底	9.78	71.37	2.23	14.39	2.23						

5.3.2 自然资本流量（区域足迹广度）结构分析

根据前面的计算，进一步以长江经济带各地类的资本流量利用，即耕地、草地、林地、水域、建设用地这 5 类的人均足迹广度均值占比来进行分析。图 5-11 显示，2008~2017 年长江经济带各市资本流量利用中，耕地占了绝大部分比重，几何平均数达到 84.7%，它是影响长江经济带资本流量利用的主要结构性因素。

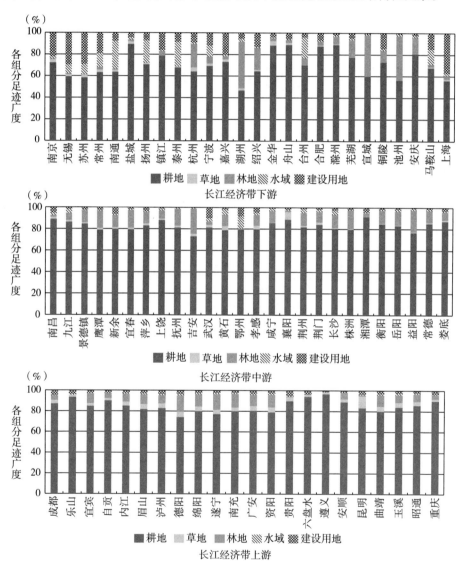

图 5-11 2008~2017 年长江经济带各市年均不同地类的足迹广度与组分占比

在除了化石能源用地之外的五大地类，耕地比例占据了绝对比重，不过长江下游各区域的耕地占比还是有差异的，上游区域>中游区域>下游区域，下游区域总体耕地比例要稍微小一些，特别是上海、无锡、苏州、池州、常州、南通、绍兴都为60%左右的占比，而中游区域和上游区域都基本在80%以上，特别是中游区域的湘潭、南昌，上游区域的乐山、自贡、贵阳、六盘水、遵义、安顺、重庆，部分都高达90%；各个地区耕地人均足迹广度的组分占比这么大，充分表明了长江经济带的农业生产仍然是该地区非常重要的自然资本利用方式，并与该地区特别是长江经济带中游和上游区域坚守着粮食生产耕地红线而密不可分的。

建设用地是长江下游区域大部分城市流量占用水平次高的生态生产性土地类型，这与快速发展中各个城市建设用地特别是房产开发需求持续增加、建设用地面积扩张有直接关系。上海、南京、无锡、常州、镇江、宁波、嘉兴、绍兴、铜陵、马鞍山等市，特别是上海、南京、无锡、常州、嘉兴建设用地占比很高。在区域足迹广度核算结果中显示，建设用地组分在人均区域足迹广度中的占比与该地区城市人口密度呈正相关关系，这意味着人口聚集、城市化较高的区域，其耕地、草地、林地、水域等地类的足迹广度占比会随着这些地类向建设用地转化而相应有所降低。呈现这种特征的主要原因是上海、南京、无锡、常州、镇江、宁波、嘉兴、绍兴、铜陵、马鞍山等是城市化水平相对较高的地区，因此资本流量利用中城市的房地产业占的比重较大，可见区域城市化水平与建设用地份额成正比。长江中游和上游区域的建设用地占比明显就比下游区域的城市小很多。

区域林地的占比主要反映木材等林产品对地区生产生活的必要性，长江下游区域的杭州、湖州、绍兴、芜湖、宣城、池州、安庆，长江中游区域的九江、景德镇、鹰潭、新余、宜春、萍乡、上饶、抚州、吉安、黄石、孝感、荆门、长沙、株洲、衡阳、岳阳、益阳、常德、娄底，长江上游区域的宜宾、眉山、泸州、德阳、绵阳、遂宁、南充、广安、资阳、曲靖等市林地占比相对较高，其余城市的林地消费足迹是赤字，当区域林地的足迹深度超过其自然深度，那么区域林地足迹广度 EF_{size} 不再与区域林地消费足迹 EF 有关联，而是对应区域林地的生态承载力 EC。

5.3.3　足迹深度和足迹广度变化趋势分析

5.3.3.1　变化率

根据式（3-19）和式（3-20），分别计算得到长江经济带各区域足迹深度和足迹广度的变化率曲线（见图5-12、图5-13和图5-14）。

从不同地类来看，由图 5-12 可以看出，2009~2017 年，耕地足迹深度变化率在-30%~40%，波动较大，但整体上逐渐下降，说明研究期间区域的足迹深度在逐渐下降，长江下游区域发展过程中自然资本存量的消耗速度逐渐下降，资本流量的占用减弱。2010~2013 年耕地的足迹深度变化率波动大，其中，2011年耕地的足迹深度变化率达到最大值，2012 年达到最小值。耕地足迹广度的变化率逐渐趋向于 0，说明足迹广度逐渐趋向于某个数值。2013~2017 年的变化率幅度逐渐变小，说明耕地足迹广度的变幅在逐渐变小，进一步说明长江下游地区耕地的消耗趋于稳定。2009~2017 年，草地足迹深度变化率在-10%~10%，波动较小，整体上逐渐下降，说明期间的足迹深度在逐渐下降。草地足迹广度的变化率波动下降。林地足迹深度在 2009~2017 年的变化率始终为 0，这说明林地足迹深度一直处于不变的状态，因为林地的足迹深度一直为 1，但林地足迹广度变化率在 2009~2017 年波动较大。水域足迹深度的变化率在 2009~2017 年逐渐趋向于 0，说明足迹深度逐渐趋向于某个数值。水域足迹广度的变幅在逐渐增加，表明水域资本流量占用增加。建设用地足迹深度的变化率在 2009~2017 年始终为 0，因为建设用地的足迹深度一直为 1，但其足迹广度处于波动增加的态势，说明建设用地资本流量占有率整体上处于增加的态势。

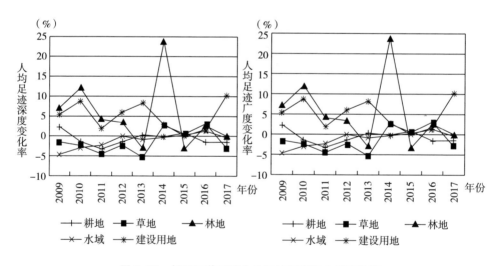

图 5-12 长江下游区域人均足迹深度和广度变化率

由图 5-13 可以看出，2009~2017 年，长江中游区域耕地足迹深度变化率在-10%~5%，整体上逐渐下降，说明期间的耕地足迹深度在逐渐下降。2014~2017 年耕地的足迹深度变化率波动大，且降幅逐渐增加。耕地足迹广度的变化率波动小，且逐渐趋向于 0，说明足迹广度逐渐趋向于某个数值。耕地足迹广度的变幅在逐渐变小，进一步说明长江中游地区耕地的消耗趋于稳定。2009～2017年，草地足迹深度变化率波动较小，整体上逐渐上升，说明期间的足迹深度在逐渐增加。草地足迹广度的变化率波动下降。林地足迹深度在2009～2017年的变化率始终为0，说明林地足迹深度一直处于不变的状态，因为林地的足迹深度一直为1，但林地足迹广度变化率在2009～2017年波动较大。水域足迹深度的变化率在2009～2017年波动上升，说明水域资本存量消耗越来越快。水域足迹广度的变幅在波动下降。建设用地足迹深度的变化率在2009～2017年始终为0，因为建设用地的足迹深度一直为1，但其足迹广度变化率波动较大，其中，2009～2012年不断增加，2014～2017年趋于稳定。

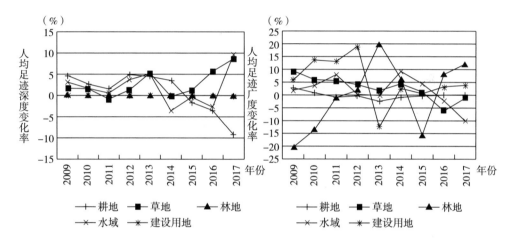

图 5-13　长江中游区域人均足迹深度和广度变化率

由图5-14可以看出，2009～2017年，长江上游区域耕地足迹深度变化率在-2%～3%，整体上逐渐下降，说明期间的耕地足迹深度在逐渐下降。2011～2014年耕地的足迹深度变化率波动大。耕地足迹广度的变化率较稳定，且始终为负值。2009～2017年，草地足迹深度变化率在2009～2014年波动较大，整体上逐渐上升，说明这期间的足迹深度在逐渐增加。草地足迹广度的变化率在0附近波动。林地足迹深度在2009～2017年的变化率始终为0，说明林地足迹深度一直处于不变的状态，因为林地的足迹深度为一直为1，林地足迹广度变化率在2009～2017年在0附近波动，但波动较小。水域足迹深度的变化率在2009～2017年波动较大，且始终为负值。水域足迹广度的变化率较稳定，处于0%～5%。建设用地足迹深度的变化率在2009～2017年始终为0，因为建设用地的足迹深度一直为1，但其足迹广度变化率波动较大，在0附近不断呈现增减波动。

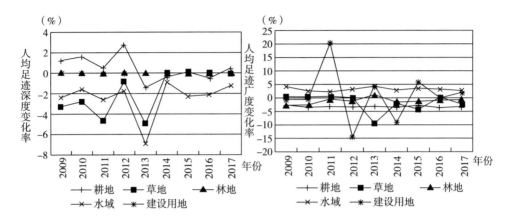

图 5-14　长江上游区域人均足迹深度和广度变化率

5.3.3.2　"剪刀差"

根据式（3-21）计算得到长江经济带各区域足迹深度和足迹广度的"剪刀差"（见表 5-9）。

表 5-9　2009~2017 年长江经济带各区域足迹深度与足迹广度的"剪刀差"

年份	长江下游区域					长江中游区域					长江上游区域				
	耕地	草地	林地	水域	建设用地	耕地	草地	林地	水域	建设用地	耕地	草地	林地	水域	建设用地
2009	0.018	0.062	0.070	0.110	0.054	0.019	0.077	0.202	0.013	0.057	0.038	0.038	0.027	0.066	0.006
2010	0.050	0.071	0.120	0.093	0.088	0.018	0.044	0.136	0.020	0.136	0.051	0.032	0.026	0.042	0.006
2011	0.427	0.087	0.041	0.072	0.019	0.023	0.065	0.010	0.073	0.130	0.037	0.053	0.004	0.048	0.201
2012	0.249	0.042	0.034	0.027	0.060	0.052	0.028	0.019	0.035	0.189	0.061	0.009	0.012	0.049	0.145
2013	0.062	0.16	0.031	0.036	0.083	0.069	0.036	0.200	0.052	0.125	0.017	0.045	0.012	0.112	0.047
2014	0.017	0.062	0.234	0.030	0.030	0.044	0.046	0.064	0.128	0.026	0.031	0.021	0.016	0.038	0.091
2015	0.069	0.011	0.033	0.042	0.030	0.013	0.000	0.155	0.048	0.006	0.028	0.042	0.013	0.058	0.058
2016	0.020	0.075	0.026	0.011	0.017	0.035	0.118	0.081	0.005	0.033	0.031	0.002	0.009	0.053	0.001
2017	0.030	0.010	0.000	0.021	0.103	0.093	0.098	0.121	1.481	0.038	0.037	0.023	0.007	0.039	0.020

　　2009~2017 年，长江经济带各区域足迹深度和足迹广度的变化差异较大，不同地类方面，耕地、草地和建设用地的"剪刀差"变大，反映了耕地、草地和建设用地资本存量的消耗不仅在加速上升，而且加速度越来越大。耕地和水域"剪刀差"最大，草地"剪刀差"次之，反映出区域发展过程中这几类用地最为紧缺，自然资本存量消耗的依赖性越来越强；林地和建设用地的"剪刀差"相对较小，

且维持稳定，主要是因为这三类用地足迹深度一直保持不变，"剪刀差"主要取决于足迹广度的变化。

从表 5-9 可以看出，2009~2017 年研究期间，长江下游区域耕地足迹深度和足迹广度的变化差异波动大，在 2009~2011 年由 0.018 增加至最高点 0.427，两者的拮抗作用非常明显，这是因为在此期间足迹广度减少的同时足迹深度在增加，表明在自然资本流量急剧减少的情况下，越来越多的资本存量被用来维持生态需要。在 2011~2014 年，由 0.427 下降到最低点 0.017，此期间两者的拮抗作用逐渐减弱。在 2014~2017 年波动较小。草地、水域和建设用地足迹深度和足迹广度的变化差异在 2009~2017 年的波动较小，整体上保持在 0.1 以下。林地足迹深度和足迹广度的变化差异在 2009~2013 年与 2015~2017 年两个时间段内的波动较小，在 2013~2015 年的波动较大。由于 2009~2017 年林地与建设用地的足迹深度变化率始终保持不变为 0，因此，其"剪刀差"主要取决于足迹广度的变化。

长江中游区域在研究期间，耕地、草地、林地、建设用地足迹深度和足迹广度的变化差异波动较小，且其"剪刀差"始终保持在 0.1 以下，其中耕地的"剪刀差"始终保持在 0.1 以下。水域足迹深度和足迹广度的变化差异在 2009~2016 年的波动较小，且始终保持在 0.1 以下，在 2016~2017 年足迹深度和足迹广度的变化差异急剧增加，由 0.005 增加到 1.481，两者的拮抗作用非常明显，这是因为此期间足迹广度迅速减少的同时足迹深度在急剧增加，表明在自然资本流量急剧减少的情况下，越来越多的资本存量被用来维持生态需要。由于 2009~2017 年林地与建设用地的足迹深度变化率始终保持不变，因此，其"剪刀差"主要取决于足迹广度的变化。

长江上游区域研究期间，耕地、林地、草地足迹深度和足迹广度的变化差异波动较小，且"剪刀差"整体上维持在较小值，其中耕地"剪刀差"在 2009~2017 年均保持在 0.065 以下，林地"剪刀差"在 2009~2017 年均保持在 0.030 以下，草地"剪刀差"在 2009~2017 年均保持在 0.060 以下。2009~2017 年水域与建设用地足迹深度和足迹广度的变化差异波动较大。水域足迹广度在 2009~2017 年较稳定，因此，其足迹深度和足迹广度的变化差异波动主要取决于足迹深度的变化。建设用地足迹深度和足迹广度的变化差异波动大，在 2009~2011 年由 0.006 增加至最高点 0.201，两者的拮抗作用明显，这是因为此期间足迹深度保持不变而足迹广度在增加。在 2011~2013 年，由 0.201 下降到最低点 0.047，此期间两者的拮抗作用逐渐减弱。在 2014~2017 年波动下降至 0.020。

5.4 本章小结

本章通过足迹广度和深度指标对长江经济带自然资本利用存量和流量进行测度,从结果总体看,长江下游、中游和上游区域的三维生态足迹都是增加的,区域足迹广度的增加是区域资本流量利用不断增加的反映,区域足迹深度的增加是区域资本存量消耗不断上升的反映。二者的同向变化趋势导致了区域三维生态足迹的增加,意味着对于长江经济带各个区域生态系统供给服务来说,生态系统供给压力在逐渐增加。足迹深度的年均变化率显著增长的城市较少,最大的是长江下游区域的城市,下游区域有 3 个城市的增长率超过了 4% 以上,中游区域有 5 个城市的增长率达到了 3%,上游区域有 4 个城市的增长率达到了 4% 左右。足迹广度的年均变化率基本都在 2% 以内,长江下游区域除了马鞍山、铜陵显著增长和合肥显著下降外,中游区域城市年均变化率全部在 2% 以内,而且大部分城市都是显著下降的,上游区域城市除了乐山、六盘水和遵义 3 个城市的年均变化率是增长的,其他城市都是下降的。

在 2008~2017 年研究期间,各地市自然资本利用存量和流量的差异较大。区域人均足迹广度较大值多集中在资源富足且区域人口密度相对较小的地区,而足迹广度较小的则比较容易出现在资源相对匮乏而人口密集的地区,长江经济带区域足迹广度较高的城市主要分布在长江中游和下游区域;区域中资源富足型的城市足迹深度普遍是较低的,而资源匮乏型的城市足迹深度则较高。区域足迹深度较低的城市主要分布在长江中游和下游区域;长江经济带 74 地市总体均处于生态赤字的状态,所以各城市足迹深度均大于原长 1。

长江经济带的自然资本存量消耗速度是过快的,其中主要原因是化石能源土地在总消耗中占据了绝对主导地位。区域足迹深度会随着时间的推移而不断累加,而且当足迹深度不断增大时,存量资本的消耗也加快,反过来又会使生态承载力降低,这样不断处于恶化循环之中。长江经济带各地市的人均足迹深度由 9.1 增至 9.8,意味着区域一年的资源消耗量需要接近 10 年才可再生。

长江经济带各地类的足迹深度和足迹广度的变化差异较大,耕地、草地和建设用地的“剪刀差”变大,反映了耕地、草地和建设用地资本存量的消耗不仅在加速上升,而且加速度也越来越大。耕地和水域“剪刀差”最大,草地“剪刀差”次之,反映出区域发展过程中这几类用地最为紧缺,自然资本存量消耗的依赖性越来越强;林地和建设用地的“剪刀差”相对较小,且维持稳定,主要是因为这三类用地足迹深度一直保持不变,“剪刀差”主要取决于足迹广度的变化。

第6章 长江经济带自然资本利用可持续性分析

6.1 自然资本利用生态持续性评价分析

生态持续性是衡量区域可持续发展的重要途径和核心标准，也同时是区域可持续性研究的重点，因为生态持续性是与人类消费的程度强弱和规模大小密切相关的，所以生态持续性与区域自然资本存量的消耗程度或自然资本存量的减少与否密切相关联。也就是说，当某区域的足迹广度较大和足迹深度较小时，则认为该区域生态持续性相比而言更强；反之，区域生态持续性是更弱的。在第5章中，利用三维生态足迹模型分别对 2008~2017 年长江经济带城市群各地市自然资本流量和存量利用进行评估，本节在此基础上继续深入分析，为了探讨区域足迹广度和足迹深度的耦合特征以及由此反映的生态持续性情况。同时为了定量表征各区域生态持续性，引入存量、流量资本利用率相关指标，利用存量资本超前于流量资本的程度来进行刻画，以期深入了解长江经济带自然资本利用的可持续性状况。

6.1.1 自然资本利用生态持续性评价方法

6.1.1.1 聚类分析和象限图法

为进一步考察长江经济带自然资本利用的区域性差异，本节依据所改进的足迹深度和足迹广度两项指标进行市域聚类分析，即将长江经济带各地区的人均足迹广度和人均足迹深度进行 Z-Score 标准化，通过各地区标准化后的人均区域足迹深度和人均区域足迹广度，以及通过 SPSS22.0 软件运用 K-mean 聚类的方法，进一步借助聚类树对聚类的结果和陈明星等提出的象限图来进行聚类耦合来划分生态持续性等级，进一步分区。

具体绘制步骤如下：

（1）选取 2008~2017 年长江经济带主要城市的足迹深度和足迹广度的平均值，作为聚类分析的两个指标。

（2）采用抽样标准差法（方恺、李焕承，2012）将足迹深度平均值和足迹广度平均值分别标准化，以消除量纲的影响，形成的两个新指标为标准化足迹深度、标准化足迹广度，并使坐标原点平移到样本的中心位置。抽样标准差如式（6-1）所示：

$$Z_{ij} = \frac{x_{ij} - \overline{x_{ij}}}{\sqrt{\dfrac{\sum\limits_{j=1}^{n}(x_{ij} - \overline{x_{ij}})^2}{(n-1)}}} \tag{6-1}$$

式中，Z_{ij} 为标准化后的指标值；n 为城市个数；x_{ij} 为市域 i 标准化前的指标值（$i=1$，2，3，$\cdots$，n）；$\overline{x_{ij}}$ 为 n 个区域标准化前指标值的均值。

（3）标准化后的两组新指标数据分别形成平面直角坐标体系，并绘制出相应的各市区域标准化足迹深度和广度的象限散点图。

（4）依据散点图中两组指标数据的象限位置，按类型来划分区别各市域的等级。

6.1.1.2 资本流量占用率和存量流量利用比

区域自然资本利用的生态持续性可通过测算区域资本流量占用率和存量流量利用比来衡量。根据前面的内容知道核算出的区域生态足迹结果，并不能很好地反映出对区域生态环境造成的压力大小。对一个地区而言，即使生态足迹很大，但是消耗的全是自然资本流量时，该地区的生态系统仍处在良性循环中；然而即使生态足迹很小，但当必须动用存量资本才能维持该地区经济社会的正常运行时，就会给该地区生态系统造成很大的压力。因此，生态足迹的大小并不完全代表发展的可持续与否，可核算资本流量占用率和存量流量利用比来衡量区域的生态压力及自然资本利用可持续性。

当自然资本流量未被完全占用时，足迹深度是等于原长的，为表征人类活动对自然资本流量的实际占用程度，引入自然资本流量占用率（OR_{flow}），计算如式（6-2）所示：

$$OR_{flow} = \frac{EF_{size,region}}{EC} \times 100\% \, (EF_{3D} \leqslant EC) \tag{6-2}$$

当自然资本流量完全被占用后，自然资本存量开始被消耗，于是引入存量流量利用比率（R_{flow}^{stock}），来表征实际自然资本中存量和流量占用的动态关系，计算如式（6-3）所示：

$$R_{flow}^{stock} = \frac{EF - EF_{size,region}}{EF_{size,region}} = \frac{ED}{EC} = EF_{size,region} - 1 \, (EF_{3D} > EC) \tag{6-3}$$

6.1.2　长江经济带自然资本利用生态持续性核算分析

6.1.2.1　市域聚类划分

标准化后的区域足迹深度和区域足迹广度在各市间的排序如表 5-7 所示，可以明显发现，各地市的区域人均足迹广度低值区大体与区域人均足迹深度高值区相对应，即由区域人均足迹广度表征的流量资本占用和区域人均足迹深度表征的存量资本消耗存在地域互补性，也就是说，长江经济带各地区通过大幅消耗存量资本来弥补流量资本的不足已经成为非常普遍的现象。

依据式（6-1）~式（6-3）中 $EF_{depth,region}$ 与 $EF_{size,region}$ 所在象限的不同，将长江经济带 74 个地市的自然资本利用状况划分为 4 种类型，具体分析如下：

（1）Ⅰ类，即自然资本重度利用型。该类型一般是流量资本占用较多，存量资本消耗也较多，且存量资本消耗水平严重超前于流量资本占用。在 2008 年和 2017 年两个年份，处于Ⅰ类区的地市有一些变化，长江下游区域的南京、苏州、宁波、马鞍山，长江中游区域的鄂州、湘潭、娄底、新余、岳阳一直处于Ⅰ区，嘉兴、衡阳、长沙、乐山、宜宾、绵阳、曲靖在 2008 年处于Ⅰ类区，而镇江、泰州、铜陵、舟山、盐城、孝感、宜春、遂宁、泸州、广安在 2018 年处于Ⅰ类区。

（2）Ⅱ类，即自然资本中度利用型。该类型的特点是流量资本占用较少，而存量资本消耗较多，存量资本消耗水平总体显著超前于流量资本占用。Ⅱ类区主要包括了上海、无锡、常州、镇江、扬州、合肥、芜湖、扬州、南通、武汉、南昌、孝感、成都、重庆等市，相对来说分布地市不是太多的类型。

（3）Ⅲ类，即自然资本轻度利用型。该类型的特点是流量资本占用较少，且存量资本消耗也相对较少，存量资本消耗与流量资本占用的程度较一致。Ⅲ类区包括的地市较多，在 2008 年和 2017 年变化不大，主要有长江下游区域的台州、绍兴、金华、杭州、宣城、池州，2008 年的湖州和 2017 年的安庆、滁州，长江中游的长沙、上饶、九江、抚州、景德镇、吉安、黄石、咸宁、荆州、益阳、常德、衡阳、株洲、襄阳等，长江上游区域的贵阳、德阳、六盘水、眉山、自贡、玉溪、昭通、安顺、昆明、南充、广安、资阳，2008 年的遵义和 2017 年的重庆、宜宾、绵阳等市，是分布城市最多的类型。

（4）Ⅳ类，即存量资本相对滞后型。该类型的特点是流量资本占用较多，而存量资本消耗相对较少，存量资本消耗水平相对滞后于流量资本占用。Ⅳ类区主要包括鹰潭、宜春、襄阳、荆门，2008 年的湖州、泸州、遂宁、内江和 2017 年的滁州、盐城、咸宁、资阳、曲靖、遵义等市，是分布城市较少的类型。

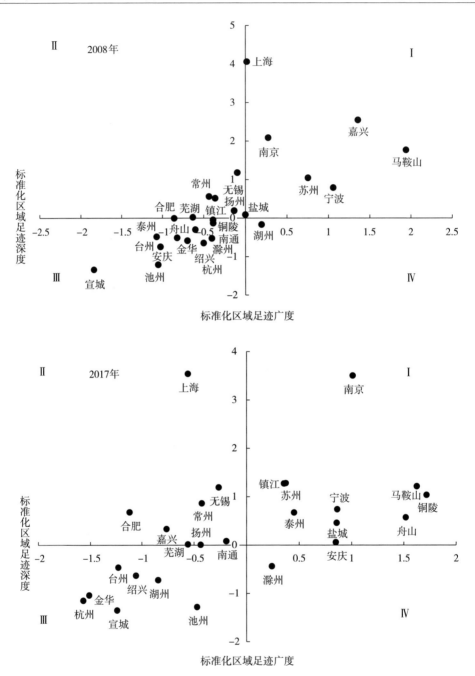

图 6-1 2008 年和 2017 年长江经济带下游区域各市足迹深度和足迹广度的象限散点图

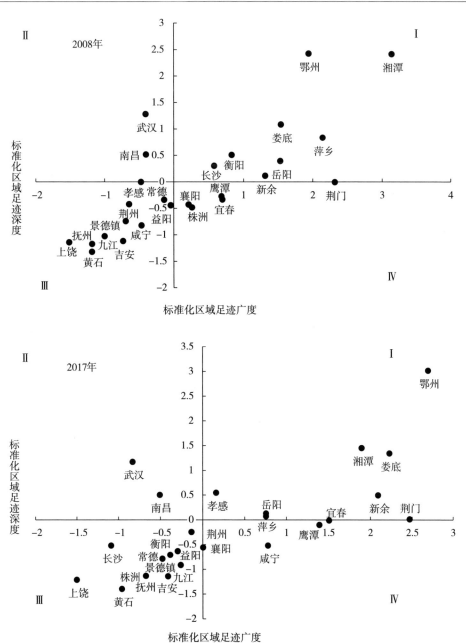

图 6-2　2008 年和 2017 年长江经济带中游区域各市足迹深度和足迹广度的象限散点图

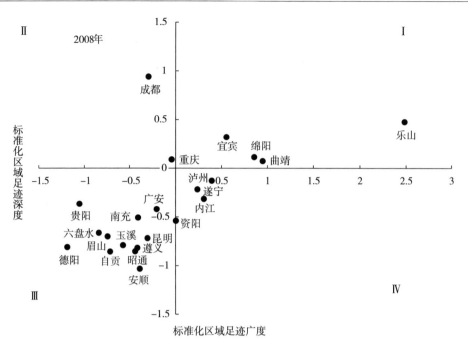

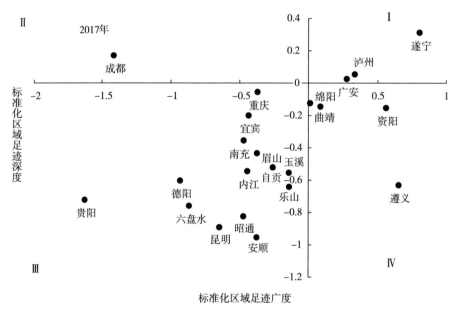

图6-3 2008年和2017年长江经济带上游区域各市足迹深度和足迹广度的象限散点图

6.1.2.2　自然资本可持续利用分区

基于以上聚类分析结果，借助 Arc GIS 得到 2008 年和 2017 年长江经济带自然资本利用的市际格局（见图 6-4）。根据图中格局可以发现分布的一些特征，归纳如下：

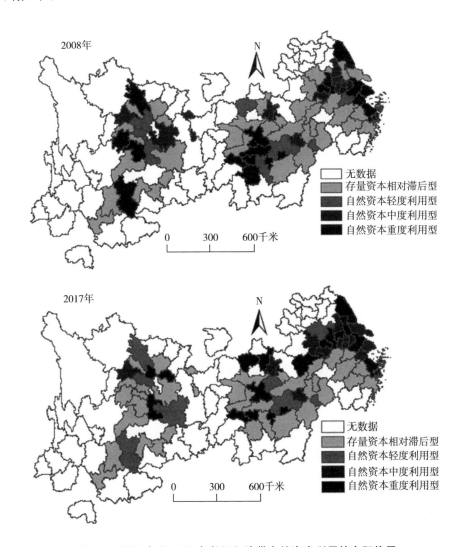

图 6-4　2008 年和 2017 年长江经济带自然资本利用的市际格局

（1）四大类自然资本利用的市际格局地域集聚性随着时间变化越来越明显。长江下游区域的城市有一半都属于 I 类区，表现出区域流量资本和存量资本双高的态势，区域资源被重度甚至过度开发，长此下去将会限制住该地区的发展能力和空间，甚至制约地区经济发展，是明显的"资源诅咒"①的区域样本；从2008年发展到2017年，长江经济带部分城市的自然资本利用水平有明显变化，长江上游区域的变化最明显，由Ⅱ类区半数以上集中在东部沿海地区，人口密度高，经济发展水平高，流量资本禀赋较差，存量资本消耗较多，自然资本利用总体处于中等水平；Ⅲ类区75%集中在东南沿海地区，人口密度较高，经济发展水平较高，流量资本禀赋较差，存量资本消耗较少，自然资本的利用水平总体较低；Ⅳ类区75%集中在西部地区，人口密度低，经济发展水平低，自然资本的利用水平呈现流量资本高（主要是人均草地和林地资源丰富）、存量资本相对低的态势。需要指出的是，Ⅳ类区的存量资本消耗滞后是相对于其较高的流量资本占用水平而言的，事实上，存量资本一旦下降，即意味着区域自然资本利用可持续性的减弱。

（2）轻度和中度利用型是长江经济带各地市自然资本利用的主要类型。属于轻度和中度利用型的城市有接近50个，其中下游区域、中游区域和上游区域各占30%左右，几乎覆盖了长江经济带所有经济发展水平较高的区域。可见，人均资源禀赋严重不足，自然资本利用的可持续性不强，是整个长江经济带大多数城市普遍面临的现实问题。值得说明的是，属于自然资本轻度利用的长江下游区域的杭州、金华、台州、绍兴、湖州、宣城、池州等市以不到1.1%的国土占地面积，承载了约3.36%的全国人口，却创造了约6.54%的GDP，而且地区的流量资本占用和存量资本消耗水平仍保持在较低的水平，是典型的"低投入高产出"的城市类型。探讨"长江下游区域的自然资本轻度利用模式"，或许可以给其他同样受资源禀赋和发展空间制约的地区提供有益的经验借鉴。相比之下，长江上游和中游的大部分地区由于处于产业链的低端，在区域自然资本利用方面，资源要素的投入和区域环境成本相对较高，这样经济发展代价较大。如鹰潭、宜春、襄阳、荆门、湖州、泸州、遂宁、内江、滁州、盐城、咸宁、资阳、曲靖、遵义等地市，利用区域自身自然资源特别是不可再生自然资源往外输出，长此以往导致自身存量资本不断下降。

（3）区域存量资本与流量资本的利用水平大部分是以互补形式出现的。一般而言，区域人为因素是区域存量资本消耗的主要影响因素，而区域流量资本的占用则主要受自然因素的影响。根据第5章的分析结果可明显看出，区域自然资本流动性较强的地区，一般对区域存量资本的依赖程度相对较低；反之，区域自然资本流动性较弱的地区，对区域存量资本的依赖程度往往较高。可见，长江经济带绝大多数地市对自然资本的总需求量较一致。长江上游区域之所以有较少的

---

① 1993年Auty提出"资源诅咒"假说，指的是丰富的自然资源对经济增长产生了限制作用，自然资源丰裕的经济体反而呈现出令人失望的经济发展绩效的现象。

存量资本消耗，是因为供其占用的自然资源（特别是土地资源）相对较多，而生态足迹的核算又以土地利用为限制性因子。如长江上游的重庆、遵义、曲靖的耕地面积达到了 1366.8 万亩、1260.9 万亩、1239.8 万亩，长江中游的九江、赣州、吉安、宜春、抚州、上饶、株洲、衡阳、常德，长江上游的重庆、乐山、遵义、昆明、曲靖、玉溪的林地面积分别为 1000 万亩以上，特别是赣州达到了4373.8 万亩，远远超过长江经济带其他城市，而这些城市的人口大多数都低于其他城市的平均水平，而像上海市却以不足 0.09% 的国土面积承载了远超其他城市水平的人口数量。由于土地资源禀赋差异较大，导致长江上游区域的这些城市的人均流量资本占用量就会较高。

6.1.2.3　长江经济带自然资本利用的动态变化和市域格局

（1）动态变化。为了更加深入定量评价长江经济带各区域的生态持续性及生态压力的动态变化，通过式（6-1）和式（6-2）测算了 2008~2017 年这十年间长江经济带各地类的存量流量利用比 OR_{flow}^{stock} 和资本流量占用率 OR_{flow}，如表6-1 所示。

表 6-1　长江经济带资本流量占用率和存量流量利用比的动态变化

区域	年份	资本流量占用率（OR_{flow}, %）					存量流量利用比（OR_{flow}^{stock}）				
		耕地	草地	林地	水域	建设用地	耕地	草地	林地	水域	建设用地
长江下游区域	2008	—	—	59.5	—	19.0	1.538	17.376	—	1.047	—
	2009	—	—	61.5	—	19.3	1.644	18.247	—	1.178	—
	2010	—	—	63.5	—	20.9	1.740	19.147	—	1.316	—
	2011	—	—	67.0	—	21.4	2.881	19.988	—	1.429	—
	2012	—	—	66.5	—	22.5	1.836	20.399	—	1.495	—
	2013	—	—	65.5	—	24.0	2.021	21.969	—	1.563	—
	2014	—	—	67.2	—	24.6	1.967	21.177	—	1.631	—
	2015	—	—	67.0	—	25.2	1.785	21.044	—	1.747	—
	2016	—	—	65.2	—	25.2	1.687	20.084	—	1.752	—
	2017	—	—	65.0	—	27.8	1.566	19.264	—	1.685	—
长江中游区域	2008	—	—	66.8	—	6.2	2.017	20.809	—	4.672	—
	2009	—	—	69.9	—	6.2	2.159	21.179	—	4.850	—
	2010	—	—	62.0	—	6.8	2.244	21.531	—	4.947	—
	2011	—	—	61.4	—	7.7	2.293	21.344	—	4.981	—
	2012	—	—	63.7	—	9.0	2.454	21.631	—	5.204	—
	2013	—	—	64.5	—	7.9	2.608	22.827	—	5.521	—

区域	年份	资本流量占用率（OR_{flow}，%）					存量流量利用比（OR_{flow}^{stock}）				
		耕地	草地	林地	水域	建设用地	耕地	草地	林地	水域	建设用地
长江中游区域	2014	—	—	68.5	—	8.0	2.735	22.774	—	5.286	—
	2015	—	—	59.7	—	8.0	2.674	23.063	—	5.262	—
	2016	—	—	67.1	—	8.1	2.546	24.424	—	5.092	—
	2017	—	—	76.0	—	8.3	2.218	26.621	—	5.749	—
长江上游区域	2008	—	—	31.3	—	15.2	2.348	0.183	—	5.724	—
	2009	—	—	29.7	—	14.2	2.389	0.145	—	5.562	—
	2010	—	—	27.0	—	14.7	2.443	0.113	—	5.458	—
	2011	—	—	26.4	—	17.8	2.459	0.061	—	5.290	—
	2012	—	—	24.9	—	15.6	2.556	0.052	—	5.180	—
	2013	—	90.1	24.7	—	15.6	2.505	—	—	4.751	—
	2014	—	88.2	23.0	—	12.8	2.492	—	—	4.700	—
	2015	—	84.2	22.5	—	13.7	2.495	—	—	4.571	—
	2016	—	84.0	21.5	—	15.8	2.478	—	—	4.452	—
	2017	—	81.7	20.5	—	13.5	2.494	—	—	4.385	—

表 6-1 显示，在 2008~2017 年，长江下游区域和中游区域的，需要依赖资本存量来满足自然资本的需求；长江上游区域的耕地、草地和水域在 2012 年前资本流量被完全占用的，在 2012 年后草地的资本流量是满足该区域的生态需求的。2008~2017 年，长江经济带各区域都经历了耕地的存量流量利用比先增长后下降的过程，由于开始阶段各区域人口数量的增长伴随着对粮食需求量的增加，然后随着区域粮食生产效率的提高和相关的《耕地质量管理办法》的出台，各区域耕地的自然资本利用现状有一定的改善，耕地的存量流量利用比开始下降；其中，长江下游区域耕地的存量流量利用比从 2008 年的 1.538 逐渐上升到 2011 年的 2.881，然后至 2011 年后开始下降；长江中游区域耕地的存量流量利用从 2008 年的 2.017 逐渐上升至 2014 年的 2.735，随后开始递减；而长江上游区域耕地的存量流量利用从 2008 年的 2.348 缓慢上升至 2012 年的 2.556，随后开始缓慢下降。

在 2008~2017 年，长江经济带各区域草地的存量流量利用比动态变化差异明显，其中长江上游区域草地的自然资本利用经历了从资本存量过渡到资本流量的过程。长江下游区域从 2008 年的 17.376 逐渐上升至 2013 年的 21.969，但是该区域的生态承载力没有相应同步提高，说明在此期间草地的资本流量已经不能满足区域的生态需求，开始动用资本存量，草地通过消耗资本存量来弥补资本流量的不足，这与人们生活水平的提高以及日常膳食结构的改变，对于肉类和奶类的需求增加是息息相关的，所以资本存量的消耗速度严重超前于资本流量的更新速度，导致该区域自然资本利用的可持续性较弱，而这种可持续性较弱的状态在2013 年后有所缓解；长江中游区域草地的存量流量利用比在这 10 年间是一直递增的，从 2008 年的 20.809 逐渐上升至 2017 年的 26.621；而长江上游区域草地的存量流量利用比从 2008 年的 0.183 逐渐下降至 2012 年的 0.052，在 2012 年后开始过渡到资本流量的阶段，草地的生态可持续性增强。

长江经济带下游区域水域的存量流量利用比从 2008 年的 1.047 逐步上升至2016 年的 1.752，在 2017 年有下降的趋势；中游区域水域的存量流量利用比从2008 年的 4.672 逐步上升至 2013 年的 5.521，之后开始波动变化上升到 2017 年的 5.749，而中游区域的生态承载力没有相应的提升，说明水域会继续利用消耗资本存量来填补资本流量的不足，其自然资本利用的可持续性是较弱的；长江上游区域水域的存量流量利用比在 2008 ~ 2017 年是持续下降的，从 2008 年的5.724 下降至 2017 年的 4.385，说明区域水域自然资本利用的可持续性是逐渐变好的。

林地和建筑用地在研究期间一直处于消耗资本流量状态。长江下游区域林地的资本流量占用率从 2008 年的 59.5% 逐渐上升至 2014 年的 67.2%，说明资本流量在满足区域生态需求的能力在减弱，不过从 2014 年后占用率开始下降；长江中游区域林地资本流量占用率在 59.7% ~ 76% 波动；长江上游区域林地资本流量占用率在研究期间一直在下降，从 2008 年的 31.3% 下降至 2017 年的 20.5%，而且相比其他地类，其资本流量占用率较低，所以该区域林地的自然资本利用的潜力较大。长江经济带各区域建筑用地的资本流量占用率都比较低，最低的是长江中游区域，虽然在研究期间一直在逐步上升，但只有 2008 年的 6.2% 上升至 2017年的 8.3%，说明中部区域的城市化进程是在加快的，但是整个区域的城市化水平相对而言还不是太高；长江下游区域建筑用地的资本流量占用率是随时间推移逐渐上升的，从 2008 年的 19% 上升至 2017 年的 27.8%，说明该区域在城市化进程加快的背景下，城市化水平明显得到了提高；长江上游区域建筑用地的资本流量占用率在 12.8% ~ 17.8% 小幅度波动，随着时间变化总体处于下降的趋势。

特别说明的是，化石能源消耗是造成长江经济带各区域资本存量减少和生态超载的主要原因，在此部分处理时，由于长江经济带各区域无专门的碳汇土地来承担其生态足迹，参照方恺（2011）等的研究，以林地来进行代替，同时考虑到有部分区域林地资源较少和避免重复计算的问题，借鉴刘超（2016）等对于生态承载力的相关处理研究方法来进行计算，而表 6-1 中各地类是不适用于这一地类的，该地类三维生态足迹测算和传统生态足迹算法是一致的。

（2）市域格局。为了更加深入定量评价长江经济带各个城市的生态持续性及生态压力的地区差异，通过式（6-1）、式（6-2）来测算长江经济带各个地市各地类的存量流量利用比 OR_{flow}^{stock} 和资本流量占用率 OR_{flow} 的，其中各地市的资本流量占用率和存量流量利用比是用 2008～2017 年的年均值来测算的，结果如表 6-2～表 6-4 所示。

表 6-2　长江经济带下游区域各地类的资本流量占用率和存量流量利用比的市际比较

城市	资本流量占用率（OR_{flow}，%）					存量流量利用比（OR_{flow}^{stock}）				
	耕地	草地	林地	水域	建设用地	耕地	草地	林地	水域	建设用地
上海	—	—	—	—	47.44	3.007	34.877	0.002	5.499	
南京	—	—	36.1	—	45.10	0.753	12.882	—	5.112	
无锡	—	—	30.7	—	43.80	1.081	8.220	—	0.084	
苏州	—	—	94.6	—	39.31	0.429	6.620	—	0.074	
常州	—	—	32.8	—	46.51	1.607	11.099	—	0.089	
南通	—	—	—	—	25.11	3.147	31.583	0.007	0.089	
盐城	—	—	—	—	15.35	4.008	30.701	0.013	13.400	
扬州	—	—	77.9	—	23.19	2.330	20.080	—	0.087	
镇江	—	—	97.8	—	37.36	0.046	20.930	—	8.362	
泰州	—	—	—	56.6	31.80	7.296	36.532	0.121	—	
杭州	—	—	41.3	—	22.30	1.599	9.076	—	2.873	
宁波	—	—	34.2	—	23.63	1.526	12.262	—	4.000	
嘉兴	—	—	—	—	53.28	6.050	38.535	0.647	11.766	
湖州	—	—	87.9	—	25.17	2.523	17.081	—	6.929	
绍兴	—	—	66.0	—	43.89	1.670	15.969	—	5.315	
金华	—	—	20.0	—	8.40	1.092	7.877	—	2.243	
舟山	—	—	9.9	—	5.14	0.492	3.030	—	0.610	
台州	—	—	27.4	—	9.71	0.940	12.968	—	3.236	
合肥	—	—	—	—	21.47	3.688	51.444	0.157	13.141	
滁州	—	—	—	—	9.54	2.232	72.265	0.415	9.554	
芜湖	—	—	—	—	14.26	1.764	66.236	0.215	9.606	
宣城	—	—	65.2	—	5.46	0.684	31.056	—	4.591	
铜陵	—	—	88.0	—	27.18	0.815	43.126	—	6.781	

续表

城市	资本流量占用率（OR_{flow},%）					存量流量利用比（OR_{flow}^{stock}）				
	耕地	草地	林地	水域	建设用地	耕地	草地	林地	水域	建设用地
池州	—	—	64.3	—	5.05	0.690	27.405	—	3.914	—
安庆	—	—	81.3	—	8.18	1.433	43.509	—	5.866	—
马鞍山	—	—	—	75.8	51.30	1.361	32.994	0.398	—	—

表 6-3　长江经济带中游区域各地类的资本流量占用率和存量流量利用比的市际比较

城市	资本流量占用率（OR_{flow},%）					存量流量利用比（OR_{flow}^{stock}）				
	耕地	草地	林地	水域	建设用地	耕地	草地	林地	水域	建设用地
南昌	—	—	85.79	—	15.24	4.455	26.259	—	11.146	—
九江	—	—	34.16	—	5.61	0.426	6.264	—	2.031	—
景德镇	—	—	59.98	—	6.33	0.805	16.707	—	4.298	—
鹰潭	—	—	86.41	—	8.81	3.121	22.869	—	6.450	—
新余	—	—	64.13	—	19.68	2.299	35.288	—	6.339	—
宜春	—	—	86.86	—	6.80	2.944	54.771	—	7.294	—
萍乡	—	—	52.04	—	6.86	3.229	21.331	—	5.423	—
上饶	—	—	51.23	—	4.09	0.697	15.387	—	4.127	—
抚州	—	—	59.71	—	2.67	1.024	9.653	—	4.648	—
吉安	—	—	68.69	—	2.95	1.224	25.209	—	5.224	—
武汉	—	—	91.88	—	22.49	2.847	4.015	—	6.970	—
黄石	69.5	—	28.15	—	7.25	—	1.871	—	0.430	—
鄂州	—	—	60.10	—	23.04	6.087	77.654	—	9.454	—
孝感	—	—	—	—	24.69	3.714	23.555	0.216	9.319	—
咸宁	—	—	53.98	—	3.85	1.761	35.932	—	3.949	—
襄阳	—	—	60.15	—	8.11	2.080	20.358	—	3.737	—
荆州	—	—	—	—	5.75	3.073	23.296	0.114	62.332	—
荆门	—	—	84.01	—	8.59	2.566	29.019	—	6.759	—
长沙	—	—	89.57	98.2	5.06	5.238	57.810	—	—	—
株洲	—	—	57.54	—	4.14	2.942	46.628	—	5.465	—
湘潭	—	—	92.03	—	9.25	8.263	72.451	—	10.155	—
衡阳	—	—	63.98	—	4.70	5.288	67.038	—	8.273	—
岳阳	—	—	—	—	5.42	3.611	56.208	0.585	7.067	—

城市	资本流量占用率（OR_{flow}, %）					存量流量利用比（OR_{flow}^{stock}）				
	耕地	草地	林地	水域	建设用地	耕地	草地	林地	水域	建设用地
益阳	—	—	—	—	4.14	3.116	54.266	0.041	7.119	
常德	—	—	77.91	—	4.49	2.587	59.551	—	7.567	
娄底	—	—	73.69	—	8.17	4.332	47.016	—	5.885	

表 6-4　长江经济带上游区域各地类的资本流量占用率和存量流量利用比的市际比较

城市	资本流量占用率（OR_{flow}, %）					存量流量利用比（OR_{flow}^{stock}）				
	耕地	草地	林地	水域	建设用地	耕地	草地	林地	水域	建设用地
成都	—	—	62.2	—	8.97	5.977	28.329	—	8.509	
乐山	—	—	—	—	16.51	1.464	19.699	—	2.487	
宜宾	—	—	75.92	—	15.77	3.215	20.764	—	5.886	
自贡	—	—	20.81	—	17.29	1.727	0.133	—	7.370	
内江	—	10.2	25.17	—	14.79	2.463	—	—	2.099	
眉山	—	86.5	22.46	—	12.53	5.177	—	—	3.801	
泸州	—	97.1	20.07	—	16.26	3.450	—	—	7.412	
德阳	—	84.3	42.45	—	19.38	4.842	—	—	28.173	
绵阳	—	—	29.22	—	12.72	3.592	0.123	—	5.822	
遂宁	—	—	43.43	—	13.94	3.916	0.115	—	4.225	
南充	—	—	41.55	—	15.03	3.770	0.468	—	10.186	
广安	—	—	32.93	—	21.03	3.337	0.011	—	4.268	
资阳	—	71.4	48.20	—	28.83	3.304	—	—	1.944	
贵阳	—	—	18.17	—	23.36	1.011	7.946	—	2.082	
六盘水	—	—	15.85	—	21.53	0.375	14.073	—	1.694	
遵义	—	—	2.11	—	7.74	0.906	18.160	—	2.656	
安顺	—	49.2	24.04	22.1	14.45	1.314	—	—	—	
昆明	—	—	1.83	—	12.30	1.986	7.808	—	1.292	
曲靖	—	96.3	27.74	—	15.80	3.500	—	—	3.260	
玉溪	—	81.2	14.97	—	8.85	3.113	—	—	2.308	
昭通	—	52.0	25.64	—	16.32	1.919	—	—	2.254	
重庆	—	—	—	—	11.11	2.412	29.095	0.028	3.880	

　　计算结果显示，在研究地市中，长江经济带各地区之间的差异还是比较明显

的。除了黄石地区，所有其他城市的耕地资本流量是被完全占用的，表明长江经济带所有地市的耕地都需要依靠资本存量来满足自然资本的需求，其中，南京、苏州、镇江、舟山、九江、六盘水的存量流量利用比较低，都在 0.5 以下，而泰州（7.296）、嘉兴（6.050）、鄂州（6.087）、长沙（5.238）、湘潭（8.263）、衡阳（5.288）、成都（5.977）、眉山（5.177）等市的存量流量利用比较高，都在 5 以上，说明这些城市的人口数量对粮食需求量相比其他城市要多，耕地的自然资本利用压力较大，而存量流量利用比在 0.5 以下的几个城市，其耕地的自然资本利用压力明显小很多。

长江中游和上游区域的所有城市草地资本流量已经完全占用，而上游区域除了内江、眉山、泸州、德阳、资阳、安顺、曲靖、玉溪、昭通等市，其他城市的草地资本流量也已完全占用，其中上海、南通、盐城、泰州、嘉兴、合肥、滁州、芜湖、宣城、新余、宜春、鄂州、咸宁、长沙、株洲、湘潭、衡阳、岳阳、益阳、常德、娄底等市的草地存量流量利用比较高，都在 35 以上，大部分都是长江中游区域城市，上游区域城市普遍偏小，甚至没有完全占用，特别是合肥（51.444）、滁州（72.265）、芜湖（66.236）、宜春（54.771）、鄂州（77.654）、长沙（57.81）、湘潭（72.451）、衡阳（67.038）、岳阳（56.208）、益阳（54.266）、常德（59.551）等城市存量流量利用比非常高，说明这些城市人们生活水平普遍较高，在膳食结构中对肉类和奶类的需求量较大，而舟山、武汉、黄石、自贡、绵阳、遂宁、南充、广安等市的草地存量流量利用比较低。

长江经济带大部分城市的林地是处于消耗资本流量状态，除了上海、南通、盐城、泰州、嘉兴、合肥、滁州、芜湖、马鞍山、孝感、荆州、岳阳、益阳、重庆等少部分城市的林地资本流量被完全占用，其中苏州（94.6%）、镇江（97.8%）、铜陵（88%）、安庆（81.3%）、南昌（85.79%）、鹰潭（86.41%）、宜春（86.86%）、武汉（91.88%）、荆门（84.01%）、长沙（89.57%）、湘潭（92.03%）等市的林地资本流量占用率较高，相对于其他城市，长江上游区域的城市普遍资本流量占用率较低，特别是遵义和昆明，分别只有 2.11% 和 1.83%，所以这些城市的林地自然资本利用的潜力是较大的。

除了泰州、长沙和安顺，长江经济带各个城市水域资本流量是被完全占用的，这些城市水域的资本流量是不足以满足该区域的生态需求的。其中盐城（13.4）、嘉兴（11.766）、合肥（13.141）、南昌（11.146）、荆州（62.332）、湘潭（10.155）、德阳（28.173）、南充（10.186）的水域存量流量利用比较高，说明这些城市水域通过消耗大量的资本存量来弥补资本流量的不足，而且资本存量的消耗速度严重超过了资本流量的更新速度，这些城市的水域自然资本利用的可持续性是比较弱的，长江下游区域的无锡、苏州、常州、南通、扬州、舟山和中游区域的黄石等市的存量流量利用比很低，都在 1 以下，其自然资本利用的可持续性是相对较强一些。

　　长江经济带所有地市建筑用地的自然资本利用一直处于资本流量消耗状态。总体来讲，长江下游区域的建筑用地资本流量占用率是占比最大的，在 5.05% ~ 53.28%，其中上海、南京、无锡、苏州、常州、嘉兴、绍兴、马鞍山等市的资本流量占用率相比其他城市是较高的，而长江中游和上游区域城市的资本流量占用率明显要低，长江中游城市的资本流量占用率在 2.67% ~ 24.69%，长江上游城市的资本流量占用率在 7.74% ~ 28.83%。这说明长江中游和上游区域的大部分城市在城市化进程不断加快的背景下，其城市化水平比长江下游区域的城市总体上要低，所以，相对而言，中游和上游区域大部分城市的自然资本利用的潜力比较大。

6.2　自然资本利用效率分析

　　最早在 Wackernagel 等（1999）对 52 个国家生态足迹核算结果分析中发现，那些有生态剩余的国家并不是他们的生活模式的持续性值得大家效仿，而是这些国家的人口密度相对而言是很稀少的。所以，在基础生态足迹模型里，生态赤字或盈余只是绝对指标，所反映的信息是相对有限的，通过核算生态足迹来评价一个国家或区域的发展可持续性远远不够，只能算是可持续发展指标体系的一个方面。

　　本书所指的自然资本利用效率源于生态学中的生态世界经合组织对生态效率的定义，可以简单理解为"用更少的资源实现更大的价值"。那么，目前学术界普遍认为生态效率应该指的是生态环境以及资源、能源等能够满足人类生产生活需要的最大效率。简言之，可以将生态效率看作资源和环境的产出投入比。"产出"是经济活动过程中自然环境提供的产品和服务；"投入"是企业生产过程中消耗的资源及带来的生态压力。由此可见，自然资本利用是存在效率的，也就是自然资本利用和环境的产出与投入之比。"产出"为经济活动的效益，"投入"指的是人类经济活动所需要消耗的资源，即"生态足迹"。自然资本利用率同时考虑经济效益和环境效益，将可持续发展的宏观目标融入管理的有效工具。世界可持续发展委员会（1992）所作的报告中提到生态效率的提高能够降低人类对环境的破坏并减少资源的消耗量，实现区域综合效益的最大化。

　　因此，本书在以上核算生态足迹的基础上，采用万元 GDP 生态足迹、万元生态盈余和生态压力指数等指标来反映自然资本利用率，来分析评价区域系统发展的可持续性。

6.2.1　区域万元 GDP 生态足迹核算模型

万元 GDP 生态足迹指的是在一定的区域内，每生产万元产值产生的生态足迹，即核算区域内每单位最终产出耗费的对应资源折算的生态生产性土地面积。这项指标反映了经济发展对自然资源利用效率的影响，也反映了经济增长或技术进步对区域经济可持续发展的影响。万元生态足迹如式（6-4）所示：

万元 GDP 生态足迹 $=EF/GDP$（万元）$=（N \cdot ef）/GDP$（万元）　　（6-4）

万元生态足迹指标值越大，表明区域内态物生产性面积的产出率越低；该指标的倒数为单位生态足迹所产生的 GDP，数值大小反映了在区域自然资源的利用效率。区域单位生态足迹 GDP 越大，说明自然资源利用效率越高；反之数值越小，说明自然资源利用效率越低。

6.2.2　区域万元 GDP 生态盈余（赤字）核算模型

目前，诸多学者采用万元 GDP 生态足迹作为自然资本利用率评价的参考指标，该指标主要是从人们对于环境消费行为角度出发，并没有把区域环境供给的生态承载力考虑进去。毕竟对于区域可持续性问题的研究，仅仅从区域生态足迹的一面或万元 GDP 生态足迹的一面是不足以完全反映一个地区生态经济系统发展的可持续性。在一个地区的 GDP 和生态足迹都比较高的情况下，万元 GDP 生态足迹不一定高，另外，区域系统的 GDP 和生态足迹还有一个总量问题，可持续性应该包括社会、经济、生态环境三方面的内容。因此，本书采用万元 GDP 生态盈余，综合考虑区域生态经济系统中人类活动对自然资源的生态需求和生态系统对自然资源生态供给能力，以及进行分析评价区域系统的发展能力。下面对万元生态盈余作进一步的核算。

区域万元 GDP 生态盈余（赤字）为区域内每单位万元所产生的生态足迹与生态承载力的差值，所以区域万元 GDP 生态盈余如式（6-5）所示：

$$万元 GDP 生态盈余（赤字）= \frac{N \cdot （ef-ec）}{GDP} \qquad (6-5)$$

区域万元 GDP 生态盈余（赤字）的核算不仅考虑了区域的生态需求，还考虑了生态供给两方面的内容。与万元 GDP 生态足迹相比较，万元 GDP 生态盈余（赤字）可以更加全面地反映一个地区区域系统的生态经济状况。万元 GDP 生态盈余（赤字）反映了区域人们社会经济活动的生态经济整合效应。

6.2.3　区域生态压力指数（Ecological Pressure Index，EPI）以及等级划分

生态压力指数（EPI）指的是区域人均生态足迹同生态承载力的比值，按照

"自然—经济—社会"复合生态系统的容纳量为参照,反映区域生态环境的承压程度和人们活动对生态系统的干扰强度。其式为:

$$EPI = \frac{ef}{ec} \qquad\qquad (6-6)$$

式（6-6）中,ef 为区域人均生态足迹,ec 为区域人均生态承载力。

在一般情况下,当 EPI 数值<1 表明该区域的生态安全是有保障的,区域内人们活动的干扰强度还未超过相应条件下区域生态系统的自反馈阈值;反之将会影响到区域生态系统的平衡。而且一般生态压力指数越大,对区域干扰生态系统平衡的强度越大,对区域生态安全的威胁也越大。如若生态压力指数长时间居高不下,突破区域环境容量的上限,或将导致区域生态系统崩溃。

根据生态压力指数的大小,可以对生态压力水平进行等级划分。参考张燕（2017）的指标等级划分标准以及本节计算的实际情况,将生态压力指数由低到高划分为三个等级。具体等级划分的标准如表 6-5 所示:

表 6-5　EPI 等级划分标准（The grade of ecological pressure index）

等级	Ⅰ级	Ⅱ级	Ⅲ级
生态表征状况	好（生态低压区）	中（生态中压区）	差（生态高压区）
EPI	<10.00	10.00~20.00	>20.00
生态压力状况	低	中	高

6.2.4　长江经济带自然资本利用效率分析

根据计算结果发现,万元 GDP 生态足迹、万元 GDP 生态赤字的结果是不完全一致的;通过式（6-4）、式（6-5）和式（6-6）计算长江经济带各地市万元 GDP 生态足迹、万元 GDP 生态赤字和生态压力指数（EPI）,结果如表 6-6 所示。

表 6-6　长江经济带万元 GDP 生态足迹(hm²/万元)、生态赤字(hm²/万元)和生态压力指数

城市	人口（万人）	GDP（亿元）	万元GDP生态足迹	万元GDP生态赤字	生态压力指数	城市	人口（万人）	GDP（亿元）	万元GDP生态足迹	万元GDP生态赤字	生态压力指数
上海	230	30633	0.22	0.32	27.23	黄石	271	1479	0.59	0.37	2.70
南京	2418	11715	0.33	0.19	15.65	鄂州	111	906	0.79	0.76	24.79
无锡	681	10512	0.20	0.23	16.11	孝感	519	1742	1.07	0.98	12.42

续表

城市	人口 (万人)	GDP (亿元)	万元 GDP 生态 足迹	万元 GDP 生态 赤字	生态 压力 指数	城市	人口 (万人)	GDP (亿元)	万元 GDP 生态 足迹	万元 GDP 生态 赤字	生态 压力 指数
苏州	493	17320	0.25	0.20	14.02	咸宁	304	1235	1.00	0.86	7.10
常州	691	11222	0.22	0.29	10.11	襄阳	592	4065	0.54	0.46	6.91
南通	379	7735	0.32	0.61	11.99	荆州	642	1922	1.06	0.93	8.47
盐城	764	5083	0.67	0.25	9.73	荆门	294	1664	1.20	1.07	9.76
扬州	826	5065	0.28	0.30	16.06	长沙	792	10210	0.18	0.15	7.10
镇江	460	4010	0.31	0.38	13.07	株洲	402	2530	0.53	0.44	5.75
泰州	271	4745	0.41	0.11	3.95	湘潭	285	2005	0.81	0.76	16.97
杭州	505	12603	0.15	0.35	13.40	衡阳	721	2921	0.75	0.66	8.26
宁波	754	9842	0.38	0.26	11.36	岳阳	573	3119	0.85	0.76	10.06
嘉兴	597	4380	0.28	0.28	6.07	益阳	439	1610	0.95	0.82	7.20
湖州	466	2476	0.34	0.21	6.52	常德	584	3099	0.62	0.52	6.15
绍兴	266	5078	0.24	0.20	4.50	娄底	392	1411	1.58	1.48	16.41
金华	446	3849	0.25	0.48	12.55	成都	1399	13889	0.19	0.17	10.55
舟山	486	1220	0.52	0.26	7.37	乐山	352	1507	0.81	0.68	6.49
台州	97	4388	0.31	0.22	13.09	宜宾	555	1847	0.78	0.69	8.70
合肥	612	7003	0.24	0.91	7.49	自贡	324	1312	0.76	0.65	7.09
滁州	797	1604	1.05	0.32	9.77	内江	415	1332	0.92	0.79	6.97
芜湖	408	2963	0.36	0.41	2.94	眉山	345	1183	0.84	0.73	7.52
宣城	370	1185	0.63	0.73	14.88	泸州	510	1596	1.11	1.00	9.96
铜陵	261	1122	0.78	0.61	3.29	德阳	388	1960	0.47	0.40	6.68
池州	161	624	0.88	1.16	10.00	绵阳	537	2074	0.87	0.77	9.20
安庆	145	1708	1.29	0.69	15.77	遂宁	370	1138	1.33	1.22	11.26
马鞍山	564	1710	0.74	0.21	27.28	南充	733	1828	1.11	0.97	7.92
南昌	546	4820	0.33	0.31	12.22	广安	465	1173	1.12	1.01	9.82
九江	487	2389	0.75	0.61	5.11	资阳	349	1022	1.11	0.99	8.93
景德镇	166	788	0.66	0.56	6.53	贵阳	408	3537	0.23	0.19	6.08
鹰潭	117	753	0.82	0.73	9.63	六盘水	342	1461	0.56	0.46	5.89
新余	118	972	0.66	0.61	12.18	遵义	805	2748	1.09	0.92	6.54
宜春	555	2003	1.51	1.35	9.18	安顺	301	802	1.05	0.84	4.92

续表

城市	人口（万人）	GDP（亿元）	万元GDP生态足迹	万元GDP生态赤字	生态压力指数	城市	人口（万人）	GDP（亿元）	万元GDP生态足迹	万元GDP生态赤字	生态压力指数
萍乡	192	972	0.83	0.75	10.34	昆明	678	4857	0.44	0.36	5.23
上饶	678	2024	0.72	0.52	3.63	曲靖	661	1941	1.10	0.97	8.17
抚州	403	1277	1.00	0.75	4.01	玉溪	222	1415	0.62	0.53	6.79
吉安	494	1601	1.15	0.86	3.97	昭通	619	832	2.23	1.83	5.57
武汉	854	13410	0.20	0.19	15.57	重庆	3075	19425	0.51	0.45	9.42

计算结果发现，长江经济带万元GDP生态足迹 0.4hm²/万元以下的城市有：上海、南京、无锡、苏州、常州、南通、扬州、镇江、杭州、宁波、嘉兴、湖州、绍兴、金华、台州、芜湖、合肥、南昌、武汉、长沙、成都、贵阳，大部分是长江下游区域的城市以及其他区域的省会城市，这些城市GDP数值高，经济发展较好，对于资源的消耗量巨大，对于相应的集约化生产产业的要求更高，随后随着经济的迅猛发展、大规模集约化工业的建立和完善，其对于资源利用率越来越高；而滁州、安庆、宜春、抚州、吉安、孝感、咸宁、荆州、荆门、娄底、泸州、遂宁、南充、广安、资阳、遵义、安顺、曲靖、昭通等市的万元GDP生态足迹都在1hm²/万元以上，这些城市经济发展相对偏弱，其万元GDP生态足迹较大，相对而言，自然资源利用率较低。

长江经济带万元GDP生态赤字 0.4hm²/万元以下的城市有：上海、南京、无锡、苏州、常州、盐城、扬州、镇江、泰州、杭州、宁波、嘉兴、湖州、绍兴、舟山、台州、滁州、马鞍山、南昌、武汉、黄石、长沙、成都、贵阳、昆明，有相当一部分是与万元GDP生态足迹较小的城市一致的，说明这些城市生态承载力的作用对可持续发展不显著；而万元GDP生态赤字都在1hm²/万元以上的城市，池州、宜春、荆门、娄底、泸州、遂宁、广安、昭通等城市有部分变动，仍然是经济发展相对偏弱的城市，自然资源利用率较低；随着区域经济的发展，相比较单纯依赖农林牧业及自然生态环境禀赋没有优势的地区，工业经济的发展某种程度上能较大地提高资源的利用效率。所以，这些长江中游和上游区域城市的发展是具有较大潜力的。

如表6-5所示，长江经济带各地市的生态压力指数普遍偏大，都超过数值1。根据其生态压力指数的概念，EPI数值>1时表明该区域的生态安全是没有保障的，区域内人们活动的干扰强度已经超过相应条件下区域生态系统的自反馈阈值，已经影响到区域生态系统的平衡。而且数值越大，对区域干扰生态系统平衡的强度越大，对区域生态安全的威胁也越大。所以，长江经济带所有地市的生态安全都是无保障的，在此生态压力受到威胁的基础上，继续将长江经济带 74 个地市按照生态压力水平级别（见表 6-5）分为 3 类：

（1）低（Ⅰ）等级主要有盐城、泰州、嘉兴、湖州、绍兴、舟山、合肥、滁州、芜湖、铜陵、九江、景德镇、鹰潭、宜春、上饶、抚州、吉安、黄石、咸宁、襄阳、荆州、荆门、长沙、株洲、衡阳、益阳、常德、乐山、宜宾、自贡、内江、眉山、泸州、德阳、南充、广安、资阳、贵阳、六盘水、遵义、安顺、昆明、曲靖、玉溪、昭通、重庆；此等级受到的压力威胁稍微小一些，这些城市多集中在中游和上游区域，特别是长江上游区域较多。

（2）中（Ⅱ）等级主要有南京、无锡、苏州、常州、南通、扬州、镇江、杭州、宁波、金华、台州、宣城、池州、安庆、南昌、新余、萍乡、武汉、孝感、湘潭、岳阳、娄底、成都、遂宁；此等级受到的压力威胁是中间强度，这些城市以下游区域和省会城市居多。

（3）高（Ⅲ）等级主要有上海、马鞍山、鄂州，这三个城市的生态压力指数最大，数值都超过了 20，上海是经济最发达的城市，马鞍山是以矿产资源极其丰富的城市，而鄂州是土地利用面积最小的城市，这三个城市的生态安全受到的威胁最大。

不管是低等级、中等级压力的城市还是高等级压力的城市，它们都是生态严重超载的，只不过进行生态压力横向比较又有差异而已。不过，部分城市特别明显是上海和马鞍山生态压力巨大，非线性增长的区域生态环境污染存量"外部性"溢出明显，但是其万元 GDP 生态足迹水平是很低的，表明经济贡献水平较高，使二者存在差距稍微缩小。

6.3　自然资本利用结构合理性分析

6.3.1　生态足迹可持续指数（Ecological Sustainable Index，ESI）

生态足迹模型中运用生态足迹与生态承载力关系，从静态角度衡量和测度人类消费与生态可持续发展状态。其中生态足迹、生态承载力、生态赤字或生态盈余都是绝对数，为数量指标，具体的可持续发展程度以及大小并不能很好地被这些数量指标测度，而且不便进行区域或省市际比较。因此，向书坚等（2014）借助可再生资源的定义构建了生态足迹可持续指数，以此来衡量人类消费与生态的可持续状态与程度大小，它从动态角度反映了生态足迹与生态承载力两者之间的变动程度与方向，这是一个质量指标，可以来测量可持续发展程度和水平。生态可持续指数（ESI）的计算方法如下：

$$ESI = \frac{\dfrac{(EC^1 - EC^0)}{EC^0}}{\dfrac{(EF^1 - EF^0)}{EF^0}} \tag{6-7}$$

式（6-7）中，EF^0、EF^1分别是基期生态足迹与报告期生态足迹；EC^0、EC^1分别是基期生态承载力与报告期生态承载力，$(EC^1 - EC^0)/EC^0$得到的就是生态承载力的增加速度，即自然生态的更新速度；$(EF^1 - EF^0)/EF^0$得到的是生态足迹的增加速度，即人类对资源或环境的消耗速度。

式（6-7）可以进一步简化为：

$$ESI = \frac{\dfrac{\Delta EC}{EC^0}}{\dfrac{\Delta EF}{EF^0}} = \frac{\Delta EC}{\Delta EF} \times \frac{EF^0}{EC^0} \tag{6-8}$$

根据概念，生态足迹可持续指数的计算结果数值符号可能为正，也可能为负，或者等于零。其中，当ESI数值等于零时，表示自然更新速度或资源消耗速度为零；而数值符号为负时，有两种情况，一种是自然更新速度快而资源消耗速度慢，这是我们期望看到的；另一种是自然更新速度慢而资源消耗速度快，这是我们非常不希望的。另外，一方面我们都希望消耗的速度是越慢越好，那么相对应的ESI越大越好；另一方面我们希望更新的速度越快越好，那么相对应的ESI也是越大越好。当然ESI的数值大小与一定时间是有关的，通常人们对各种资源的消耗速度总是很快的，但是生态环境的更新却需要相当的时间来缓冲。总之，在理论上，我们期望区域ESI的数值是越大越好的。

6.3.2　生态足迹多样性指数和生态经济发展能力指数

生态足迹多样性指数是用以表征区域内消费结构合理性与否的指标。多样性指数不是一个单调函数，该指标数值与研究区域各类生态生产性土地人均生态足迹在总人均生态足迹中所占比重的均匀程度成正比，数值越大，说明一个地区的人均生态足迹分配越均匀，多样性就越高，消费结构也就越合理。数值越小则说明区域内类型比较单一或比例失调，区域的生态系统会处于不稳定状态。

利用应用数理统计方法Shannon-Weaver（1949）公式来核算生态足迹多样性指数，又称差异指数，用以核算各地类在生态足迹中的数值，测量区域内各种消费所需生态生产性土地面积的均衡程度，可以评价区域经济生态系统的稳定性，公式如下：

$$D_{EF} = - \sum (p_i \times \ln p_i) \tag{6-9}$$

式（6-9）中，D_{EF} 是生态足迹多样性指数；p_i 指区域第 i 地类在全部生态足迹中的比重，表示丰裕程度；$\ln p_i$ 表示区域第 i 地类在生态足迹中的分配状况，表示公平程度。

而进一步根据 Ulanowicz（Ulanowicz R. E.，1986）的公式来计算发展能力（Development Capacity）指数，公式如下：

$$C = ef \times D_{EF} = ef \times \left[- \sum (p_i \times \ln p_i) \right] \tag{6-10}$$

式（6-10）中，C 为发展能力指数；ef 为区域人均生态足迹。从式（6-10）中可看出，区域生态经济的发展能力与生态足迹多样性指数、人均生态足迹之间存在正相关关系。

6.3.3 区域生态足迹经济弹性系数的核算

弹性本身是一个物理学的概念，一般是指系统对于外界干扰吸纳的缓冲容量或能力。同时，在经济学、生态学等研究领域，弹性应用的也非常广泛。在经济学中，弹性系数表示为一定时期内某经济变量的增长速度对另一个经济变量的增长速度的比值。在生态学领域，许多学者应用生态弹性来评价区域社会经济发展对生态环境的影响，York（2003）等认为，生态弹性（Ecological Elasticity）是指环境影响对社会经济产生驱动力变化的反应程度或敏感程度。陈六君（2004）等提出资源生态足迹弹性系数的概念，用资源生态足迹年平均增长速度比国民经济年平均增长速度来进行计算弹性系数。所以，弹性系数可以表示人类活动的自然需求对社会经济发展变化的反应或敏感程度。在这里，区域生态足迹经济弹性大小用区域生态足迹经济弹性系数来表示，可以用区域生态足迹年平均增长速度比区域 GDP 年平均增长速度，同时区域生态压力、万元 GDP 生态足迹的弹性系数，分别是生态足迹的变化率与生态承载力、GDP 变化率之比，用公式表示分别为：

$$EER = \frac{R_{EF}}{R_{GDP}} \tag{6-11}$$

$$E = \frac{\Delta ef_{(i,i-1)} / ef_{(i-1)}}{\Delta ec_{(i,i-1)} / ec_{(i-1)}} \tag{6-12}$$

$$G = \frac{\Delta ef_{(i,i-1)} / ef_{(i-1)}}{\Delta gdp_{(i,i-1)} / gdp_{(i-1)}} \tag{6-13}$$

式（6-11）、式（6-12）和式（6-13）中：EER 表示生态足迹经济弹性系数，R_{EF} 表示区域生态足迹的年变化速度，R_{GDP} 表示区域 GDP 年平均增长速度；E 表示生态压力弹性系数；$ef_{(i-1)}$ 和 $ec_{(i-1)}$ 分别表示第 $i-1$ 年的生态足迹和生态承载力；$\Delta ef_{(i,i-1)}$ 和 $\Delta ec_{(i,i-1)}$ 分别表示第 $i-1$ 年到第 i 年生态足迹和生态承载的变化量；G 表示万元 GDP 生态足迹弹性系数；$\Delta gdp_{(i,i-1)}$ 表示第 $i-1$ 年到第 i 年 GDP 的变化量，$gdp_{(i-1)}$ 表示第 $i-1$ 年的 GDP。

6.3.4 长江经济带自然资本利用的结构合理性分析

通过式（6-8）、式（6-9）和式（6-10）计算长江经济带各城市群和地市的生态可持续指数、足迹多样性指数和发展能力指数，结果如表 6-7 所示。

表 6-7　长江经济带生态可持续指数、足迹多样性指数和发展能力指数

城市群	城市	生态可持续指数			多样性指数	发展能力指数	城市群	城市	生态可持续指数			多样性指数	发展能力指数
		2009 年	2013 年	2017 年					2009 年	2013 年	2017 年		
长江三角洲城市群	上海	-0.056	-0.552	-0.129	0.095	0.282	武汉城市群	武汉	0.140	0.039	0.360	0.171	0.461
	南京	-0.749	-0.340	0.030	0.094	0.404		黄石	-4.302	0.546	-9.292	0.239	0.846
	无锡	-1.046	0.090	-0.070	0.113	0.366		鄂州	0.381	0.287	0.021	0.190	1.345
	苏州	4.493	0.060	-0.064	0.093	0.380		孝感	-0.015	-0.069	0.112	0.289	0.996
	常州	-13.15	0.011	-4.757	0.155	0.451		咸宁	-0.111	0.068	-0.014	0.236	0.953
	南通	12.18	-0.023	0.019	0.225	0.765		襄阳	0.032	-0.067	-0.094	0.306	1.323
	盐城	0.277	0.035	-0.009	0.233	1.042		荆州	0.044	-0.305	0.141	0.387	1.290
	扬州	0.108	-0.174	-0.273	0.183	0.594		荆门	0.210	0.290	1.266	0.272	1.854
	镇江	-0.222	0.682	-0.158	0.091	0.324	环长株潭城市群	长沙	0.303	0.640	0.121	0.237	0.831
	泰州	0.146	0.093	0.035	0.207	0.682		株洲	-0.122	0.417	-0.113	0.247	0.959
	杭州	0.140	0.510	0.180	0.277	0.760		湘潭	-0.030	0.195	0.003	0.178	1.332
	宁波	0.111	0.118	-0.185	0.131	0.650		衡阳	-0.158	0.237	-0.067	0.229	1.014
	嘉兴	2.126	-0.358	-1.241	0.209	0.847		岳阳	0.656	5.429	-0.006	0.245	1.293
	湖州	-0.002	0.009	0.026	0.281	0.965		益阳	-0.202	0.271	-0.156	0.281	1.107
	绍兴	0.013	0.001	-0.015	0.253	0.672		常德	-0.221	-0.156	-0.041	0.282	1.107
	金华	-0.010	-0.002	0.114	0.224	0.537		娄底	-0.039	0.099	-0.010	0.193	1.311
	舟山	0.058	-0.385	0.487	0.093	0.367	成渝城市群	重庆	0.553	0.125	-0.040	0.228	0.801
	台州	0.442	-0.408	0.110	0.143	0.292		成都	0.102	0.026	0.939	0.244	0.610
江淮城市群	合肥	-0.211	-0.067	0.152	0.210	0.512		乐山	-0.120	0.007	-0.179	0.216	1.065
	滁州	0.596	-0.211	1.654	0.254	0.976		宜宾	-0.352	0.003	-0.083	0.247	0.966
	芜湖	0.008	1.224	0.518	0.183	0.543		自贡	-1.150	-0.981	-0.795	0.248	0.780
	宣城	0.243	19.33	-0.168	0.388	1.028		内江	1.025	0.720	0.415	0.227	0.808

续表

城市群	城市	生态可持续指数			多样性指数	发展能力指数	城市群	城市	生态可持续指数			多样性指数	发展能力指数
		2009年	2013年	2017年					2009年	2013年	2017年		
江淮城市群	铜陵	0.213	0.004	0.538	0.115	0.537	成渝城市群	眉山	-0.728	-0.542	-0.352	0.250	0.746
	池州	1.035	-0.223	-1.051	0.343	1.247		泸州	-3.276	-2.484	-1.668	0.225	0.900
	安庆	0.572	0.004	-1.239	0.219	0.766		德阳	-0.680	-0.501	-0.322	0.321	0.759
	马鞍山	-0.069	-0.166	-0.980	0.123	0.716		绵阳	1.083	0.815	0.539	0.228	0.925
环鄱阳湖城市群	南昌	1.701	-0.994	0.135	0.244	0.745		遂宁	-0.831	-0.643	-0.448	0.234	0.978
	九江	-0.062	0.279	4.263	0.225	0.729		南充	-3.959	-3.169	-2.328	0.270	0.834
	景德镇	-0.352	-0.052	-0.049	0.200	0.701		广安	-0.850	-0.669	-0.481	0.238	0.864
	鹰潭	-0.376	0.154	0.163	0.245	1.253		资阳	-0.826	-0.664	-0.499	0.238	0.950
	新余	-0.099	-0.261	-0.011	0.210	1.317	黔中城市群	贵阳	0.956	-0.145	0.743	0.222	0.439
	宜春	-0.127	-0.217	-0.013	0.289	1.466		六盘水	0.062	0.006	-0.047	0.210	0.605
	萍乡	0.342	0.266	-0.005	0.191	1.054		遵义	0.188	0.087	0.353	0.221	0.913
	上饶	-0.294	0.412	-0.356	0.286	0.613		安顺	-3.857	-3.168	-2.448	0.230	0.810
	抚州	-0.649	0.986	-0.412	0.291	0.849	滇中城市群	昆明	-0.496	0.723	0.004	0.248	0.891
	吉安	-0.864	0.452	0.226	0.349	1.287		曲靖	0.451	0.796	0.527	0.232	0.875
								玉溪	-0.679	-0.485	-0.289	0.246	0.813
								昭通	-3.399	-2.722	-2.031	0.240	0.788

在2008~2017年，长江经济带各城市群的地市生态足迹和生态承载力都以不同的速度在消耗和更新，本节这里选择了2009年、2013年和2017年三个时间段来分析由长江经济带各地市生态足迹的消耗速度和生态承载力的更新速度而构建的生态可持续指数。如表6-7所示，上海、马鞍山、景德镇、新余、宜春、常德、自贡、眉山、泸州、德阳、南充、广安、资阳、安顺、玉溪、昭通等市在研究期间都是负值，以环鄱阳湖城市群和成渝城市群的城市居多，在这些城市中又分两种不同的原因造成负值：一类是上海、景德镇、新余、自贡、眉山、泸州、德阳、南充、安顺、玉溪、昭通等城市，是生态承载力在降低伴随着生态足迹的增长；另一类是马鞍山、宜春、常德、广安、资阳等城市，是生态承载力在稍微增长伴随着生态足迹的略减。泰州、杭州、芜湖、铜陵、武汉、成都、内江、绵阳、遵义、曲靖等市在研究期间都是正值，以武汉城市群和成渝城市群的城市居多，都呈现下降的趋势，说明地区可持续性在逐渐减弱，相应的生态缺口逐渐扩大；而其他城市在研究期间有正有负，说明其生态足迹的消耗速度和生态承载力的更新速度变化波动不完全一致。

根据生态足迹多样性指数的数值大小，参照王萌（2017）对消费结构合理性的等级划分：H<1.1 表示消费结构极度不合理，长江经济带各地市的消费结构普遍是极不合理的，分配的失衡带来结构的不稳定。在这个结构不合理的程度中，可以进一步划分：①H<0.1 的城市：上海、南京、苏州、镇江、舟山，是消费结构最不合理的；②0.1<H<0.2 的城市：无锡、常州、扬州、宁波、台州、芜湖、铜陵、马鞍山、萍乡、武汉、鄂州、湘潭、娄底；③0.2<H<0.3 的城市：南通、盐城、泰州、杭州、嘉兴、湖州、绍兴、金华、合肥、滁州、安庆、南昌、九江、景德镇、鹰潭、新余、宜春、上饶、抚州、黄石、孝感、咸宁、荆门、长沙、株洲、衡阳、岳阳、益阳、常德、成渝城市群、黔中城市群、滇中城市群；④H>0.3 的城市：宜城、池州、吉安、襄阳、荆州、德阳，相比较而言，消费结构稍合理一些。长江经济带各城市的消费结构的不合理的一个明显的原因是大部分城市的耕地、林地、草地和水域生态足迹在区域总生态足迹中的比重的降低，而建设用地和化石能源生态足迹占总生态足迹比重明显增加。

　　就区域发展能力指数的结果来看（见表 6-7），指数值大于 1 的城市多半是环鄱阳湖城市群、武汉城市群、环长株潭城市群这三个长江中游区域，上海、南京、无锡、苏州、常州、镇江、舟山、台州、武汉、贵阳这些城市的指数数值都小于 0.5，基本都在长江三角洲城市群。

　　区域可持续发展能力是与区域生态赤字、万元 GDP 生态足迹、多样性指数、发展能力指数等都是密切相关的，其中，生态足迹多样性指数、发展能力指数是与可持续发展能力正相关，而区域生态赤字、万元 GDP 生态足迹则与可持续发展能力负相关。也就是说，提高区域发展能力可以有两条途径：增加区域生态足迹，或者提高区域生态足迹的多样性。

　　从长江经济带的实际情况来看，区域可持续发展能力的增强主要还是依靠生态足迹需求的增长来实现的。发展能力公式表明，区域生态系统发展能力由生态足迹多样性指数和生态足迹需求两方面决定的，那么生态足迹需求的增长也就意味着带来生态系统发展能力的增强，然而在生态承载力有限的前提下，一味地增加需求只会使地区的生态赤字进一步加大，从而导致区域生态系统进一步受到更加严重的损失。

　　在本节中的生态经济系统发展能力模型本质是经济学概念，所以它的前提是在某种程度上区域生态系统的供给能力是无限的且可以满足消耗需求的。

　　根据其计算公式，在这样的假设条件下，由区域需求的增长是可以拉动整个区域生态系统的发展的。而且在生态盈余较大时，适度增加有效需求能够提高生态系统的利用率并增强其发展能力。但是在实际情况下，长江经济带已经出现较大程度的生态赤字且生态系统的供给能力短期内不可能有大的突破的情况，直接简单盲目地套用经济学模式是不现实的，而应该从提高生态足迹的多样性指数来着手增强长江经济带各地市的发展能力。因此，提高区域发展能力的途径应该是提高区域生态足迹的多样性，减少生态足迹的措施（如提高资源的利用效益）和提高生态足迹的多样性并不矛盾。

进一步根据式（6-11）和式（6-12）来观察长江经济带各区域生态压力弹性系数和万元 GDP 生态足迹弹性系数的动态变化，结果如表 6-8 所示：

表 6-8　2009~2017 年长江经济带各区域生态压力和万元 GDP 生态足迹弹性系数

指标	区域	2009 年	2010 年	2011 年	2012 年	2013 年	2014 年	2015 年	2016 年	2017 年
生态压力弹性系数	下游	−10.7208	7.7768	−12.6139	4.5571	18.5329	13.1233	−5.6643	5.0854	−1.7890
	中游	−4.9230	7.6995	−17.4323	−0.9333	1.0843	3.5869	2.5697	9.6238	−15.6307
	上游	0.6917	−1.6578	0.7134	−0.1065	13.6179	−1.2053	−2.2304	19.0649	9.2994
万元 GDP 生态足迹弹性系数	下游	0.6930	0.2803	0.4576	−0.3214	1.2470	−0.4560	−0.8170	0.0436	−0.1071
	中游	−0.0581	0.0776	0.3132	0.2280	0.3355	0.0926	−0.8208	−0.3649	0.7338
	上游	0.1384	0.0921	0.0502	0.0603	−0.1949	0.0433	0.1143	−0.0478	−0.0953

根据表 6-8 和图 6-5，长江经济带下游区域的生态压力弹性系数 E 在 2009 年、2011 年、2015 年和 2017 年均小于 0，其他年份大于 0，长江经济带中游区域 E 在 2009 年、2011 年、2012 年和 2017 年均小于 0，其他年份大于 0，长江经济带上游区域 E 在 2010 年、2012 年、2014 年和 2015 年均小于 0，其他年份大于 0，明显看到，长江下游和中游生态足迹的变动方向和生态承载力的变动方向的动态较一致（见图 6-5），总体上各区域生态足迹的变动同向响应于生态承载力的变动。

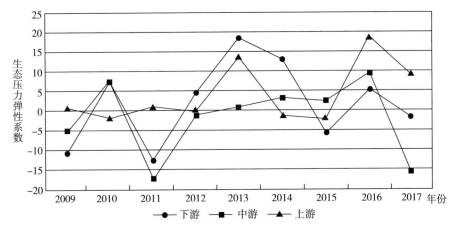

图 6-5　2009~2017 年长江经济带各区域生态压力弹性系数 E 变化趋势

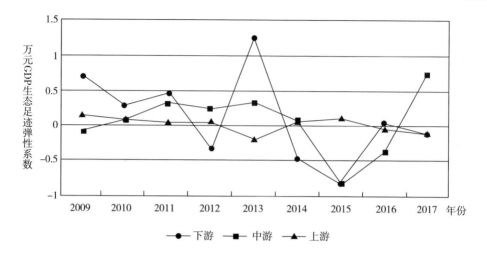

图 6-6 2009～2017 年长江经济带各区域万元 GDP 生态足迹弹性系数 G 变化趋势

根据表 6-8 和图 6-6，长江经济带下游区域的万元 GDP 生态足迹弹性系数 G 除 2012 年、2014 年、2015 年和 2017 年外，其他年份都是正值，表明生态足迹正向响应于经济发展，其中最高是 2013 年达到了 1.247；长江经济带中游区域除 2009 年、2015 年和 2016 年以外，其他年份均处于（0，1）之间，表明生态足迹也是正向响应于经济发展，且经济贡献每增加（减少）1%，而生态足迹增加（减少）小于 1%。长江经济带上游区域除 2013 年、2016 年和 2017 年外，其他年份均处于（0，0.2）之间，弹性始终保持在合理波动区间，表示经济贡献一直比较平稳，经济规模效应以较优效率带动了技术和结构效应发展并减轻环境压力。

6.4　本章小结

本章在第 5 章核算区域自然资本存量和流量的基础上，进一步继续深入分析。从存流量资本利用状况来看，耕地、草地、化石能源用地等存量资本被大量占用，处于不可持续发展状态。从可持续发展能力来看，单一指数因子难以综合反映区域的可持续发展能力，为定量表征各区域生态持续性，利用聚类分析和象限图法，引入存量、流量资本利用率相关指标，通过存量资本超前于流量资本的程度来进行刻画，更加深入了解长江经济带自然资本利用的可持续性状况区域。结果发现：将长江经济带各地市的自然资本利用状况划分为自然资本重度利用、自然资本中度利用、自然资本轻度利用和存量资本相对滞后四种类型。四大类自然资本利用的市际格局地域集聚性随着时间变化越来越明显，轻度和中度利用型是长江经济带各地市自然资本利用的主要类型，属于轻度和中度利用型的城市有接近 50 个，其中下游、中游和上游区域各占 30%左右，几乎覆盖了长江经济带所有经济发展水平较高的区域。区域存量资本与流量资本的利用水平大部分是出现互补形式的。一般而言，区域人为因素是区域存量资本消耗受的主要影响因素，而区域流量资本的占用则主要受自然因素的影响。根据第 5 章的分析结果可以明显看出，区域自然资本流动性较强的地区，一般对区域存量资本的依赖程度相对较低；反之，区域自然资本流动性较弱的地区，对区域存量资本的依赖程度往往较高。

长江经济带万元 GDP 生态足迹和万元 GDP 生态赤字在 $0.4hm^2$/万元以下的城市相对一部分是一致的，而且绝大部分是长江下游区域的城市以及其他区域的省会城市，这些城市 GDP 数值高，经济发展较好，对于资源的消耗量巨大，而对于相应的集约化生产产业的要求更高，随后随着经济的迅猛发展、大规模集约化工业的建立和完善，其对于资源利用率越来越高；而少部分城市的万元 GDP 生态足迹在 $1hm^2$/万元以上，这些城市经济发展相对偏弱，其万元 GDP 生态足迹较大。相对而言，自然资源利用率较低。随着区域经济越的发展，相比较单纯依赖农林牧业及自然生态环境禀赋没有优势的地区，工业经济的发展在某种程度上能较大地提高资源的利用效率。所以，这些长江中游和上游区域城市的发展是具有较大的潜力的。

长江经济带各地市的生态压力指数普遍偏大，都超过数值 1。根据其生态压力指数的概念，EPI 数值>1 时表明该区域的生态安全是没有保障的，区域内人们活动的干扰强度已经超过相应条件下区域生态系统的自反馈阈值，已经影响区域生态系统的平衡。而且数值越大，对区域干扰生态系统平衡的强度越大，对区域生态安全的威胁也越大。所以，长江经济带所有地市的生态安全都是无保障的，不管是低等级、中等级压力的城市还是高等级压力的城市，它们都是生态严重超载的，只不过进行生态压力横向比较又有差异而已。不过，部分城市特别是上海和马鞍山的生态压力巨大，非线性增长的区域生态环境污染存量"外部性"溢出明显，但是其万元 GDP 生态足迹水平是很低的，表明经济贡献水平较高，使二者存在差距稍微缩小。

第7章 自然资本可持续利用驱动力分析

7.1 驱动因素影响因子筛选

7.1.1 指标的选取

对区域自然资本利用的社会经济影响因素进行定量分析，深入探究区域自然资本利用变化的社会经济驱动力，可以更好地为区域未来可持续发展相应政策的制定提供明确导向。在客观世界中，由于事物现象的表面化和演变过程的随机性，以及各个因素之间关系的复杂性，在认识上人们很难有全面的而且可靠的信息，来对因素的影响进行主次之分。区域社会经济的发展与区域资源环境和人口相协调，关键是指这些因素之间在数量上的协调。事实上，影响区域自然资本利用的社会经济因素复杂繁多，各因子之间也存在严重的多重相关性，影响因素的指标体系对于长江经济带整个地域范围具有普适性，由于研究对象为 74 个地市，因此进一步筛选驱动指标对研究区域有着很重要的现实意义。通过筛选因子来简化影响生态足迹的社会经济指标体系，不仅能很好地概况原来的指标体系，而且还会大大简化生态足迹及其影响因子的内在机理研究过程。

关于影响生态环境自然资本利用的因素比较多样，邬畅（2015）利用 10 个指标作为福建省 2000~2013 年的生态足迹驱动因素；马明德等（2014）选取全区 GDP、三大产业产值、全区人口数、城镇居民人均生活消费支出、农村居民人均生活消费支出、全社会固定资产总值等 8 个经济指标探讨宁夏生态足迹的影响因素。大多仅选取经济因素作为指标，本章参考众多文献对自然资本利用驱动因素指标的选取，结合长江经济带各地市各方面的实际发展情况。近年来，长江经济带各地市经济发展迅速，城市化进程速度加快，居民生活水平不断提高，消费结构变化显著。同时，无论是依赖于自然资源提供的生态产品，还是人类社会产生的废弃物，都将对生态环境造成巨大影响，社会经济结构中多种因素的变化均能导致人类对生物资源量的需求量以及各种污染物的排放量增加，故需要系统地分析生态足迹数值并结合相关指标分析。

基于可能的经济社会驱动因素众多，且其之间存在多重相关性或近似多重相关性，若使用普通回归分析方法将缺乏科学性。由于驱动因素较为复杂，所以本章会利用灰色关联熵法和 Lasso 回归分析对其可能的驱动因素进行筛选，综合选取人口规模、经济发展、政策因素、城市建设和人民生活水平五大方面作为可能的影响因子（见表 7-1），以期找出各地市自然资本利用（人均三维生态足迹）的主要驱动因素，然后对自然资本利用进行进一步驱动力的分析来探讨 2008~2017 年以来长江经济带人口、富裕度、产业结构和城市化水平等社会经济因素对生态足迹变化的内在作用机制。

表 7-1　长江经济带自然资本利用的影响因素

一级指标	二级指标	对应自变量
人口规模	人口总量	X1
经济发展	城市生产总值	X2
	城市化率	X3
	人均 GDP	X4
	第二产业在 GDP 的比重	X5
政策因素	固定资产投资	X6
城市建设	绿地面积	X7
	城市建成区面积	X8
人民生活水平	家庭人均可支配收入	X9
	社会消费品零售额	X10

7.1.2　生态足迹的影响因子筛选

7.1.2.1　灰色关联分析

传统的灰色关联分析方法自邓聚龙教授提出以来，已经运用到许多研究领域。灰色关联方法可以找出各种影响因素与系统发展态势之间的关系，从而判别出主导因素与非主导因素。它通过计算关联系数，将各数据序列变换为可比数据序列，然后带入邓氏关联模型来计算出各影响因素序列与母序列之间的关联系数，然后对母序列与各影响因素序列关联度大小来进行排序。此方法在第4章中做了详细说明，在此不再赘述。

7.1.2.2 Lasso 回归分析

（1）模型理论。指标选择在统计建模过程中是极其重要的问题。在最初建立模型时，为了减少因为缺少重要自变量而出现的模型偏差，一般会尽可能多地选择自变量。然而，建模过程需要寻找对因变量具有强解释力的自变量集合来提高模型的解释性和预测精度。而 Lasso（Least absolute shrinkage and selection operator, Tibshirani）算法则是一种能够实现指标集合精简的估计方法。

Lasso（1996）方法通过构造一个惩罚函数得到一个较为精练的模型，通过对部分系数设定为零，完成对系数的压缩，因此保留了子集收缩的优点，是一种处理具有复共线性数据的估计方法。对于 Lasso 方法中的 Selection 功能，Tibshirani 指出，当 t 值小到一定程度的时候，Lasso Estimate 会使某些回归系数的估值是 0，起到了变量选择的作用。当 t 值不断增大时，选入回归模型的变量会逐渐增多，当 t 增大到某个值时，所有变量都入选了回归模型，所以 Lasso 也可以看作是一个逐步回归的过程。Lasso 的基本思想是在回归系数的绝对值之和小于一个常数的约束条件下，使残差平方和最小化，从而能够产生某些严格等于 0 的回归系数，保留重要解释变量，对解释变量进行选择，进而得到可以解释的模型。

（2）Lasso 变量选择方法。Lasso 的基本思想是在最小二乘的基础上施加惩罚，从而可以达到变量选择的效果。其表达式如下：

$$\hat{\beta} = \underset{\beta}{\mathrm{argmin}}\left\{ \sum_{i=1}^{N}\left(y_i - \beta_0 - \sum_{j=1}^{d} x_{ij}\beta_j \right)^2 + \lambda \sum_{j=1}^{d} |\beta_j| \right\} \tag{7-1}$$

其中，d 为模型中自变量的个数或未知参数的个数。λ 为调节参数，它控制着参数的压缩程度，不同的 λ 将会得到不同的参数估计，而且 λ 越大，压缩的程度越强，最后估计得到的非零参数越少。式（7-1）也可以写作：

$$\hat{\beta} = \underset{\beta}{\mathrm{argmin}} \sum_{i=1}^{N}\left(y_i - \beta_0 - \sum_{j=1}^{d} x_{ij}\beta_j \right)^2 \mathrm{s.\,t.} \sum_{j=1}^{d} |\beta_j| < t \tag{7-2}$$

由于范数惩罚的自然属性，构造的模型是稀疏的，并且能够同时实现连续的变量收缩和自动地选择变量。在调节参数的连续变化中，λ 的变量收缩过程也是连续的，并且变量选择是通过参数估计来决定的，两者同时进行，这就体现了自动性。

由于 Lasso 的惩罚项的几何特点，使 Lasso 可以起到选择变量的作用，随着 λ 的增大，Lasso 可以把系数连续压缩到 0，并且恰好会使某些系数等于 0。Lasso 具有一些优良性质，如大偏差、小方差。Lasso 方法得到的结果可以更好地解释模型，连续压缩可以提高模型的预测准确度。该方法能够起到降维的作用，并且有高效的算法，用计算机求解很容易。因此，从方法提出时开始，这种方法便受到欢迎并被广泛使用。

（3）交叉验证法。交叉验证法的思想是，首先将所有数据随机分为 k 个子集（尽可能均分）；然后把每个子集都做一遍测试集，剩下的全部做训练集，会得到 k 个预测精度；最后对 k 个精度取平均值即做一次 k 折交叉验证的预测精度。

（4）AIC 准则。AIC 信息准则在似然函数上添加一个惩罚项得到，可以说是用来描述在构建模型过程中偏置以及方差之间的权衡，也就是模型的精确度和复杂度。其具体形式如下：

$$\text{AIC} = -2\ln L + 2d \tag{7-3}$$

其中，L 为模型的似然函数，d 为模型中自变量的个数或未知参数的个数。在假定模型的随机误差项服从正态分布下，略去与 d 无关的常数，容易得到：

$$\text{AIC} = n\ln\ (RSS/n)\ + 2d \tag{7-4}$$

其中，RSS 为残差平方和。如果给定一组数据，我们可以通过上述式子得到一系列候选模型的 AIC 值，我们需要选择使 AIC 值最小的模型。但是 AIC 不会提供候选模型在样本数据下的拟合程度。即使所有候选模型都拟合得不是很好，也不会做出任何提示。

（5）BIC 准则。BIC 准则是和 AIC 相类似的一种方法。BIC 中的惩罚项通常大于 AIC 中的惩罚项。其具体形式如下：

$$\text{BIC} = -2\ln L + d\ln n \tag{7-5}$$

其中，L 为模型的似然函数，d 为模型中自变量的个数或未知参数的个数，n 是样本大小或者观察值的个数。在假定模型的随机误差项服从正态分布下，略去与 d 无关的常数，容易得到：

$$\text{BIC} = n\ln\ (RSS/n)\ + d\ln n \tag{7-6}$$

其中，RSS 为残差平方和，我们需要选择使 BIC 值最小的模型。

7.1.3　影响因子筛选结果

7.1.3.1　灰色关联度筛选因子

应用 Python3.8 软件，对灰色关联度进行编程计算，定量分析人均生态足迹与各影响因子之间的关联排序，从而提供影响因子的量化排序依据。人均生态足迹影响因子的灰色关联度的结果，如图 7-1 所示。

通过灰色关联度分析获得的长江经济带城市自然资本利用影响因子的重要性程度，按照大小排序依次为人口总量、城市生产总值、第二产业在 GDP 的比重、人均 GDP、城市化水平（城市化率）、城市建成区面积、固定资产投资、家庭人均年可支配收入、社会消费品零售总额、绿地面积。在第 4 章人均生态足迹的地类影响灰色关联度分析中，各地类的关联度高于第二产业在 GDP 的比重、人均

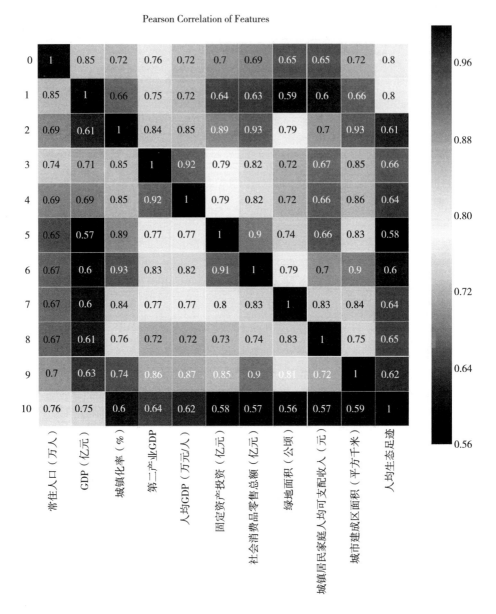

Pearson Correlation of Features

	常住人口（万人）	GDP（亿元）	城镇化率（%）	第二产业GDP	人均GDP（万元/人）	固定资产投资（亿元）	社会消费品零售总额（亿元）	绿地面积（公顷）	城镇居民家庭人均可支配收入（元）	城市建成区面积（平方千米）	人均生态足迹
0	1	0.85	0.72	0.76	0.72	0.7	0.69	0.65	0.65	0.72	0.8
1	0.85	1	0.66	0.75	0.72	0.64	0.63	0.59	0.6	0.66	0.8
2	0.69	0.61	1	0.84	0.85	0.89	0.93	0.79	0.7	0.93	0.61
3	0.74	0.71	0.85	1	0.92	0.79	0.82	0.72	0.67	0.85	0.66
4	0.69	0.69	0.85	0.92	1	0.79	0.82	0.72	0.66	0.86	0.64
5	0.65	0.57	0.89	0.77	0.77	1	0.9	0.74	0.66	0.83	0.58
6	0.67	0.6	0.93	0.83	0.82	0.91	1	0.79	0.7	0.9	0.6
7	0.67	0.6	0.84	0.77	0.77	0.8	0.83	1	0.83	0.84	0.64
8	0.67	0.61	0.76	0.72	0.72	0.73	0.74	0.83	1	0.75	0.65
9	0.7	0.63	0.74	0.86	0.87	0.85	0.9	0.81	0.72	1	0.62
10	0.76	0.75	0.6	0.64	0.62	0.58	0.57	0.56	0.57	0.59	1

图 7-1 长江经济带自然资本利用影响因子的灰色关联度分析

GDP、城市化水平（城市化率）、城市建成区面积、固定资产投资、家庭人均年可支配收入、社会消费品零售总额、绿地面积这些指标因素。所以，在灰色关联度的分析结果中，各地类的结构因素、人口总量和城市生产总值是影响程度最强的。

7.1.3.2　Lasso 回归分析结果

应用 R 软件进行实证分析，因为 Lasso 方法的优势在于通过添加惩罚项，将不重要变量的回归系数直接估计为 0，从而达到剔除不重要变量的目的。在实际数据分析中，可以通过贝叶斯信息准则（BIC），Akaike 信息准则（AIC）或广义交叉验证值（GCV）等模型选择标准来选择最优调节系数 λ。本书分别用 AIC、BIC 与十折交叉验证法三种方法来选择调节系数。此外，由于 Lasso 惩罚项对每个回归系数都进行了惩罚，所以回归系数估计量是有偏差的（Fan 和 Li，2001）。为了有效地消除有限样本下的估计偏差，本书利用如下两阶段估计方法：第一阶段，采用 Lasso 惩罚函数筛选出重要变量；第二阶段，对已选出的变量建立无惩罚项的模型，再利用普通最小二乘方法得到模型的回归系数估计以及回归系数的显著性结果。

（1）重要变量的筛选。为了降低数据波动性与量纲的影响，本书对自变量与因变量均取对数后，将数据进行标准化处理。采用 Lasso 方法对重要变量进行筛选，主要借助于 R 软件中 Glmnet 包中的 Glmnet 函数。本书分别用 AIC、BIC 与十折交叉验证三种方法对 Lasso 惩罚函数的调节参数 λ 进行选择，通过对比三种方法选择出的模型差异，进一步选择最优的调节参数对应的模型进行分析。本书首先利用十折交叉验证法选择 Lasso 惩罚中的调节参数，其交叉验证图如图 7-2 所示：

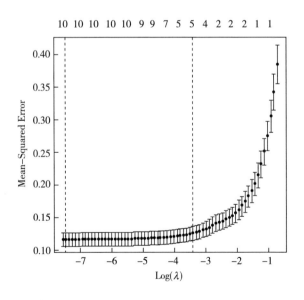

图 7-2　Lasso 十折交叉验证图

图 7-2 是 Lasso 交叉验证过程中观察到的每个自变量随 λ 的变化轨迹，其左右两条竖的虚线分别表示进行交叉验证得到最小均方误差对应的 λ 的值及其加上一倍标准差对应的 λ 值。由于 λ 值达到一定大小之后，若继续增加模型自变量个数和缩小 λ 值，并不能显著提高模型性能。因此，加上一倍标准差的 λ 值给出的是一个具备优良性能并且自变量个数最少的模型。因此，通常情况下选择加上一倍标准差的 λ 值作为交叉验证选出的 Lasso 惩罚估计的最优调节参数。

再利用 AIC、BIC 法对 Lasso 惩罚方法中的调节参数进行选择，三种方法选出 Lasso 惩罚方法中的最优 λ 以及在 AIC、BIC 与十折交叉验证法三种方法下的最优 λ 对应模型的系数和模型均方误差即预测精度如下：

表 7-2　三种方法选出的 Lasso 惩罚函数中最优 λ 及模型预测精度

	AIC	BIC	Cross-validation
λ	0.0005306627	0.0118340434	0.0333097494
预测精度	0.1196597	0.1219551	0.1276945
常住人口	0.442759441	0.404119371	0.406721292
城镇化率	0.020024004	0	0
GDP	0.201649287	0.165587361	0.127444722
第二产业	0.038491166	0.027108685	0.012331354
人均 GDP	0.03826584	0	0
固定资产投资	−0.101852643	0	0
社会消费品零售总额	0.046832099	0.011402415	0
绿地面积	−0.170995902	−0.123491653	−0.076227151
城市建成区面积	0.043645599	0.030744418	0.004764119
城镇居民家庭人均可支配收入	−0.035920492	−0.029573257	0

从表 7-2 可以看出，AIC、BIC 与十折交叉验证三种方法得到的最优 λ 值分别为 0.0005306627、0.0118340434 与 0.0333097494，其得到的最优模型自变量个数分别为 10 个、7 个和 5 个。BIC 方法与 AIC 方法相比：BIC 方法得到的最优模型自变量个数比 AIC 得到的最优模型自变量个数少，且 BIC 方法选择的模型的预测均方误差与 AIC 方法选择的模型的预测均方误差相近。也就是说，BIC 方法得到的模型的预测精度较 AIC 得到的模型的预测精度差异不大。可见 BIC 方法对模型参数惩罚得更多，即 BIC 方法既简化了模型又保证了模型的精度。交叉验证法与 BIC 方法相比：交叉验证法得到的最优模型自变量个数比 BIC 得到的最优模型自变量个数少，且交叉验证法与 BIC 得到的模型的预测精度差异很小。因此，交叉验证法既简化了模型又没有损失太多的模型精度。综合以上的结果，本书选

择运用交叉验证法得到的模型作进一步分析，从交叉验证法选出的最优调节参数对应的模型的系数可以看出，Lasso 方法从 10 个变量指标中选择出了 5 个变量指标分别是常住人口、GDP、第二产业、绿地面积与城市建成区面积，而城镇化率、人均 GDP、固定资产投资、社会消费品零售额与城镇居民家庭人均可支配收入这五个变量均被 Lasso 方法直接剔除了。

（2）建立回归模型。

表 7-3　无惩罚项回归结果

解释变量	回归系数
常住人口	0.42515 ****
	（0.01855）
GDP	0.15433 ****
	（0.02450）
第二产业	0.03526 **
	（0.01533）
绿地面积	−0.14622 ****
	（0.01825）
城市建成区面积	0.04591 *
	（0.02367）

注：括号内表示回归系数估计值的标准误差，＊＊＊＊、＊＊＊、＊＊和＊分别表示回归系数在 0.1%、1%、5% 和 10% 的显著性水平下显著，下同。

从表 7-3 中可以看出，常住人口、GDP、绿地面积三个解释变量均在显著性水平为 0.001 下通过显著性检验，第二产业在显著性水平为 0.05 下通过系数的显著性检验，而城市建成区面积在显著性水平为 0.1 下通过系数的显著性检验。其中，常住人口、GDP、第二产业、城市建成区面积四个自变量与因变量生态足迹正相关，且自变量常住人口对因变量的影响最大，其次为 GDP。另外，自变量绿地面积与因变量生态足迹负相关。

7.2　长江经济带自然资本利用的社会经济驱动力分析

7.2.1　模型选择

分解研究人类各种社会活动对生态环境压力的影响是可持续发展的重要内

容。指数分解方法（Index Decomposition Analysis，IDA）的基本思想就是把一个目标变量的变化分解成若干个影响因素变化的组合，从而可以辨别各个因素影响程度的大小，即贡献率，从而客观确定出贡献较大的因素。在数据可获取的情况下，把此分解方法逐层进行下去，最终就可以把各种影响因素对目标变量的贡献区分开来。关于指数分解方法的应用，国内外都做了大量的研究，特别是国外对此领域研究较为成熟。

用数学语言表达上述的基本思想：假定目标变量为 V，V 可以分解成为 n 个影响因素（x_1，…，x_n）的组合形式；

$$V = \sum_i V_i, \quad V_i = x_{1,i} x_{2,i}, \quad \cdots, \quad x_{n,i}$$

不妨假设时间从 0 到 T，目标变量从 V^0 变化到 V^T，可以得出指数分解形式的基本表达式如下：

（1）加法形式。

$$\Delta V_{tot} = V^T - V^0 = \Delta V_{x_1} + \Delta V_{x_2} + \cdots + \Delta V_{x_n} + \Delta V_{rsd} \tag{7-7}$$

（2）乘法形式。

$$D_{tot} = \frac{V^T}{V^0} = D_{x_1} D_{x_2} \cdots D_{x_n} D_{rsd} \tag{7-8}$$

其中：ΔV_{xi} 和 D_{xi} 分别为第 i 个影响因素的分解量，ΔV_{rsd} 和 D_{rsd} 分别为因素分解后剩余的残差项。

指数分解法对数据的处理主要采取两种方式：时间序列分解和区间分解。时间序列分解分析是指分 t 和 $t+1$ 年进行；区间分解分析是指忽略中间年份变化，只对两个基准年之间不同区间的变化进行分析。时间序列分解分析能对自然资源消费变化轨迹及决定因素提供更为详细的信息支持，解释目标量潜在变化的机理，但考虑到数据的获得性，一般采用区间分解方式，若时间序列数据可获取，应采用时间序列分解分析，本书分别从采用时间序列和截面区间数据分别进行分析。

7.2.2　LMDI 时间分解模型

在指数分解法中，最常用的两种是 Laspeyres 和 Divisia 分解法，国内外学者已经对此做了大量的研究。Laspeyres 分解方法由于变化因素分解不完全，可能存在较大的残差，对分解的结果也会造成影响，这是该方法最大的缺陷。而常见的两种 Divisia 指数分解法是算数平均迪氏指数分解法（Arithmetic Mean Divisia Index Method，AMDI）和对数平均迪氏指数分解法（Logarithmic Mean Divisia Index Method，LMDI）。由 Ang 和 Liu 提出的对数平均迪氏指数法分解模型 LMDI 相比于其他分解模型，不仅可以进行多个因素的分解，而且分解后的结果残差为 0，甚至还可以运用到部分残缺数据集的分解上，发展也较为迅速，在环境经济研究中得到广泛使用。所以，本书采用适合时间序列数据的模型 LMDI 分解法进行研究。

因为 Divisia 指数分解方法的基本思路是：将目标变量分解出的各个因素变量都看成是时间 t 的连续可微函数，然后对时间进行微分，并分解得出各个因素变量的变化对目标变量的贡献率。对数平均迪氏指数分解法（Logarithmic Mean Divisia Index Method，LMDI）的加法形式和乘法形式：

（1）加法形式。

$$\Delta x_k = \sum_i \frac{V_i^T - V_i^0}{\ln\left(\frac{V_i^T}{V_i^0}\right)} \ln\left(\frac{x_{k,\ i}^T}{x_{k,\ i}^0}\right) \tag{7-9}$$

（2）乘法形式。

$$D_{x_k} = \exp\left\{ \sum_i \frac{\dfrac{(V_i^T - V_i^0)}{\ln(V_i^T - V_i^0)}}{\dfrac{(V^T - V^0)}{\ln(V^T - V^0)}} \ln\left(\frac{x_{k,\ i}^T}{x_{k,\ i}^0}\right) \right\} \tag{7-10}$$

基于此，关于具体的指数分解模型，首先考虑以 IPAT 方程为例。IPAT 作为分析生态环境变化的影响因素工具，由 Ehrlich 与 Holdren 在研究人口增长对生态环境影响时提出（Holdren & Ehrlich，1974）。该工具克服单因素决定论对生态环境影响解释的缺陷性，具有一定的解释力和说服力，将各单因素综合架构于同一框架下，形成多因素解释模型，探究它们对环境的影响力度（Ehrlich & Holdren，1971）。在过去 20 多年中，环境和经济增长问题被限定在"环境库兹涅茨曲线（EKC）"的假定之上，部分研究结果是支持这一假定的，很多学者逐步增加了人口、技术变化等解释变量来说明该问题。IPAT 作为广泛应用于研究生态环境驱动因素的模型，主要涉及人口规模（P）、富裕程度（A）、科技水平（T）等社会经济驱动因素对生态环境影响的考察，从理论与实践为研究生态环境驱动因素提供基础理论。

$I = PAT$

然后假设从时间 0 到 T，目标变量从 I^0 变化到 I^T，可以得出指数分解形式的表达式如下：

（1）加法形式。

$$\Delta I_{tot} = I^T - I^0 = \Delta I_P + \Delta I_A + \Delta I_T + \Delta I_{rsd} \tag{7-11}$$

（2）乘法形式。

$$D_{tot} = \frac{I^T}{I^0} = D_P D_A D_T D_{rsd} \tag{7-12}$$

其中：ΔI_P 和 D_P 分别为人口因素对环境 I 影响的贡献值和贡献率，ΔI_A 和 D_A 分别为财富因素对环境 I 影响的贡献值和贡献率，ΔI_T 和 D_T 分别为人口因素对环境 I 影响的贡献值和贡献率，ΔV_{rsd} 和 D_{rsd} 分别为因素分解后剩余的残差项。

根据前面的影响因子筛选结果，本书采用 LMDI 分解法来分析长江经济带自然资本利用的变动，将土地结构、技术、经济和人口因素与人类活动产生的生态足迹联系起来，比较不同因素的影响效应，旨在探讨长江经济带自然资本利用变动的主要影响因素及其作用机理，为实现生态可持续发展提供理论依据。因为 LMDI 分解法有加法分解模式和乘法分解模式两种，本书采用加法分解模式来构建生态足迹指数分解模型，如下所示：

$$EF = \sum_i EF_i = \sum_i \frac{EF_i}{EF} \times \frac{EF}{GDP} \times \frac{GDP}{P} \times P$$

$$= \sum_i S_i \times I \times F \times P \tag{7-13}$$

式（7-13）中，EF_i 为第 i 类生物生产性土地的生态足迹，S_i 为第 i 类生物生产性土地的生态足迹占总生态足迹的比值，代表生态足迹的结构因素；I 为单位 GDP 生态足迹，即生态足迹强度，代表生态足迹的技术因素；F 为人均 GDP，表示经济发展水平，代表生态足迹的经济因素；P 为人口数，代表生态足迹的人口因素。

设 EF^0 为基期的生态足迹，EF^t 为第 t 期的生态足迹，则第 t 期与基期的生态足迹变化量可以分解以下四个驱动效应：

$$\Delta EF = EF^t - EF^0 = \sum_i S_i^t \times I^t \times F^t \times P^t - \sum_i S_i^0 \times I^0 \times F^0 \times P^0$$

$$= \Delta EF_s + \Delta EF_i + \Delta EF_f + \Delta EF_p \tag{7-14}$$

式（7-14）中，ΔEF_s、ΔEF_i、ΔEF_f、ΔEF_p 分别表示引起生态足迹时间差异的结构因素、技术因素、经济因素和人口因素，分别可用式（7-15）～式（7-18）表示：

$$\Delta EF_S = \sum_i \frac{EF_i^t - EF_i^0}{\ln EF_i^t - \ln EF_i^0} \times \ln \frac{S_i^t}{S_i^0} \tag{7-15}$$

$$\Delta EF_I = \sum_i \frac{EF_i^t - EF_i^0}{\ln EF_i^t - \ln EF_i^0} \times \ln \frac{I_i^t}{I_i^0} \tag{7-16}$$

$$\Delta EF_F = \sum_i \frac{EF_i^t - EF_i^0}{\ln EF_i^t - \ln EF_i^0} \times \ln \frac{F_i^t}{F_i^0} \tag{7-17}$$

$$\Delta EF_P = \sum_i \frac{EF_i^t - EF_i^0}{\ln EF_i^t - \ln EF_i^0} \times \ln \frac{P_i^t}{P_i^0} \tag{7-18}$$

7.2.3 M-R 空间分解模型

在 IDA 中大多是在基于时间维度的分解分析，特别是 LMDI 的研究及其广泛，往往时间维度主要是研究一个国家或城市的总资源和能源消耗随时间的变化，量化总体活动水平、活动结构和能源强度变化对一国或城市总资源和能源消耗的影响。但是量化两个及以上的城市总体活动水平、活动结构和能源强度的变化对其特定年份能源和资源消耗总量差异的影响，即 IDA 在对区域之间进行空间维度的分解研究相对而言较少。我们将参考诸如时间分解分析之类的研究，空间分解分析在比较一个国家内各区域在某一年内的能源消耗或资源利用的差异方面是非常有意义的。基于前面的分解基础，在 IDA 的研究中，空间分解也经历了一系列发展过程。

7.2.3.1 双边区域比较

涉及两个区域的空间分解分析用基本的 IDA 恒等式来表示如下：

$$E = \sum_i E_i = \sum_i Q \frac{Q_i}{Q} \frac{E_i}{Q_i} = \sum_i Q S_i I_i \tag{7-19}$$

式中，E 表示能源或资源消耗总量；i 表示消耗部门种类；E_i 是第 i 部门的能源消费量；Q 为相关经济活动水平（经常表示为 GDP）；Q_i 是第 i 部门活动水平（经常表示为第 i 部门的部门增加值）；S_i（$=Qi/Q$）是 i 部门的经济活动份额（经常表示为第 i 部门增加值占 GDP 比重）；I（$=E/Q$）为总能源强度；I_i（$= E_i/Q_i$）是第 i 部门的能源强度。

当比较两个区域（比如区域 1 和区域 2）的总能耗时，我们一般选择能耗较低的区域（假设为区域 2）作为基准区域进行比较。在空间分解分析中，要区别两个城市之间的总能耗，也可以用加法分解和乘法分解分析。"加法分解"和 $\Delta E_{tot}^{(R1-R2)}$ "乘法分解" D_{tot} 分别为：

$$\Delta E_{tot}^{(R1-R2)} = E^{R1} - E^{R2} = \Delta E_{act}^{(R1-R2)} + \Delta E_{str}^{(R1-R2)} + \Delta E_{int}^{(R1-R2)}$$

$$= \sum_i \left(W_i \cdot \ln\left(\frac{Q^{R1}}{Q^{R2}}\right) + W_i \cdot \ln\left(\frac{S_i^{R1}}{S_i^{R2}}\right) + W_i \cdot \ln\left(\frac{I_i^{R1}}{I_i^{R2}}\right) \right) \tag{7-20}$$

$$D_{tot} = \frac{E^{R1}}{E^{R2}} = D_{act} \cdot D_{str} \cdot D_{int} = \exp\left[\sum_i \widetilde{W}_i \ln\left(\frac{Q^{R1}}{Q^{R2}}\right) \right] \cdot \exp\left[\sum_i \widetilde{W}_i \ln\left(\frac{S_i^{R1}}{S_i^{R2}}\right) \right] \cdot$$

$$\exp\left[\sum_i \widetilde{W}_i \ln\left(\frac{I_i^{R1}}{I_i^{R2}}\right) \right] \tag{7-21}$$

其中，$W_i = \dfrac{E_i^{R1} - E_i^{R2}}{\ln E_i^{R1} - \ln E_i^{R2}}$，$\widetilde{W}_i = \dfrac{\dfrac{(E_i^{R1} - E_i^{R2})}{(\ln E_i^{R1} - \ln E_i^{R2})}}{\dfrac{(E^{R1} - E^{R2})}{(\ln E^{R1} - \ln E^{R2})}}$

定义 $L(a, b) = \begin{cases} \dfrac{a-b}{\ln a - \ln b}, & a \neq b \\ a, & a = b \end{cases}$

式（7-20）和式（7-21）中下标 *tot* 表示能源或资源消耗增量，下标 *act*、*str* 和 *int* 分别表示总产出或活动水平、产业结构和部门能源强度变化对消耗利用或排放的影响大小，即分别对应经济规模效应、产业结构效应和能源强度效应。

因为：$\dfrac{\Delta E_{tot}^{(R1-R2)}}{\ln D_{tot}} = \dfrac{\Delta E_{act}^{(R1-R2)}}{\ln D_{act}} = \dfrac{\Delta E_{str}^{(R1-R2)}}{\ln D_{str}} = \dfrac{\Delta E_{int}^{(R1-R2)}}{\ln D_{int}} = \dfrac{E^{R1} - E^{R2}}{\ln E^{R1} - \ln E^{R2}}$

所以在加法分解分析和乘法分解分析之间进行选择并不是我们的关键问题。因为在这两种分析方法中，一种方法得出的结果可以很容易地转换成另一种方法得出的结果。那么为了方便解释，以下将采用加法分解法进行说明区域空间差异分解。

如何对区域进行合理的设计，使区域之间的总体变化差异得到合理的度量，是空间分解分析中需要解决的基本问题。一种方法是将两个区域的空间分解分析应用于比较总体中每个双区域对，把总体看成一个比较组，对组内所有两两区域对进行分解分析，如图7-3所示。这种比较方法命名为双区域（Bilateral-Rerional model）空间分解分析模型，简称B-R模型。图7-3中的每条实线表示一个具体两区域的空间分解分析。在能源或资源消耗研究中，与时间维度的因素分解方式不同，区域之间进行空间分解时，存在比较不连续的问题。该空间比较方式解决该问题，其易操作性也获得了学者的广泛采用。Ang和Zhang（1999）、Lee和Oh（2006）、Zhang和Ang（2001）采用了该模型，该模型在区域数量较少的情况下比较简单实用。

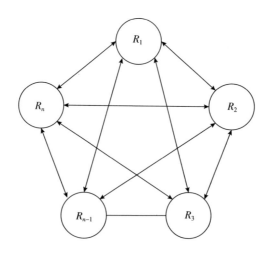

图 7-3　B-R 空间分解模型

7.2.3.2　径向区域比较

当区域数量增加到较多时，分解区域对的数量呈指数增长。例如：3 个城市参与时需要进行 3 次比较，而 30 个城市参与时则需要进行 435 次比较。而且 B-R 模型中的区域分解对是针对不同区域之间独立进行的，每一组区域对的结果都是针对相应两个区域的比较。不同区域分解对的结果之间的联系并不明确，整个总体区域比较组之间的一般结论很难得出。为了克服 B-R 模型的问题，考虑可选择一个标尺区域，并在每个目标区域与标尺区域之间进行分解分析，如图 7-4 所示。

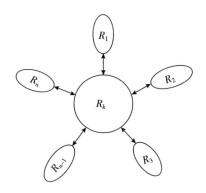

图 7-4　R-R 空间分解模型

该空间分解分析模型具有径向形状，被称为径向区域（Radial-Regional model）空间分解分析模型，简称 R-R 模型。其中标尺的选择可以是组中的特定区域、组外的区域或其他标尺（Sun，2000b）。与 B-R 模型相比，当区域数量较大时，R-R 模型的分解组对数量要少得多。假设区域 k 是 R-R 模型中的标尺区域，目标区域和标尺区域之间的差异的直接分解结果如式（7-22）所示：

$$\Delta E_{tot}^{(Rr-Rk)} = E^{Rr} - E^{Rk} = \Delta E_{act}^{(Rr-Rk)} + \Delta E_{str}^{(Rr-Rk)} + \Delta E_{int}^{(Rr-Rk)}$$

$$= \sum_i \left(W_i \text{In}\left(\frac{Q^{Rr}}{Q^{Rk}}\right) + W_i \text{In}\left(\frac{S_i^{Rr}}{S_i^{Rk}}\right) + W_i \text{In}\left(\frac{I_i^{Rr}}{I_i^{Rk}}\right) \right) \tag{7-22}$$

R-R 模型的分解结果高度依赖于使用基准标尺的引用。此外，与 B-R 模型不同，直接比较目标区域是困难的。假设对于一个特定的效应，如能源强度效应，由两个目标区域与基准区域的直接分解结果来得到两个目标区域之间的差值，如式（7-23）所示：

$$\Delta \widetilde{E}_{int}^{(R1-R2)} = \Delta E_{int}^{(R1-Rk)} - \Delta E_{int}^{(R2-Rk)} \tag{7-23}$$

$\Delta_{int}^{(R1-R2)}$ 表示城市 1 和城市 2 的间接差异，$\Delta E_{int}^{(R1-Rk)}$ 和 $\Delta E_{int}^{(R2-Rk)}$ 分别表示城

市 1 和城市 k 以及城市 2 和城市 k 的直接差异。假设区域 k 是 R-R 模型中的基准区域，这种间接比较的一个问题是，式（7-23）的结果取决于区域 k 的选择。如果将基准区域改为不同的区域 r，根据式（7-23）可知城市 1 和城市 2 之间的间接差异即：

$$\Delta \widetilde{E}_{int}^{(R1-R2)} = \Delta E_{int}^{(R1-Rr)} - \Delta E_{int}^{(R2-Rr)} \tag{7-24}$$

由此，如果对比城市有 n 个，那么就会有 n 个不同的间接结果 $\Delta_{int}^{(R1-R2)}$。很明显，式（7-24）中的间接结果与 B-R 模型的任意两个城市（除参照基准城市外）的直接分解结果不一致，即 $\Delta_{int}^{(R1-R2)} \neq \Delta E_{int}^{(R1-R2)}$。所以在 B-R 模型和 R-R 模型中，仍存在不尽理想的属性。

7.2.3.3 多区域空间分解（M-R）模型

B-R 模型或 R-R 模型的应用提供了有用但不完整的数据信息，但是如果想明确众多区域之间，即国家之间或国家内不同的省市之间存在差异的原因以及这些差异的影响，并能提出相应的有效措施。同时，为了减少区域之间分解分析的数量，并避免在多区域空间分解分析中选择基准标尺的主观性导致模型结果的解释力不足，多区域（Multi-Regional model）空间分解分析模型简称 M-R 模型，它被提出后，即将每个目标区域与整体算术平均值作为参考标准进行比较，如式（7-25）所示：

$$\Delta E_{tot}^{(Rr-R\mu)} = E^{Rr} - E^{R\mu} = \Delta E_{act}^{(Rr-R\mu)} + \Delta E_{str}^{(Rr-R\mu)} + \Delta E_{int}^{(Rr-R\mu)}$$

$$= \sum_i \left(W_i \ln\left(\frac{Q^{Rr}}{Q^{R\mu}}\right) + W_i \ln\left(\frac{S_i^{Rr}}{S_i^{R\mu}}\right) + W_i \ln\left(\frac{I_i^{Rr}}{I_i^{R\mu}}\right) \right) \tag{7-25}$$

式（7-25）中，$R\mu$ 表示参考基准的区域平均水平。如图 7-5 所示，实线表示各区域与区域总体平均值的直接分解分析，而两个区域之间的关系是通过用虚线表示的两个相关的直接分解分析的结果间接得到的。因此，对于一个由 n 个区域组成的比较组，每个区域与组平均值进行 n 个直接分解分析，并且可以得到 C_2^n 组间接的结果，来对任意两个区域进行比较。例如能源强度效应，区域 1 和区域 2 的间接结果为：$\Delta \widetilde{E}_{int}^{(R1-R2)} = \Delta E_{int}^{(R1-R\mu)} - \Delta E_{int}^{(R2-R\mu)}$

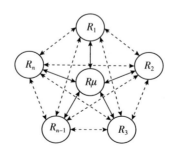

图 7-5 M-R 空间分解模型

综上，M-R 模型是优于 B-R 和 R-R 模型的：①与 B-R 模型相比，虽然比较组中所有区域都是相互关联的，区域分解对的总数相对较小。每个区域只进行一次分解分析，从直接分解分析结果中可以间接得到目标区域的相应分解结果。②通过与总体平均水平的比较，M-R 模型避免了 R-R 模型中选择标尺区域的随意性。③通过将每个区域与组总体平均水平进行比较，可以对各个区域进行排序，得出整个区域组的一般结论，而该排名信息是对相应国家或城市的政策分析和决策非常有意义的。④在区域之间存在一对一的关系时，区域差异的直接结果和间接获取结果之间不存在冲突。所以，本书选择 M-R 模型来进行区域空间差异分解分析。

7.2.3.4 自然资本利用人均生态足迹空间分解模型的构建

自然资本利用人均生态足迹空间分解模型是在前文时间分解模型的基础上将比较维度由时间向空间拓展。

设 EF^R 为城市 R 的生态足迹，EF^μ 为所有城市生态足迹的平均值，则城市 R 与所有城市平均值的生态足迹空间差异可以分解为以下四个驱动效应：

$$\Delta EF = EF^{R_1} - EF^\mu = \sum_i S_i^{R_1} \times I^{R_1} \times F^{R_1} \times P^{R_1} - \sum_i S_i^\mu \times I^\mu \times F^\mu \times P^\mu$$

$$= \Delta EF_s + \Delta EF_i + \Delta EF_f + \Delta EF_p \tag{7-26}$$

式（7-26）中 ΔEF_s、ΔEF_i、ΔEF_f、ΔEF_p 分别表示引起生态足迹空间差异的结构因素、技术因素、经济因素和人口因素，分别可用式（7-27）~式（7-30）表示：

$$\Delta EF_S = \sum_i \frac{EF_i^{R_1} - EF_i^\mu}{\ln EF_i^{R_1} - \ln EF_i^\mu} \times \ln \frac{S_i^{R_1}}{S_i^\mu} \tag{7-27}$$

$$\Delta EF_I = \sum_i \frac{EF_i^{R_1} - EF_i^\mu}{\ln EF_i^{R_1} - \ln EF_i^\mu} \times \ln \frac{I_i^{R_1}}{I_i^\mu} \tag{7-28}$$

$$\Delta EF_F = \sum_i \frac{EF_i^{R_1} - EF_i^\mu}{\ln EF_i^{R_1} - \ln EF_i^\mu} \times \ln \frac{F_i^{R_1}}{F_i^\mu} \tag{7-29}$$

$$\Delta EF_P = \sum_i \frac{EF_i^{R_1} - EF_i^\mu}{\ln EF_i^{R_1} - \ln EF_i^\mu} \times \ln \frac{P_i^{R_1}}{P_i^\mu} \tag{7-30}$$

7.2.4 实证结果分析

7.2.4.1 长江经济带自然资本利用时间差异的驱动效应分析

根据式（7-14）~式（7-18），计算得到 2008~2017 年长江经济带自然资本利用时间差异的总驱动效应，以及 2008~2011 年、2011~2014 年和 2014~2017 年三个时间段各区域自然资本利用时间差异的驱动效应，同时计算出各驱动效应的贡献率，如表7-4所示，显示了长江经济带下游、中游和上游区域自然资本利用变化的驱动效应：

表7-4　长江经济带不同区域生态足迹变化的差异驱动与贡献率

单位：hm²/人，%

区域	年份	总效应	结构效应	技术效应	经济效应	人口效应
下游	2008~2011	12.93 （100）	0.41 （3.16）	−13.74 （−106.21）	22.65 （175.13）	3.61 （27.92）
	2011~2014	5.54 （100）	0.37 （6.72）	−12.65 （−228.33）	16.54 （298.49）	1.28 （23.12）
	2014~2017	−3.16 （100）	1.17 （−36.94）	−20.86 （659.92）	15.64 （−494.76）	0.89 （−28.22）
	2008~2017	15.10 （100）	1.81 （11.95）	−43.92 （−290.84）	51.64 （341.99）	5.57 （36.89）
中游	2008~2011	10.24 （100）	1.07 （10.49）	−21.63 （−211.11）	30.93 （301.92）	−0.13 （−1.30）
	2011~2014	5.53 （100）	−0.55 （−9.97）	−20.65 （−373.66）	24.75 （447.87）	1.98 （35.76）
	2014~2017	−0.06 （100）	6.97 （−11290.54）	−22.52 （36450.09）	15.40 （−24931.74）	0.08 （−127.81）
	2008~2017	15.52 （100）	7.05 （45.41）	−60.83 （−392.01）	67.58 （435.44）	1.73 （11.15）
上游	2008~2011	−0.15 （100）	0.36 （−242.70）	−23.08 （15649.85）	21.50 （−14581.44）	1.07 （−725.70）
	2011~2014	−2.95 （100）	−0.02 （0.69）	−17.69 （600.32）	14.25 （−483.70）	0.51 （−17.31）
	2014~2017	−1.98 （100）	0.34 （−17.17）	−12.35 （624.02）	9.40 （−474.59）	0.64 （−32.27）
	2008~2017	−5.13 （100）	0.67 （−13.00）	−51.78 （1010.03）	43.82 （−854.76）	2.17 （−42.27）

（1）2008~2017年，长江下游区域人均生态足迹累计增加了15.10hm²/人，其中，技术效应下降了43.92hm²/人，经济效应增加了51.64hm²/人。技术效应与经济效应占总效应的比重分别为−290.84%和341.99%，这说明技术效应和经

济效应是生态足迹的主要驱动因素，且技术效应是生态足迹下降的驱动因素，经济效应是生态足迹增加的驱动因素。结构效应和人口效应分别为 1.81hm²/人和 5.57hm²/人，占总效应绝对值的比重分别为 11.95% 和 36.89%，说明结构效应与人口效应增加对生态足迹增加起到促进作用。从三个时间段看，在 2008~2011 年、2011~2014 年与 2014~2017 年三个时间段中，下游生态足迹的增减变化波动较大，其中在 2008~2011 年与 2011~2014 年两个时间段中，下游生态足迹分别增加了 12.93hm²/人、5.54hm²/人，而在 2014~2017 年减少了 3.16hm²/人。各时间段中结构效应、经济效应与人口效应变化符号均相同且都增加了，但是，技术效应在三个时间段中均下降了较大幅度；在三个时间段中技术效应与经济效应对下游生态足迹变化的驱动效应均最强，说明下游生态足迹变化的主要驱动因素为技术效应与经济效应。

（2）长江中游区域在 2008~2017 年人均生态足迹累计增加了 15.52hm²/人，其中，结构效应、经济效应与人口效应分别增加了 7.05hm²/人、67.58hm²/人与 1.73hm²/人，占总效应的比重分别为 45.41%、435.44% 和 11.15%，说明结构效应、经济效应和人口效应增加是生态足迹增加的驱动因素，其中经济效应更为显著。技术效应为 -60.83hm²/人，占总效应的比重为 -392.01%，说明技术效应是生态足迹下降的驱动因素。从三个时间段看，中游生态足迹在 2008~2011 年增加了 10.24hm²/人，在 2011~2014 年增加了 5.53hm²/人，增加幅度较 2008~2011 年小，在 2014~2017 年开始下降，下降了 0.06hm²/人。在各时间段内技术效应均以较大幅度下降，而经济效应均以较大幅度增加。从各分效应的贡献率来看，在三个时间段内的贡献率最大的分效应为技术效应与经济效应，说明技术效应与经济效应是中游生态足迹变化的主要驱动因素。

（3）长江上游区域在 2008~2017 年人均生态足迹累计下降了 5.13hm²/人，其中，结构效应、经济效应与人口效应分别增加了 0.67hm²/人、43.82hm²/人与 2.17hm²/人，占总效应的比重分别为 -13.00%、-854.76% 和 -42.27%，说明结构效应、经济效应和人口效应增加是抑制生态足迹增加的驱动因素，其中经济效应的作用更为显著。技术效应为 -51.78hm²/人，占总效应的比重为 1010.03%，说明技术效应增加是生态足迹增加的驱动因素。从三个时间段来看，上游生态足迹在三个时间段内均下降了，分别下降了 0.15hm²/人、2.59hm²/人和 1.98hm²/人，各时间段驱动效应与 2008~2017 年总效应符号差异较大。经济效应与人口效应在三个时间内均增加了，其中经济效应增加的幅度较大。技术效应在三个时间段内均以较大幅度下降，但技术效应对生态足迹下降的促进作用逐渐减弱。从各分效应的贡献率来看，在三个时间段内的贡献率最大的分效应为技术效应与经济效应，说明技术效应与经济效应是下游生态足迹变化的主要驱动因素。

7.2.4.2　长江经济带自然资本利用空间差异的驱动效应分析

根据式（7-26）～式（7-30）计算得到 2017 年长江经济带下游区域自然资本利用与区域平均水平空间差异的驱动效应，同时计算出各驱动效应的贡献率，如表 7-5 所示。

表 7-5　2017 年长江经济带下游区域生态足迹市域差异的驱动效应与贡献率

单位：hm^2/人，%

区域	城市	总效应	结构效应	技术效应	经济效应	人口效应
长江下游区域	上海	2.87 (100)	0.24 (8.44)	-1.30 (-45.09)	0.56 (19.43)	3.37 (117.22)
	南京	1.83 (100)	0.40 (21.70)	-0.37 (-20.03)	1.12 (61.37)	0.68 (36.95)
	无锡	-0.48 (100)	0.19 (-40.51)	-1.64 (343.07)	1.21 (-252.06)	-0.24 (49.50)
	苏州	1.03 (100)	0.30 (28.77)	-1.28 (-124.67)	1.38 (133.57)	0.64 (62.33)
	常州	-1.30 (100)	0.10 (-7.94)	-1.41 (108.85)	0.86 (-65.97)	-0.85 (65.06)
	南通	0.29 (100)	-0.19 (-65.11)	-0.50 (-174.33)	0.19 (67.81)	0.78 (271.63)
	盐城	0.81 (100)	-0.56 (-69.23)	1.16 (143.21)	-0.75 (-92.70)	0.96 (118.72)
	扬州	-1.04 (100)	-0.19 (18.42)	-0.80 (76.87)	0.32 (-31.04)	-0.37 (35.76)
	镇江	-1.53 (100)	0.27 (-17.45)	-0.62 (40.22)	0.70 (-45.44)	-1.88 (122.67)
	泰州	0.03 (100)	-0.26 (-913.79)	0.36 (1263.79)	0.13 (454.74)	-0.20 (-704.73)
	杭州	-0.76 (100)	-0.18 (24.41)	-1.75 (231.29)	0.59 (-78.14)	0.59 (-77.57)
	宁波	3.31 (100)	0.48 (14.53)	1.56 (46.99)	0.92 (27.84)	0.35 (10.64)
	嘉兴	-1.02 (100)	0.14 (-13.87)	-0.75 (73.66)	-0.06 (6.30)	-0.35 (33.91)

续表

区域	城市	总效应	结构效应	技术效应	经济效应	人口效应
长江下游区域	湖州	-2.15	0.17	-0.31	-0.37	-1.64
		(100)	(-7.84)	(14.57)	(17.00)	(76.27)
	绍兴	-1.45	-0.21	-0.93	0.09	-0.39
		(100)	(14.67)	(64.00)	(-5.97)	(27.30)
	金华	-1.60	-0.27	-0.78	-0.35	-0.20
		(100)	(16.79)	(48.61)	(22.05)	(12.55)
	舟山	-3.87	0.47	0.90	0.24	-5.48
		(100)	(-12.06)	(-23.29)	(-6.18)	(141.53)
	台州	-0.90	0.10	-0.64	-0.58	0.23
		(100)	(-10.95)	(71.05)	(65.26)	(-25.36)
	合肥	-0.74	-0.42	-0.87	-0.11	0.66
		(100)	(56.73)	(117.25)	(15.37)	(-89.34)
	滁州	-1.10	-0.67	1.99	-1.82	-0.59
		(100)	(61.52)	(-181.15)	(166.21)	(53.41)
	芜湖	-1.53	-0.10	-0.21	-0.35	-0.86
		(100)	(6.67)	(14.04)	(22.79)	(56.50)
	宣城	-2.28	-0.35	1.14	-1.56	-1.51
		(100)	(15.15)	(-50.06)	(68.58)	(66.33)
	铜陵	-2.40	0.19	2.40	-0.97	-4.02
		(100)	(-7.87)	(-100.08)	(40.35)	(167.59)
	池州	-3.27	-0.25	2.23	-1.92	-3.32
		(100)	(7.58)	(-68.14)	(58.86)	(101.69)
	安庆	0.48	-0.24	3.28	-2.67	0.10
		(100)	(-49.42)	(689.55)	(-561.21)	(21.08)
	马鞍山	-0.16	0.41	3.82	-1.03	-3.36
		(100)	(-258.83)	(-2390.94)	(645.71)	(2104.06)

（1）总体来看，2017 年长江经济带下游区域自然资本利用情况较好，生态足迹总效应增加的区域相对较多且增加的值较大。其中，生态足迹总效应增加较多的几个城市分别是上海、南京、宁波，分别增加了 2.87hm²/人、1.83hm²/人 和 3.31hm²/人；生态足迹总效应下降较多的几个城市分别为镇江、湖州、金华、舟山、芜湖、宣城、铜陵和池州，分别下降了 1.53hm²/人、2.15hm²/人、1.60hm²/

人、3.87hm²/人、1.53hm²/人、2.28hm²/人、2.40hm²/人和3.27hm²/人。

（2）从各分效应的贡献率来看，2017年长江经济带下游各区域的结构效应贡献较大的城市是泰州与马鞍山，贡献率分别为-913.79%和-258.83%，说明结构效应是泰州与马鞍山的生态足迹下降的驱动因素，且在下游各城市中结构效应对泰州与马鞍山的驱动效应最强。2017年，长江经济带下游各区域中技术效应的贡献率较大的城市较多，其中，有11个城市的技术效应贡献率超过100%，有两个城市的技术效应贡献率超过1000%，分别为泰州的1263.79%与马鞍山的-2390.94%，说明技术效应是泰州与马鞍山的驱动因素，且技术效应对这两个城市的驱动效应在下游各城市中最强，而技术效应是泰州的生态足迹增加的驱动因素，是马鞍山的生态足迹下降的驱动因素。经济效应贡献率超过100%的城市有6个，分别为无锡、苏州、泰州、滁州、安庆和马鞍山，其中无锡与安庆的贡献率为负值，苏州、泰州、滁州、马鞍山的贡献率为正值，说明经济效应是无锡、苏州、泰州、滁州、安庆和马鞍山的驱动因素，且其对此6个城市的驱动效应在下游各城市中最强，其中经济效应是无锡与安庆的生态足迹下降的驱动因素，是苏州、泰州、滁州、马鞍山的生态足迹增加的驱动因素。人口效应贡献率超过100%的城市有9个，分别为上海、南通、盐城、镇江、泰州、舟山、铜陵、池州、马鞍山，其中上海、南通、盐城、镇江、舟山、铜陵、池州、马鞍山8个城市的人口效应的贡献率为正值，泰州的人口效应的贡献率为负值。说明人口效应是上海、南通、盐城、镇江、舟山、铜陵、池州、马鞍山和泰州的驱动因素，且人口效应对这9个城市的驱动效应在下游各城市中最强，其中人口效应是泰州的生态足迹下降的驱动因素，是上海、南通、盐城、镇江、舟山、铜陵、池州和马鞍山的生态足迹增加的驱动因素。

（3）结合四个分效应来看，上海、南京、苏州、滁州、宣城和池州6个城市的四个分效应对生态足迹的作用方向一致，其中技术效应对这6个城市的生态足迹的贡献率为负值，结构效应、经济效应、人口效应对生态足迹的贡献率为正值，说明技术效应为上海、南京、苏州、滁州、宣城和池州6个城市的生态足迹下降的驱动因素，结构效应、经济效应、人口效应是上海、南京、苏州、滁州、宣城和池州6个城市的生态足迹增加的驱动因素。无锡、常州、盐城、镇江和安庆5个城市的四个分效应对生态足迹的作用方向一致，其中结构效应与经济效应对这5个城市的生态足迹的贡献率为负值，技术效应与人口效应对这5个城市的生态足迹的贡献率为正值，说明结构效应与经济效应为无锡、常州、盐城、镇江和安庆5个城市的生态足迹下降的驱动因素，技术效应与人口效应是无锡、常州、盐城、镇江和安庆5个城市的生态足迹增加的驱动因素。南通、铜陵和马鞍山3个城市的四个分效应对生态足迹的作用方向一致，其中结构效应与技术效应对这 3 个城市的生态足迹的贡献率为负值，经济效应与人口效应对生态足迹的贡献率为正值，说明结构效应与技术效应为南通、铜陵和马鞍山 3 个城市的生态足迹下降的驱动因素，经济效应、人口效应是南通、铜陵和马鞍山 3 个城市的生态足迹增加的驱动因素。泰州与马鞍山的四个分效应的贡献率均较高，这说明结构效应、技术效应、经济效应、人口效应均为泰州与马鞍山的生态足迹的重要驱动因素。

本章计算得到 2017 年长江经济带中游区域生态足迹空间差异的驱动效应，同时计算出各驱动效应的贡献率，如表 7-6 所示。

表 7-6　2017 年长江经济带中游区域生态足迹市域差异的驱动效应与贡献率

单位：hm^2/人，%

区域	城市	总效应	结构效应	技术效应	经济效应	人口效应
长江中游区域	南昌	−0.83 (100)	−0.43 (51.25)	−1.62 (195.47)	0.80 (−95.92)	0.42 (−50.80)
	九江	−0.18 (100)	−0.01 (4.12)	0.06 (−34.99)	−0.47 (259.31)	0.23 (−128.43)
	景德镇	−2.87 (100)	−0.01 (0.42)	−0.22 (7.74)	−0.30 (10.49)	−2.33 (81.35)
	鹰潭	−3.46 (100)	−0.39 (11.28)	0.36 (−10.54)	0.39 (−11.33)	−3.83 (110.59)
	新余	−2.28 (100)	0.41 (−18.14)	0.55 (−24.02)	1.67 (−73.25)	−4.92 (215.42)
	宜春	1.84 (100)	0.45 (24.67)	2.22 (120.88)	−1.52 (−82.95)	0.69 (37.40)
	萍乡	−2.17 (100)	−0.06 (2.83)	0.35 (−16.02)	−0.20 (9.19)	−2.26 (104.01)
	上饶	−0.83 (100)	−0.32 (38.23)	−0.05 (5.54)	−1.23 (149.25)	0.77 (−93.02)
	抚州	−1.20 (100)	−0.45 (37.85)	0.70 (−58.60)	−1.24 (103.58)	−0.21 (17.17)
	吉安	−0.26 (100)	−0.24 (92.50)	1.12 (−431.98)	−1.39 (537.04)	0.25 (−97.56)
	武汉	0.25 (100)	0.05 (21.19)	−2.61 (−1056.29)	1.47 (596.12)	1.33 (538.97)

区域	城市	总效应	结构效应	技术效应	经济效应	人口效应
长江中游区域	黄石	−1.76 (100)	0.08 (−4.29)	−0.66 (37.33)	0.00 (0.21)	−1.17 (66.76)
	鄂州	−3.01 (100)	0.24 (−7.86)	0.25 (−8.16)	1.14 (−37.84)	−4.64 (153.86)
	孝感	−0.28 (100)	−0.29 (103.77)	0.89 (−314.19)	−1.25 (442.95)	0.37 (−132.52)
	咸宁	−1.20 (100)	−0.49 (41.23)	0.81 (−67.41)	−0.54 (44.69)	−0.98 (81.49)
	襄阳	0.06 (100)	−0.31 (−513.94)	−0.72 (−1180.84)	0.42 (693.31)	0.67 (1101.47)
	荆州	7.04 (100)	4.45 (63.13)	3.40 (48.28)	−2.27 (−32.30)	1.47 (20.89)
	荆门	−0.24 (100)	−0.34 (143.20)	1.58 (−665.24)	−0.15 (62.32)	−1.33 (559.72)
	长沙	−0.57 (100)	−0.56 (97.08)	−2.45 (426.68)	1.42 (−247.46)	1.01 (−176.30)
	株洲	−1.23 (100)	−0.46 (37.42)	−0.66 (53.78)	0.10 (−8.24)	−0.21 (17.03)
	湘潭	−0.88 (100)	−0.42 (47.47)	0.27 (−30.22)	0.53 (−59.81)	−1.25 (142.56)
	衡阳	−0.24 (100)	−0.61 (250.87)	0.06 (−23.48)	−0.65 (266.92)	0.96 (−394.32)
	岳阳	0.72 (100)	−0.26 (−36.21)	0.54 (74.76)	−0.25 (−35.40)	0.70 (96.84)
	益阳	−0.96 (100)	−0.49 (51.73)	0.58 (−60.42)	−1.02 (106.40)	−0.02 (2.29)
	常德	−0.36 (100)	−0.41 (115.02)	−0.37 (103.39)	−0.17 (48.63)	0.60 (−167.04)
	娄底	0.85 (100)	0.12 (14.33)	2.46 (289.76)	−1.33 (−157.24)	−0.40 (−46.85)

（1）总体来看，2017 年长江经济带中游区域自然资本利用情况有待改善，

生态足迹总效应增加的区域相对少且增加的值较小，而生态足迹总效应下降的区域较多。其中，生态足迹总效应增加的城市仅 6 个，分别是宜春、武汉、襄阳、荆州、岳阳和娄底，增加的值分别为 1.84hm²/人、0.25hm²/人、0.06hm²/人、7.04hm²/人、0.72hm²/人和0.85hm²/人；生态足迹总效应下降的城市有 20 个，其中，下降较多的城市有景德镇、鹰潭、新余、萍乡和鄂州，分别下降了 2.87hm²/人、3.46hm²/人、2.28hm²/人、2.17hm²/人和3.01hm²/人。

（2）从各分效应的贡献率来看，2017 年长江经济带中游各区域的结构效应贡献较大的城市为孝感、襄阳、荆门、衡阳、常德，贡献率分别为 103.77%、−513.94%、143.20%、250.87%、115.02%，说明结构效应是孝感、荆门、衡阳、常德的生态足迹增加的驱动因素，是襄阳生态足迹下降的驱动因素，中游各城市中结构效应在孝感、襄阳、荆门、衡阳、常德 5 个城市的驱动效应最强。2017 年长江经济带中游各区域中技术效应的贡献率较大的城市较多，其中，有 10 个城市的技术效应贡献率超过 100%，有两个城市的技术效应贡献率超过 1000%，分别为武汉的−1056.29%与襄阳的−1180.84%，说明技术效应是武汉与襄阳的驱动因素，且技术效应对这两个城市的驱动效应在中游各城市中最强，且技术效应是武汉与襄阳的生态足迹下降的驱动因素。经济效应贡献率超过 100% 的城市有 12 个，其中九江、上饶、抚州、吉安、武汉、孝感、襄阳、衡阳、益阳 9 个城市的贡献率为正值，长沙与娄底 2 个城市的贡献率为负值，说明经济效应是九江、上饶、抚州、吉安、武汉、孝感、襄阳、衡阳、益阳生态足迹增加的驱动因素，是长沙与娄底生态足迹下降的驱动因素，且经济效应对该 12 个城市的驱动效应在中游各城市中最强。人口效应贡献率超过 100% 的城市有 13 个，其中，鹰潭、新余、萍乡、武汉、鄂州、襄阳、荆门和湘潭 8 个城市的贡献率为正值，九江、孝感、长沙、衡阳和常德 5 个城市的贡献率为负值，说明人口效应是鹰潭、新余、萍乡、武汉、鄂州、襄阳、荆门和湘潭 8 个城市生态足迹增加的驱动因素，是九江、孝感、长沙、衡阳和常德 5 个城市生态足迹下降的驱动因素，且人口效应对该 13 个城市的驱动效应在中游各城市中最强。

（3）结合四个分效应来看，萍乡、抚州、武汉、咸宁、荆门和益阳 6 个城市的四个分效应对生态足迹的作用方向一致，其中技术效应对这 6 个城市的生态足迹的贡献率为负值，结构效应、经济效应、人口效应对生态足迹的贡献率为正值，说明技术效应为萍乡、抚州、武汉、咸宁、荆门和益阳 6 个城市的生态足迹下降的驱动因素，结构效应、经济效应、人口效应是萍乡、抚州、武汉、咸宁、荆门和益阳 6 个城市的生态足迹增加的驱动因素。九江、吉安、孝感和湘潭 4 个城市的四个分效应对生态足迹的作用方向一致，其中结构效应与经济效应对这 4 个城市的生态足迹的贡献率为正值，技术效应与人口效应对这 4 个城市的生态足迹的贡献率为负值，说明结构效应与经济效应为九江、吉安、孝感和湘潭 4 个城市的生态足迹增加的驱动因素，技术效应与人口效应是九江、吉安、孝感和湘潭 4 个城市的生态足迹下降的驱动因素。宜春、荆州和株洲 3 个城市的四个分效应对生态足迹的作用方向一致，其中结构效应、技术效应与人口效应对这 3 个城市的生态足迹的贡献率为正值，经济效应对这 3 个城市的生态足迹的贡献率为负值，说明结构效应、技术效应与人口效应宜春、荆州和株洲 3 个城市的生态足迹增加的驱动因素，经济效应是宜春、荆州和株洲 3 个城市的生态足迹下降的驱动因素。孝感与襄阳 2 个城市的四个分效应的贡献率均较高，说明结构效应、技术效应、经济效应、人口效应均为孝感与襄阳的生态足迹的重要驱动因素。景德镇的四个分效应的贡献率均为正值，说明结构效应、技术效应、经济效应、人口效应均为景德镇生态足迹增加的驱动因素。

计算得到 2017 年长江经济带上游区域生态足迹空间差异的驱动效应，同时计算出各驱动效应的贡献率，如表 7-7 所示。

表 7-7　2017 年长江经济带上游区域生态足迹市域差异的驱动效应与贡献率

单位：hm²/人，%

区域	城市	总效应	结构效应	技术效应	经济效应	人口效应
长江上游区域	成都	0.27 (100)	-0.13 (-47.91)	-1.48 (-542.39)	0.91 (332.56)	0.97 (357.74)
	乐山	-0.65 (100)	0.00 (-0.14)	0.41 (-62.85)	-0.02 (3.14)	-1.04 (159.84)
	宜宾	-0.12 (100)	-0.02 (19.53)	0.34 (-286.98)	-0.22 (188.93)	-0.21 (178.51)
	自贡	-1.18 (100)	-0.05 (4.21)	-0.09 (7.39)	-0.02 (1.35)	-1.03 (87.05)
	内江	-0.82 (100)	-0.05 (5.66)	0.29 (-34.81)	-0.42 (51.11)	-0.64 (78.04)
	眉山	-0.85 (100)	-0.13 (15.83)	0.60 (-70.29)	-0.28 (33.09)	-1.03 (121.36)
	泸州	-0.32 (100)	0.02 (-5.45)	0.39 (-123.35)	-0.38 (119.55)	-0.35 (109.25)
	德阳	-0.49 (100)	0.11 (-21.32)	-0.04 (8.81)	0.31 (-63.78)	-0.87 (176.29)
	绵阳	-0.18 (100)	0.03 (-14.49)	0.19 (-104.88)	-0.14 (74.12)	-0.27 (145.25)

续表

区域	城市	总效应	结构效应	技术效应	经济效应	人口效应
长江上游区域	遂宁	−1.18 (100)	−0.25 (21.44)	0.14 (−12.32)	−0.38 (32.21)	−0.69 (58.67)
	南充	−0.25 (100)	−0.26 (106.64)	0.46 (−184.34)	−0.64 (256.75)	0.20 (−79.06)
	广安	−0.39 (100)	0.03 (−8.50)	0.52 (−132.00)	−0.44 (110.55)	−0.51 (129.95)
	资阳	−0.73 (100)	0.03 (−3.60)	0.57 (−77.59)	−0.27 (36.83)	−1.05 (144.36)
	贵阳	−1.13 (100)	0.15 (−13.22)	−1.33 (117.24)	0.61 (−54.12)	−0.57 (50.10)
	六盘水	−0.89 (100)	0.24 (−27.24)	−0.23 (26.00)	0.12 (−13.47)	−1.02 (114.72)
	遵义	1.28 (100)	0.06 (4.92)	0.84 (65.80)	−0.11 (−8.91)	0.49 (38.19)
	安顺	−1.29 (100)	−0.05 (3.91)	0.39 (−29.91)	−0.48 (36.92)	−1.15 (89.09)
	昆明	0.42 (100)	0.19 (45.20)	−0.66 (−156.89)	0.76 (180.58)	0.13 (31.11)
	曲靖	0.07 (100)	−0.01 (−12.98)	0.62 (872.25)	−0.62 (−870.40)	0.08 (111.13)
	玉溪	−1.86 (100)	−0.26 (13.90)	−0.60 (31.97)	0.31 (−16.44)	−1.32 (70.57)
	昭通	0.09 (100)	0.08 (85.44)	1.93 (2196.06)	−1.89 (−2150.09)	−0.03 (−31.40)
	重庆	3.11 (100)	0.17 (5.33)	−0.41 (−13.12)	0.55 (17.68)	2.80 (90.11)

（1）总体来看，2017 年长江经济带上游区域自然资本利用情况较差，生态足迹总效应增加的区域少且增加的值小，而生态足迹总效应下降的区域多。其中，生态足迹总效应增加的城市仅 6 个，分别是成都、遵义、昆明、曲靖、昭通和重庆，增加的值分别为 0.27hm²/人、1.28hm²/人、0.42hm²/人、0.07hm²/人、0.09hm²/人、3.11hm²/人；生态足迹总效应下降的城市有 20 个，其中，下降较

多的城市有自贡、遂宁、贵阳、安顺和玉溪，分别下降了 1.18hm²/人、1.18hm²/人、1.13hm²/人、1.29hm²/人和 1.86hm²/人。

（2）从各分效应的贡献率来看，2017 年长江经济带上游各区域的结构效应贡献较大的城市中仅南充的贡献度超过 100%，其贡献率为 106.64%，说明结构效应是南充的生态足迹增加的驱动因素，上游各城市中结构效应在南充的驱动效应最强。2017 年长江经济带上游各区域中技术效应的贡献率较大的城市较多，其中，有 10 个城市的技术效应贡献率超过 100%，昭通的技术效应贡献率超过 1000%，为 2196.06%，说明技术效应是昭通生态足迹增加的驱动因素，且技术效应对该驱动效应在上游各城市中最强。经济效应贡献率超过 100% 的城市有 8 个，其中成都、宜宾、泸州、南充、广安和昆明 6 个城市的贡献率为正值，曲靖与昭通 2 个城市的贡献率为负值，说明成都、宜宾、泸州、南充、广安和昆明 6 个城市生态足迹增加的驱动因素，是曲靖与昭通 2 个城市生态足迹下降的驱动因素，且经济效应对这 8 个城市的驱动效应在上游各城市中最强。人口效应贡献率超过 100% 的城市有 11 个，分别为成都、乐山、宜宾、眉山、泸州、德阳、绵阳、广安、资阳、六盘水、曲靖，且人口效应在这 11 个城市的贡献率均为正值，说明人口效应是这 11 个城市生态足迹增加的驱动因素，且人口效应对这 11 个城市的驱动效应在上游各城市中最强。

（3）结合四个分效应来看，成都、乐山、泸州、绵阳、广安和资阳 6 个城市的四个分效应对生态足迹的作用方向一致，其中结构效应与技术效应对这 6 个城市的生态足迹的贡献率为负值，经济效应、人口效应对这 6 个城市生态足迹的贡献率为正值，说明结构效应与技术效应为成都、乐山、泸州、绵阳、广安和资阳 6 个城市的生态足迹下降的驱动因素，经济效应、人口效应是成都、乐山、泸州、绵阳、广安和资阳 6 个城市的生态足迹增加的驱动因素。宜宾、内江、眉山、遂宁、安顺、昆明和重庆 7 个城市的四个分效应对生态足迹的作用方向一致，其中技术效应对这 7 个城市的生态足迹的贡献率为负值，结构效应、经济效应与人口效应对这 7 个城市的生态足迹的贡献率为正值，说明技术效应为宜宾、内江、眉山、遂宁、安顺、昆明和重庆 7 个城市的生态足迹下降的驱动因素，结构效应、经济效应与人口效应是宜宾、内江、眉山、遂宁、安顺、昆明和重庆 7 个城市的生态足迹增加的驱动因素。德阳、贵阳、六盘水和曲靖 4 个城市的四个分效应对生态足迹的作用方向一致，其中结构效应与经济效应对这 4 个城市的生态足迹的贡献率为负值，技术效应与人口效应对这 4 个城市的生态足迹的贡献率为正值，说明结构效应与经济效应是德阳、贵阳、六盘水和曲靖 4 个城市的生态足迹下降的驱动因素，技术效应与人口效应是德阳、贵阳、六盘水和曲靖 4 个城市的生态足迹增加的驱动因素。自贡的四个分效应的贡献率均为正值，说明结构效应、技术效应、经济效应、人口效应均为自贡生态足迹增加的驱动因素。

7.3 本章小结

通过对自然资本利用的影响因素分析看出，土地的类型、区域GDP、区域人口数和生态足迹强度是影响长江经济带自然资本利用的最重要的驱动因素，城市化率、第二产业比重、社会消费品总额是较为重要的因素。另外，第三产业增加值、绿地面积、污染物处理率与自然资本利用呈正相关，而第一、第二产业增加值、固定资产投资、人口等因素与自然资本利用呈负相关。所以，一方面，自然资本利用与土地结构、产业结构密切相关；另一方面，区域人力资本和环境资本的投入极大地扩充了区域自然资本存量，有利于提高自然资本替代能力以及人力、自然资本密集型转型的发展，从而进一步提高区域可持续发展能力。

2008～2017年，长江下游区域人均生态足迹累计增加了15.10hm²/人，其中，技术效应和经济效应是生态足迹的主要驱动因素，且技术效应是生态足迹下降的驱动因素，而经济效应是生态足迹增加的驱动因素。结构效应和人口效应占总效应绝对值的比重分别为-11.95%和36.89%，说明结构效应与人口效应增加对生态足迹增加起到促进作用。长江中游区域中结构效应、经济效应和人口效应是生态足迹增加的驱动因素，其中经济效应更为显著。技术效应为-60.83hm²/人，占总效应的比重为-392.01%，说明技术效应是生态足迹下降的主要因素。长江上游在2008～2017年的人均生态足迹累计下降了5.13hm²/人，其中，结构效应、经济效应与人口效应分别占总效应的比重分别为-13%、-854.76%和-42.27%，说明结构效应、经济效应和人口效应增加是抑制生态足迹增加的驱动因素，其中经济效应的作用更为显著。

第8章 结论与建议

8.1 研究结论

本书以长江经济带74个地市为研究区域，从生态、效率和驱动力这三个角度对长江经济带生态持续性、自然资本利用效率和自然资本利用驱动因素时空差异性进行了系统深入的研究，揭示了长江经济带自然资本利用的基本特征和现状问题。

首先基于市公顷的概念，利用长江经济带各地市与省域土地平均生物生产能力的比较，对传统模型中的全球公顷均衡因子与产量因子进行修正和计算，考虑了区域自然资本存量和流量的变化，通过运用改进的三维生态足迹模型，以及增加污染物消纳账户、市域均衡因子和产量因子对2008～2017年长江经济带各地市的区域人均生态足迹、人均生态承载力、人均生态赤字以及区域人均足迹深度（区域自然资本存量资本消耗）和足迹人均广度（区域自然资本流量占用）等指标进行了具体核算和时空特征分析，绝对量化了长江经济带自然资本的消耗利用情况。进一步通过聚类分析和象限图法以及区域资本流量占用率和存量流量利用比等指标来进行自然资本利用的可持续性评价分析，通过区域万元GDP生态足迹核算模型、万元GDP生态盈余（赤字）核算模型、生态压力指数（EPI）等来进行区域自然资本利用效率的分析，以及通过计算区域生态足迹可持续指数（ESI）、生态足迹多样性指数和生态经济发展能力指数以及区域生态足迹经济弹性系数等一系列相关指数来进行区域自然资本利用结构合理性分析。最后通过对长江经济带各地市的面板数据进行灰色关联度分析和Lasso回归分析，构建筛选出长江经济带各地市三维生态足迹主要驱动力指标，并对主要驱动因素进行了时空差异分解讨论，发现长江经济带在自然资本利用和可持续发展中存在以下主要结论：

（1）本书利用一个可比的"桥梁"并将不同类型的土地的生产力搭建起来，使其不同类型的土地平均生产力之间具有一定的可比性。通过单位热值将各地市不同类型土地的各类生物产品产量统一转换成热能的形式，再进行加和平均，这样转化后形式更为统一，其计算更加科学性和合理性。通过计算发现各类土地利用类型中，耕地和草地的均衡因子总体是偏大的，特别是耕地是相对各地类中最具生物生产能力的土地类型。长江下游区域平均每公顷耕地生产能力相当于 2.66~2.79phm² 土地的生产能力，下游区域草地的均衡因子偏高很多，林地的均衡因子偏低，耕地和水域水平相近；草地尤其突出，其生产能力达到了 3.92~4.74phm² 土地的生产能力，长江下游区域的绝大部分城市草地面积很小，但是禽肉和奶类的消耗量大，特别是上海市消耗特别大，所以这些市的草地均衡因子偏高很多；而长江中游区域耕地和草地的均衡因子偏高，林地和水域的均衡因子偏低；中游区域平均每公顷耕地生产能力达到 3.16~3.29phm² 土地的最高生产能力；草地达到了 0.94~1.28phm² 土地的生产能力，而由于林地面积大，各地市林地的均衡因子不高。长江上游区域耕地和草地的均衡因子偏高，林地和水域的均衡因子偏低不少；长江中游和上游区域各地类的均衡因子很接近，其中林地和水域都是较小的。

从变异系数的大小可知，长江经济带下游区域林地产量因子的相对差异最小，其次是耕地、草地，水域则差异较大；长江经济带中游区域林地产量因子的相对差异也是最小，其次是草地、水域，耕地则差异较大；而长江经济带上游区域水域产量因子的相对差异最小，草地、林地和耕地差异不大。长江经济带各地市总体耕地的产量因子差别并不是太大，基本都是在 1 左右，说明各地市的耕地生产力差异较小，其中扬州、杭州、嘉兴、湖州、绍兴、南昌、萍乡、鄂州、成都、自贡、内江等市的产量因子较高，这与各地市的地理条件的优越有必然联系。而上海、南京、无锡、苏州、常州、舟山、九江、景德镇、黄石、襄阳等市因为相对于其他地市产量因子较低，这和这些大部分地市的纬度较高，其水热条件不具备优势有直接关系；这些市大部分人口密度较大，耕地的后备资源较为缺乏，耕地流失也较严重。各地市草地的产量因子差异较大，长江下游和中游区域总体牧草地在区域大部分地市零星分布的多，大面积的牧场草地比较难得，但由于自然条件、技术因素和产业升级，综合生产能力很高，所能提供的畜牧产品也极大地丰富了区域居民动物类食品的来源。相当一部分城市因为处于亚热带季风气候区域，光照充足，雨热同期，相对森林覆盖率也较高，所以林业产品产出高，其林地产量因子较高；而上海、南京、无锡、苏州、扬州、镇江、泰州、金华、黄石、襄阳、贵阳的林地产量因子很小，相对这些地市的森林覆盖率较低带来产出少。南通、泰州、台州、宜春、萍乡、鄂州、成都、乐山、宜宾、芜湖等市的水域产量因子很高,都在 1.5 以上,这些地区大多有发达的淡水和海水养殖产业。而苏州、杭州、嘉兴、绍兴、舟山、六盘水等市的水域产量因子较低,渔业相对不发达。

(2) 总体来看,长江下游、中游和上游区域的三维生态足迹都是增加的。也就是说,对于长江经济带各个区域来说,生态系统供给压力在逐渐增加。由长江经济带三维生态足迹的测度结果可知,长江经济带足迹深度与生态足迹、生态赤字的变化趋势高度一致,研究期 2008~2017 年内,呈现出先上升后下降的趋势,长江经济带主要城市群人均区域生态足迹经历小幅波动,总体由 2008 年的 3.47hm² 上升至 2017 年的 3.80hm²,自然资本需求是有所增加的动态,在 2008~2014 年平稳增长的趋势,而在 2015 年开始呈现下降态势,这和长江经济带在 2015 年前实施大开发战略导致了资源受损、环境污染、水体变色等环境问题,开始"共抓大保护,不搞大开发"的发展战略正相呼应。

区域生态承载力和生态赤字虽然是相同的量纲,但是这两者是有本质的区别:区域生态承载力是具体的、真实存在的土地,不具有累加性。长江经济带各地市 2008~2017 年人均生态承载力几乎稳定不变,呈现非常微弱的变化波动趋势,年均变化率基本都在 1% 以内,人均生态承载力平均水平为 0.49hm²/人,尤其是上海、武汉、南京、合肥、成都、无锡、常州、嘉兴、镇江、南昌、苏州、鄂州、芜湖、马鞍山、贵阳这些城市目前的人均生态承载力已经很低了,都在 0.3hm²/人以下,上海市最低,只有 0.102hm²/人;而区域生态赤字具有虚拟性,并不是真实存在的,具有累加性。而受长江经济带人均生态足迹的逐渐上升以及人均生态承载力的逐渐下降双重因素的影响,长江经济带各地市的生态赤字总体上是处于一种赤字严重的状态,长江经济带大部分地市的人均生态赤字在 2~4hm²,少数城市人均生态赤字较高,在 4~6hm²,个别城市像荆门和湘潭达到了 6hm² 以上。区域流量资本远远不能满足该区域对自然资本的需求,只能通过消耗存量资本来满足对自然资本的需求,生态负荷压力极大。长江经济带各地市人均生态赤字普遍较大的主要原因在于化石能源的极大消耗造成了对自然资源的过度利用,绝大多数地市化石能源用地的人均生态足迹消耗占据总消耗的绝对占比,存量资本损耗速度很快。化石能源的消耗是引起长江经济带资本存量变动的最主要因素。具体对化石能源账户的内部结构进一步分析发现,能源账户中煤炭消耗绝对数额庞大,其贡献率占据总能源消耗的绝对比例,其他能源消耗如天然气、汽油、煤油、柴油、燃料油、液化石油气等所占比重很小,所以能源消费账户中的结构也不合理。

(3) 长江经济带的自然资本存量消耗速度是过快的,其中主要原因是化石能源土地在总消耗中占据了绝对主导地位。区域足迹深度会随着时间的推移而不断累加，而且当足迹深度不断增大时，存量资本的消耗也加快，反过来又会使生态承载力降低，这样不断处于恶化循环中。长江经济带各地市的人均足迹深度由9.1 增至 9.8，意味着区域一年的资源消耗量需接近 10 年才可再生。特别是部分城市，上海、鄂州、南京、湘潭和马鞍山的区域足迹深度均值都在 20 以上，区域存量资本消耗极高，最大值上海达到了 29.08。就长江经济带各地市存量资本严重消耗的状况而言，其发展模式明显是不可持续的。

长江经济带各市资本流量利用中，耕地占了绝大部分比重，几何平均数达到了 84.7%，它是影响长江经济带资本流量利用的主要结构性因素。在除了化石能源用地以外的五大地类，耕地比例占据了绝对比重，不过长江下游各区域的耕地占比还是有差异的，上游区域>中游区域>下游区域，下游区域总体耕地比例要稍微小一些，特别是上海、无锡、苏州、湖州、池州、常州、南通、绍兴都在60% 左右的占比，而中游区域和上游区域都基本在 80% 以上，特别是中游区域的湘潭、南昌，上游区域的乐山、自贡、贵阳、六盘水、遵义、安顺、重庆，部分都高达 90%；各个地区耕地人均足迹广度的组分占比这么大，充分表明了长江经济带的农业生产仍然是该地区非常重要的自然资本利用方式，并与该地区特别是长江经济带中游和上游区域坚守着粮食生产耕地红线而密不可分的。

（4）本书生态足迹可持续指数、生态足迹多样性指数和生态经济发展能力指数等指标以及区域生态足迹经济弹性系数来综合构建可持续发展能力综合指数和进行区域自然资本利用的结构合理性分析。

在 2008~2017 年，长江经济带各城市群的地市生态足迹和生态承载力都以不同的速度在消耗和更新，在研究期间长江经济带各城市群生态可持续指数是负值的，以环鄱阳湖城市群和成渝城市群的城市居多，在这些城市中又分两种不同的原因造成负值，一类是生态承载力在降低，随着生态足迹的增长；另一类是生态承载力在稍微增长，随着生态足迹的略减；而研究期间生态可持续指数是正值的，主要是以武汉城市群和成渝城市群的城市居多，都呈现下降的趋势，说明地区可持续性在逐渐减弱，相应的生态缺口逐渐扩大；而其他城市在研究期间有正有负，说明其生态足迹的消耗速度和生态承载力的更新速度变化波动不完全一致。

长江经济带各地市的生态足迹多样性指数的数值大小普遍低于 1.1，表示长江经济带各地市的消费结构普遍是极度不合理的状态，分配的失衡带来结构的不稳定。长江经济带各城市的消费结构的不合理其中一个明显的原因是大部分城市的耕地、林地、草地和水域生态足迹在区域总生态足迹中的比重的降低，而建设用地和化石能源生态足迹占总生态足迹比重在明显增加且过大。从区域发展能力指数的结果来看，指数数值大于 1 的城市多半是环鄱阳湖城市群、武汉城市群、环长株潭城市群这三个长江中游区域，上海、南京、无锡、苏州、常州、镇江、舟山、台州、武汉、贵阳这些城市的指数数值都小于 0.5，基本都在三角洲城市群。

区域可持续发展能力是与区域生态赤字、万元 GDP 生态足迹、多样性指数、发展能力指数等都是密切相关的，其中，生态足迹多样性指数、发展能力指数是与可持续发展能力正相关，而区域生态赤字、万元 GDP 生态足迹则与可持续发展能力负相关。也就是说，提高区域发展能力可以有两条途径：增加区域生态足迹或者提高区域生态足迹的多样性。从长江经济带的实际情况来看，区域可持续发展能力的增强主要还是依靠生态足迹需求的增长来实现的。发展能力公式表明，区域生态系统发展能力由生态足迹多样性指数和生态足迹需求两方面决定的，那么生态足迹需求的增长也就意味着带来生态系统发展能力的增强，然而在生态承载力有限的前提下，一味地增加需求只会使得地区的生态赤字进一步加大，从而导致区域生态系统进一步受到更加严重的损失。

（5）最后通过对自然资本利用的影响因素分析看出，土地的类型、区域 GDP、区域人口数和生态足迹强度是影响长江经济带自然资本利用的最重要的驱动因素，城市化率、第二产业比重、社会消费品零售总额是较为重要的因素。另外，第三产业增加值、绿地面积、污染物处理率与自然资本利用呈正相关，而第一二产业增加值、固定资产投资、人口等因素与自然资本利用呈负相关。所以，一方面，自然资本利用与土地结构、产业结构密切相关；另一方面，区域人力资本和环境资本的投入极大地扩充了区域自然资本存量，有利于提高自然资本替代能力以及人力、自然资本密集型转型的发展，从而进一步提高区域可持续发展能力。

8.2　政策建议

本书通过运用三维生态足迹模型理论与方法对长江经济带各地市自然资本进行核算研究，研究表明 2008～2017 年长江经济带各地市一直处于高生态赤字状态，区域生态足迹深度大，存量资本消耗速度过快，经济发展严重依赖于存量资本的消耗，具有不可持续性。草地和水域生态足迹上升速度加快，对存量资本消耗影响加大；林地和建设用地生态盈余下降速度增加，流量资本占有率在不断攀升；区域生态压力极大，资源利用效率较低；生态足迹多样性指数逐年走低，区域自然资本消费结构很不合理，其中化石能源消耗占比过大。虽然长江经济带在20 世纪 90 年代后纳入国家战略，21 世纪初起，迎来"沿江开发"的高潮，加快了沿江地区的产业尤其是重化工业布局。特别是 2014 年提出的"依托黄金水道，建设长江经济带"的口号，以期为中国经济发展提供重要支撑，然而长江经济带各地区自然资源、资本等生产要素的价格被人为压低，能源矿产资源开发利用的市场体制不够健全，一些资源耗费大、效率低的企业没有得到有效的控制，经济发展没有走出高消耗、高投入、高污染以及低产出的泥潭，反而带来了资本和其他资源的严重浪费、资源受损、水体变色、环境污染，生态环境的进一步恶化，这些都在很大程度上影响了长江经济带生态环境的可持续发展。而且随着经济的进一步发展，各地区的自然资本消耗必定持续增长，那么对自然资本需求增多的趋势是不可逆转的。

总体而言，对于长江经济带各地市自然资本的合理利用可以从两方面入手，一方面在区域经济稳健发展下合理控制人均生态足迹的增长速度；另一方面可以提高区域生态承载力。针对长江经济带各地市自然资本在利用过程中存在的问题提出以下具体的对策和建议：

（1）加强长江各区域的政策监督，确保各城市之间发展的公平性。一个地区社会文明发展的程度可以通过区域资源消耗水平来反映，而每个公民都享有平等的资源消费的权利。以能源消耗为例，由于高耗能的产业仅仅代表少数人的利益，能源消费的不平等最终会导致经济增长失去可持续性。因此，针对部分区域，像长江下游区域特别是长三角城市群自然资本利用的"富聚"现象，长江中游区域的湘潭、鄂州、荆门、娄底、新余、萍乡、岳阳、鹰潭、宜春等市是人均生态足迹最高的城市，这些城市的资源消耗量需高达 20 年才可再生，要在这些地区经济发展过程中加强政策监督，合理引导这些中游地区健康发展，确保地区经济发展的公平性。

（2）优化长江各区域产业结构，对区域自然资本进行全面投资。从长江经济带各地市的经济产业结构现状来看，第二产业占据了绝对优势，而且偏传统资源型产业特征明显，这样导致其对化石能源地类的资源需求量巨大，加上长江经济带各地市的矿产能源资源以及其他的生物资源等自然资源的利用效率并不高，进一步造成对自然资本存量的严重损耗。所以，可以在各地市中进一步采取如下措施：

1）适当降低地区第二产业的比重。在部分城市比如马鞍山、铜陵、上海、南京、苏州、宁波、新余、萍乡、鄂州、娄底这个化石能源消耗高的城市推广建设生态工业园，加大科技研发投入，大力研发资源节约新工艺和新技术，着力推广清洁生产、推广应用环保新材料并发展循环经济，加强节水、节能以及资源循环利用工程的实施。

2）提高第一产业产出效率。加强农业结构调整和优化布局，对耕地的维护，使其创造更大的经济价值。

3）重点发展第三产业。第三产业是以人力资本为主要投入要素，具有资源消耗少、环境污染小和经济效益大等优势。

（3）建立长江中游区域和下游区域的城市资源节约型生产体系，开发利用清洁能源。从长江经济带区域能源消费结构来看，化石能源消费量大是造成自然资本存量损耗严重的主要原因，比如马鞍山、铜陵、上海、南京、苏州、宁波、新余、萍乡、鄂州、娄底等这些城市的化石能源足迹尤其高，而煤炭占据化石能源消耗的绝对优势，石油、天然气等能源资源所占比重较小，区域消费结构不合理，降低煤炭资源消耗是减轻区域存量资本消耗的最为直接有效的方法。然而，如果大幅度削减能源资源消费势必引起当地经济衰退，因此在满足当地发展对能源资源需求的情况下首先应当大力发展洁净煤技术，大力推广洁净煤技术，使煤炭资源向清洁、高效能源发展。同时，还应当积极寻找煤炭的替代资源以及开发利用新能源。

（4）加强长江下游和中游区域各城市草地和水域保护，促进区域合理开发利用。由于长江经济带下游和中游区域人口规模的不断扩张以及随着当地城镇化的快速发展，比如上海、无锡、苏州、常州、盐城、扬州、泰州、湖州、金华、武汉、襄阳、荆州、成都等市的生活水平提高明显，对肉蛋奶以及水产品的需求不断增加。长江经济带这些城市草地和水域的人均生态足迹增长较快，生态赤字严重，对自然资本存量的消耗速度也在快速上升，而水域和草地的生态承载力又是非常有限的，虽然人们对于水产品和畜牧产品的需求逐渐增加，但不能以长期消耗资本存量为代价来满足人们对于这些产品的需求，而是需要科学合理地开发利用草地和水域。其中，对于草地的利用尽量达到草畜平衡，这样可以促进区域草地生态系统良性循环，实现草地畜牧业持续发展的。

（5）完善建设用地适宜性评价，提高建设用地利用效率。尽管在研究期间长江经济带各地市的建设用地处于生态盈余状态，但其生态盈余量却快速下降，流量资本占有率在研究期间有了明显上升，迫切需要科学规划与保护各地市的建设用地。由于城市化进程的加快以及人口和经济的增长导致城市基础、公共交通等设施的需求日益增加，导致建设用地人均足迹日趋增加，特别是长江下游区域部分城市化率高的城市。在对地区的建设用地进行规划和调整时，首先需要研究建设用地的适宜性以提高规划工作的科学性，不可盲目地利用建设用地进行城市扩张和基础设施建设，从可持续发展角度考虑并满足其生态系统、经济系统的要求。

（6）生态环境和生态效率评价纳入市级及以下政府的考核目标之中。目前，不同国家之间可以通过全球尺度的生态足迹考核形成比较，中国也正积极进行自然资源资产负债表的编制。而编制自然资源资产负债表的一个难题是确定各自土地资源的价格。对于长江经济带区域来说，在价格问题解决之前，可以将生态足迹账户纳入区域政府考核体系，用生态足迹、生态承载力、足迹广度、足迹深度和生态效率作为考核目标。作为一个很好的替代统计考核方法，具体而言：区域各级政府努力保持生态承载力不下降；努力提高生态效率；努力降低生态赤字。这三个考核目标中第一个是基本目标，三个目标依次递进完成。在采用这种考核方式时，可以设立一个专门机构对区域自然资源资产和负债进行核算管理，通过适当的政策迫使经济主体提高生产效率和转变消费模式。可以逐步推行自然资源所有权、管理权和经营权的适当分离，建立自然资源经营权和使用权的交易市场，以促进自然资源的最有效利用；通过资源税提高不可再生资源的价格，抑制其粗放的生产和消费；通过环境税提高污染企业的生产成本，迫使其改进生产方式，减少污染，尤其是南京、无锡、常州、苏州、绍兴、铜陵、马鞍山、新余、鹰潭等市的废水、废气和固废排放居高的城市；还可以通过绿色补贴来激励城市可再生资源的生产和消费；逐渐减少政府对企业的行政干预，让市场去淘汰那些高污染、高排放的企业。

8.3　不足与展望

需要说明的是，本书从生态、效率和驱动因素的角度评价分析了长江经济带自然资本利用状况，尽管在市域尺度提供了较为全面的自然资本利用信息和概念性认识，结果也实证了许多观点，但是限于作者的学术水平和时间有限，本书还存在诸多不足之处，需要进一步的研究与讨论：

（1）在自然资本利用评估分析中，受数据可得性和数据质量的限制，理论足迹广度尝试性地对自然资本存量持续减少的潜在生态影响进行量化，其结果本身反映生态系统负债所造成的资本收益折损，是一个理论值而非真实值，特别是在长期生态赤字背景下，理论足迹广度和实际足迹广度有可能会背离。

（2）生态足迹账户中生物资源账户和化石能源账户所涉及的产品项目与实际消费的全部项目还是有偏差，未来有必要拓宽参与核算的产品项目，进而提高三维生态足迹精确性以满足实际应用的需求。

（3）本书未考虑跨区贸易对自然资本的转移作用，而实际上这在地区自然资本利用的分析中的重要性会导致本书在区域可持续发展的全面评价中有失偏颇。

（4）关于自然资本存量方面的关键性问题有待进一步探讨：自然资本存量减少对生态系统服务功能的具体影响是什么，自然资本存量耗竭的生态阈值又是多少。另外，像宏观经济学中采用永续盘存法估算物质资本存量一样，本书需要进一步深化自然资本核算研究。

参考文献

［1］段雯娟. 研究报告《地球生命力报告·中国2015》显示：经济发达省份是生态财富"穷光蛋"［J］. 地球，2016（2）：47-49.

［2］谢高地. 国家生态安全的维护机制建设研究［J］. 环境保护，2018，46（Z1）：13-16.

［3］Rees W. E. Ecological Footprints and Appropriated Carrying Capacity：What Urban Economics Leaves Out［J］. Environment & Urbanization，1992，4（2）：121-130.

［4］Wackernagel M，Rees W E. Our Ecological Footprint：Reducing Human Impact on the Earth［M］. Gabriola Island：New Society Publishers，1996.

［5］Ozturk I.，Al－Mulali U.，Saboori B. Investigating the Environmental Kuznets Curve Hypothesis：The Role of Tourism and Ecological Footprint［J］. Environmental Science & Pollution Research，2016，23（2）：1916-1928.

［6］Nakajima E. S.，Ortega E. Carrying Capacity Using Energy and a New Calculation of the Ecological Footprint［J］. Ecological Indicators，2016（60）：1200-1207.

［7］方恺，Heijungs Reinout. 自然资本核算的生态足迹三维模型研究进展［J］. 地理科学进展，2012，31（12）：1700-1707.

［8］张星星，曾辉. 珠江三角洲城市群三维生态足迹动态变化及驱动力分析［J］. 环境科学学报，2017，37（2）：771-778.

［9］靳相木，柳乾坤. 自然资源核算的生态足迹模型演进及其评论［J］. 自然资源学报，2017，32（1）：163-176.

［10］史丹，王俊杰. 基于生态足迹的中国生态压力与生态效率测度与评价［J］. 中国工业经济，2016（5）：5-21.

［11］周涛，王云鹏，龚健周，王芳，冯艳芬. 生态足迹的模型修正与方法改进［J］. 生态学报，2015，35（14）：4592-4603.

［12］杨屹，加涛．21世纪以来陕西生态足迹和承载力变化［J］．生态学报，2015，35（24）：7987-7997．

［13］Wallace K. J. Classification of Ecosystem Services：Problems and Solutions［J］. Biological Conservation，2007，139（3-4）：235-246.

［14］赵英才．学位论文创作［M］．北京：机械工业出版社，2004．

［15］Pearce D. W. Economics，Equity and Sustainable Development［J］. Futures，1988，20（6）：598-605.

［16］Pearce D. W，Turner R K. Economics of Natural Resources and the Environment［M］. Altimore：Johns Hopkins University Press，1990.

［17］Daly H. E. Beyond Growth the Economics of Sustainable Development［M］. Boston：Beacon Press，1996：34-39.

［18］方建德，杨扬，熊丽．国内外城市可持续发展指标体系比较［J］．环境科学与管理，2010（18）：23-32．

［19］高吉喜．可持续发展理论的探索——生态承载力的理论、方法与应用［M］．北京：中国环境科学出版社，2001．

［20］李长亮．中国西部生态补偿机制构建研究［D］．兰州大学，2009

［21］海俊娇．城市环境可持续性政策的驱动因子和成效研究——以长江经济带为例［D］．华东师范大学，2019．

［22］Maureen Hart. Guide to Sustainable Community Indicators［M］. QLF/Atlantic Center for the Environment，1995.

［23］李倩蓉，刘建徽，黄庆华．基于层次分析法的重庆市城镇化水平模糊评价［J］．西南农业大学学报（社会科学版），2010（5）：44-47．

［24］楚芳芳．基于可持续发展的长株潭城市群生态承载力研究［D］．中南大学，2014．

［25］王云霞．北京市生态承载力与可持续发展研究［D］．中国矿业大学，2010．

［26］周景阳．城镇化发展的可持续性评价研究［D］．重庆大学，2015．

［27］刘思华．对可持续发展经济的理论思考［J］．经济研究，1997（3）：46-54．

［28］孙冬煜，王震声，何旭东，侯立松．自然资本与环境投资的涵义［J］．环境保护，1999（5）：3-5．

［29］李萍，张雁．论西部开发中的环境资本［J］．社会科学研究，2001（3）：55-58．

［30］仇睿，姚俭建．自然资本论：可持续发展的理论［J］．河南社会科学，

2002（1）：43-45.

[31] 王海滨，邱化蛟，程序，齐晔，朱万斌．实现生态服务价值的新视角（一）——生态服务的资本属性与生态资本概念 [J]．生态经济，2008（6）：44-48.

[32] 胡鞍钢．绿色财富：从名义 GDP 到绿色 GDP [J]．中关村，2012（6）：62-64.

[33] 王荭，陈龙华．对自然资本会计计量问题的探讨 [J]．财会月刊，2008（18）：57-58.

[34] Vicente D. J., Rodríguez-Sinobas L., Garrote L., et al. Application of the System of Environmental Economic Accounting for Water SEEAW to the Spanish Part of the Duero Basin: Lessons Learned [J]. Science of the Total Environment, 2016, 563-564 (9): 611-622.

[35] Anderson, James C., David W. Gerbing. Structural Equation Modeling in Practice: A Review and Ecommended Two-step Approach [J]. Psychological Bulletin, 1988, 103 (3): 411-423.

[36] Greenberg, Gerald. The Social Side of Fairness: Interpersonal and Informational Classes of Organizational Ustice [A]. In: Cropanzano, Russell (ed.). Justice in the Workplace: Approaching Fairness in Human Resource Management [M]. Hillside, NJ: Erlbaum, 1993.

[37] 刘航，宋豫秦．基于生态足迹方法的武汉市自然资本分析 [J]．生态环境，2008，17（2）：818-822.

[38] 方恺，李焕承．基于生态足迹深度和广度的中国自然资本利用省际格局 [J]．自然资源学报，2012（12）：1995-2005.

[39] 汪凌志．基于生态足迹方法的湖北省自然资本分析 [J]．湖北理工学院学报（人文社会科学版），2013（5）：30-33.

[40] 陈秀芝．黄河流域自然资本存量与流量结构特征——以山东省流域为例 [J]．国土资源科技管理，2014（6）：9-17.

[41] Wackernagel M., Onisto L., Bello P., et al. National Natural Capital Accounting with the Ecological Footprint Concept [J]. Ecological Economics, 1999, 29 (3): 375-390.

[42] Monfreda C., Wackernagel M., Deumling D. Establishing National Natural Capital Accounts Based on Detailed Ecological Footprint and Biological Capacity Assessments [J]. Land Use Policy, 2004, 21 (3): 231-246.

[43] Zhao S., Li Z., Li W. A Modified Method of Ecological Footprint Calcula-

tion and Its Application [J]. Ecological Modelling, 2005, 185 (1): 65–75.

[44] Hoekstra A Y. Human Appropriation of Natural Capital: A Comparison of Ecological Footprint and Water Footprint Analysis [J]. Ecological Economics, 2009, 68 (7): 1963–1974.

[45] Burkhard B., Kroll F., Nedkov S., et al. Mapping Ecosystem Service Supply, Demand and Budgets [J]. Ecological Indicators, 2012, 21 (SI): 17–29.

[46] Fang K., Heijungs R., De Snoo G R. Theoretical Exploration for the Combination of the Ecological, Energy, Carbon, and Water Footprints: Overview of a Footprint Family [J]. Ecological Indicators, 2014 (36): 508–518.

[47] Baabou W., Grunewald N., Ouellet-Plamondon C., et al. The Ecological Footprint of Mediterranean Cities: Awareness Creation and Policy Implications [J]. Environmental Science & Policy, 2017 (69): 94–104.

[48] 徐中民, 张志强, 程国栋. 甘肃省 1998 年生态足迹计算与分析 [J]. 地理学报, 2000 (5): 607–616.

[49] 张志强, 徐中民, 程国栋. 生态足迹的概念及计算模型 [J]. 生态经济, 2000 (10): 8–10.

[50] 顾晓薇, 王青, 刘建兴, 等. 基于"国家公顷"计算城市生态足迹的新方法 [J]. 东北大学学报, 2005 (4): 295–298.

[51] 张恒义, 刘卫东, 王世忠, 等. "省公顷"生态足迹模型中均衡因子及产量因子的计算——以浙江省为例 [J]. 自然资源学报, 2009, 24 (1): 82–92.

[52] 柳乾坤. 基于改进三维生态足迹模型的土地承载力指数研究 [D]. 浙江大学, 2016.

[53] 杨屹, 加涛. 21 世纪以来陕西生态足迹和承载力变化 [J]. 生态学报, 2015, 35 (24): 7987–7997.

[54] 鲁凤, 陶菲, 钞振华, 等. 基于净初级生产力的省公顷生态足迹模型参数的计算——以江苏省为例 [J]. 地理与地理信息科学, 2016, 32 (2): 83–88.

[55] 徐秀美, 郑言. 基于旅游生态足迹的拉萨乡村旅游地生态补偿标准——以次角林村为例 [J]. 经济地理, 2017, 37 (4): 218–224.

[56] 王青, 胥孝川, 顾晓薇, 等. 金属矿床露天开采的生态足迹和生态成本 [J]. 资源科学, 2012, 34 (11): 2133–2138.

[57] 郑涛, 陈畅. 改进型绿色交通生态足迹分析——以北京市为例 [J]. 生态经济, 2016, 32 (3): 101–107.

［58］王菲凤，陈妃．福州大学城校园生态足迹和生态效率实证研究［J］．福建师范大学学报（自然科学版），2008（5）：84-89.

［59］曹淑艳，谢高地，陈文辉，等．中国主要农产品生产的生态足迹研究［J］．自然资源学报，2014，29（8）：1336-1344.

［60］肖建红，王敏，于庆东，等．基于生态足迹的大型水电工程建设生态补偿标准评价模型——以三峡工程为例［J］．生态学报，2015，35（8）：2726-2740.

［61］鲁春霞，谢高地，成升魁，等．青藏高原自然资产利用的生态空间占用评价［J］．资源科学，2001（6）：29-35.

［62］张燕，赵先贵．基于生态足迹的甘肃省自然资本供需平衡分析［J］．陕西农业科学，2017，63（5）：70-76+101.

［63］［英］罗杰·帕曼，马跃，等．自然资源与环境经济学［M］．北京：中国经济出版社，2002.

［64］Schaltegger, Sturm. Okologische Rationalität（German/in English：Ecological Rationnlity）：Ansatzpukte Zurausgetsaltung Vonökologieorientierten. Managementinstrumenten［J］. Die Unternehmung, 1990, 44（4）：273-290.

［65］WBCSD. Measuring Eco-efficiency：A Guide to Reporting Company Performance［R］. Geneva：WBCSD, 2001：31-35.

［66］Zaim O., Taskin F. Environmental Efficiency in Carbon Dioxide Emissions in the OECD：A Non-parametric Approach［J］. Journal of Environmental Management, 2000, 58（2）：95-107.

［67］Edgar G. Hertwich, William S. Pease, Catherine P. Koshland. Evaluating the Environmental Impact of Products and Production Processes：A Comparison of Six Methods［J］. Science of the Total Environment, 1997, 196（1）：51-53.

［68］Hellweg S., Doka G., Finnveden G., et al. Assessing the Eco-efficiency of End-of-Pipe Technologies with the Environmental Cost Efficiency Indicator［J］. Journal of Industrial Ecology, 2005, 9（4）：189-203.

［69］诸大建，朱远．生态效率与循环经济［J］．复旦学报（社会科学版），2005（2）：60-66.

［70］张雪梅．西部地区生态效率测度及动态分析——基于2000~2010年省际数据［J］．经济理论与经济管理，2013（2）：78-85.

［71］马中．环境与资源经济学概论［M］．北京：高等教育出版社，1999.

［72］崔宇明，常云昆．环境经济外部性的内部化路径比较分析［J］．开发研究，2007（3）：40-43.

[73] Gao C. K., Wang D., Cai J. J., et al. Scenario Analysis on Economic Growth and Environmental Load in China [J]. Procedia Environmental Sciences, 2010, 2 (6): 1335-1343.

[74] Dietz T., Rosa E. A. Rethinking the Environmental Impacts of Population, Affluence and Technology [J]. Human Ecology Review, 1994 (1): 277-300.

[75] 黄蕊, 王铮, 丁冠群, 龚洋冉, 刘昌新. 基于 STIRPAT 模型的江苏省能源消费碳排放影响因素分析及趋势预测 [J]. 地理研究, 2016, 35 (4): 781-789.

[76] 王康. 基于 IPAT 等式的甘肃省用水影响因素分析 [J]. 中国人口·资源与环境, 2011, 21 (6): 148-152.

[77] 孙克, 徐中民. 基于地理加权回归的中国灰水足迹人文驱动因素分析 [J]. 地理研究, 2016, 35 (1): 37-48.

[78] 谢锐, 陈严, 韩峰, 方嘉宇. 新型城镇化对城市生态环境质量的影响及时空效应 [J]. 管理评论, 2018, 30 (1): 230-241.

[79] 顾程亮, 李宗尧, 成祥东. 财政节能环保投入对区域生态效率影响的实证检验 [J]. 统计与决策, 2016 (19): 109-113.

[80] 王克强等. 资源与环境经济学 [M]. 上海: 上海财经大学出版社, 2007.

[81] 薛维忠. 低碳经济、生态经济、循环经济和绿色经济的关系分析 [J]. 科技创新与生产力, 2011 (2): 50~52+60.

[82] 张震, 李长胜. 生态经济学——理论与实践 [M]. 北京: 经济科学出版社, 2016.

[83] 赵桂慎等. 生态经济学 [M]. 北京: 化学工业出版社, 2009.

[84] 潘鸿, 李恩. 生态经济学 [M]. 吉林: 吉林大学出版社, 2010.

[85] 沈满洪. 生态经济学 [M]. 北京: 中国环境科学出版社, 2008.

[86] 曲福田. 资源经济学 [M]. 北京: 中国农业出版社, 2001.

[87] 贺锡苹, 张小华. 耕地资产核算方法与实例分析 [J]. 中国土地科学, 1994, 8 (6): 23-27.

[88] 高兴佑, 郭昀. 可持续发展观下的自然资源价格构成研究 [J]. 资源与产业, 2010, 12 (2): 129-133.

[89] Prudham W. S., Lonergan S. Natural Resource Accounting (I): A Review of Existing Frameworks [J]. Canadian Journal of Regional Science, 1993, 16 (3): 363-386.

[90] Harris M., Fraser I. Natural Resource Accounting in Theory and Practice:

A Critical Assessment［J］. Australian Journal of Agricultural and Resource Economics，2002，46（2）：139-192.

［91］Hambira W. L. Natural Resources Accounting：A Tool for Water Resources Management in Botswana［J］. Physics and Chemistry of the Earth，2007，32（15）：1310-1314.

［92］马骏，张晓蓉，李治国．中国国家资产负债表研究［M］．北京：社会科学文献出版社，2012.

［93］吴优，曹克瑜．对自然资源与环境核算问题思考［J］．统计研究，1998（2）：59-63.

［94］陈红．浅议自然资源核算［J］．上海统计，1999（2）：30-32.

［95］封志明，杨艳昭，李鹏．从自然资源核算到自然资源资产负债表编制［J］．中国科学院院刊，2014，29（4）：449-456.

［96］靳相木，柳乾坤．自然资源核算的生态足迹模型演进及其评论［J］．自然资源学报，2017，32（1）：163-176.

［97］贾克敬，何春阳，徐小黎，等．土地利用总体规划环境影响平价理论方法与实践［M］．北京：中国大地出版社，2011.

［98］何爱红．中国中部地区的生态足迹与可持续发展研究［M］．北京：中国社会科学出版社，2013.

［99］邬畅．福建省生态足迹及其驱动因素分析［D］．华中科技大学，2015.

［100］马明德，马学娟，谢应忠，马甜．宁夏生态足迹影响因子的偏最小二乘回归分析［J］．生态学报，2014，34（3）：682-689.

［101］Kitzes J.，Wackernagel M.，Loh J.，et al. Shrink and Share：Humanity's Present and Future Ecological Footprint［J］. Philosophical Transactions of the Royal Society B，2008，363（1491）：467-475.

［102］Goldsmith R. W. A Perpetual Inventory of National Wealth//Goldsmith R. W. Studies in Income and Wealth［M］. New York：National Bureau of Economic Research，1951.

［103］徐渤海．中国环境经济核算体系（CSEEA）研究［D］．中国社会科学院研究生院，2012.

［104］吴德存．城镇化进程中江苏省生态足迹时空演变与影响机理研究［D］．中国矿业大学，2017.

［105］白世秀．黑龙江省区域生态效率评价研究［D］．东北林业大学，2011.

［106］麦思超．长江经济带绿色发展水平的时空演变轨迹与影响因素研究

［D］. 江西财经大学，2019.

　　［107］钟世坚. 区域资源环境与经济协调发展研究［D］. 吉林大学，2013.

　　［108］刘高慧，胡理乐，高晓奇，杜乐山，李俊生，肖能文. 自然资本的内涵及其核算研究［J］. 生态经济，2018，34（4）：153-157+163.

　　［109］彭新沙. 基于生态足迹改进模型的长沙市工业生态足迹需求测度与分析［D］. 中南林业科技大学，2017.

　　［110］黄志红. 长江中游城市群生态文明建设评价研究［D］. 中国地质大学，2016.

　　［111］王萌. 基于三维生态足迹模型的区域自然资本核算研究［D］. 河北大学，2017.

　　［112］杨敏. 2000 年来长三角城市群自然资本利用及时空格局研究［D］. 南京师范大学，2017.

　　［113］刘晓星. 基于三维生态足迹的中国自然资本利用研究［D］. 辽宁师范大学，2019.

　　［114］张燕. 中国丝绸之路经济带自然资本供需平衡分析［D］. 陕西师范大学，2017.

　　［115］晋雪茹，李晓贤，张洪铭，张楠郁，冯喆. 基于三维生态足迹扩展模型的浙江省自然资本动态评估［J］. 生态学杂志，2019，38（7）：2177-2183.

　　［116］鲁凤. 生态足迹变化的动力机制及生态足迹模型改进研究［D］. 华东师范大学，2011.

　　［117］徐军委. 基于 LMDI 的我国二氧化碳排放影响因素研究［D］. 中国矿业大学（北京），2013.